A Revolução Cultural Nazista

da vinci

EDITOR
Daniel Louzada

TRADUÇÃO
Clóvis Marques

REVISÃO
Cássio Yamamura

CAPA
Maikon Nery

PROJETO GRÁFICO E DIAGRAMAÇÃO
Victor Prado

A Revolução
Cultural Nazista

Johann Chapoutot

2ª REIMPRESSÃO

Clóvis Marques
TRADUÇÃO

da vinci

RIO DE JANEIRO, 2024.

© Da Vinci Livros, 2022.
© Éditions Gallimard, 2017.

IMAGEM DA CAPA
Arbeitsmaid — Wolfgang Willrich, 1942 (1897-1948).
Volksbund für das Deutschtum im Ausland (VDA), Berlin.

IMAGEM DA QUARTA-CAPA
Reichsparteitag Nürnberg — Richard Borrmeister, 1937 (1876-1938).
NSDAP — Verlag Photo Hoffmann.

Este livro, traduzido do original em francês, foi publicado
pela Éditions Gallimard com o título *La Révolution culturelle nazie*.

Primeira edição: setembro de 2022.
Primeira reimpressão: junho de 2023.
Segunda reimpressão: agosto de 2024.
Rio de Janeiro, Brasil.

Dados Internacionais de Catalogação na Publicação (CIP)
Vagner Rodolfo da Silva CRB — 8/9410

C466r   Chapoutot, Johann
A revolução cultural nazista / Johann Chapoutot;
    traduzido por Clóvis Marques. — Rio de Janeiro:
    Da Vinci Livros, 2022. 264 p.; 15,7cm x 23cm.

Tradução de: *La Révolution culturelle nazie*
Inclui índice

ISBN 978-65-9959-767-1

1. História. 2. Nazismo. 3. Revolução cultural nazista.
I. Marques, Clóvis. II. Título.

2022-2504   CDD 940.5318
                      CDU 94(100)"1939/1945"

Índice para catálogo sistemático:
1. História 940.5318
2. História 94(100)"1939/1945"

DA VINCI LIVROS
Livraria Leonardo da Vinci
Av. Rio Branco, 185 – subsolo – lojas 2-4
Centro – Rio de Janeiro – RJ – 20040-007
davincilivros@leonardodavinci.com.br
www.davincilivros.com.br
www.leonardodavinci.com.br

Para Hortense e Louise, nossas pequenas revelações.

INTRODUÇÃO *10*

PARTE I
ALIENAÇÃO, ACULTURAÇÃO, PERDIÇÃO

1. A desnaturação do pensamento nórdico: do racismo platônico ao universalismo estoico *21*

2. A desnaturação do direito nórdico: direito germânico e recepção do direito "romano" *51*

3. "Apagar 1789 da história alemã" *71*

PARTE II
VOLTA ÀS ORIGENS

4. Lei dos antigos, lei da raça: na escola da Antiguidade *85*
   Filhos para o Reich *88*
   Combater o inimigo racial *94*
   O reinado da raça *99*

5. Na escola de Kant? Kant, filósofo "nórdico" *105*

PARTE III
A REFUNDAÇÃO NORMATIVA: UMA NOVA MORAL, UM NOVO DIREITO

6. **O "povo", princípio e fim do direito** *127*
   De onde vem o direito? *129*
   O "bom senso popular" como nova fonte do direito *133*
   "O direito é aquilo que serve ao povo" *137*

7. **A ordem internacional: o "combate" contra o Tratado de Versalhes** *143*
   Desmantelar a Alemanha *146*
   "Traição" e "pistola na têmpora" *151*
   Estática do direito e dinâmica da vida *154*
   O direito do povo alemão à vida *160*

8. **A ordem sexual: reprodução, monogamia e poligamia no III Reich** *167*
   Uma extinção biológica do povo alemão? *168*
   Filho natural, filho da natureza *172*
   Pela dissolução da união estéril *178*
   Abolir a monogamia? *181*

PARTE IV
NO OLHO DO NAZISMO

9. "Pela liberdade do meu sangue e da minha raça": o caso Eichmann revisitado *201*

10. A terra e a guerra: conquista do "espaço vital" e colonização *215*

11. "Contaminação" e extermínio *225*
    O Leste, terra contaminada *229*
    Isolar o judeu, fator patogênico *234*
    Behandlung, "o tratamento da questão judaica" *238*
    Da profilaxia à cura: desinfecção e erradicação *242*

CONCLUSÃO *252*

INTRODUÇÃO

Logo ao chegar a Auschwitz, onde acabaria sobrevivendo graças à sua formação de químico, Primo Levi é confinado em absurda espera num acampamento, sem água. Vendo um pedaço de gelo, ele o apanha para tentar aliviar a sede terrível:

> Eu mal havia agarrado o pedaço de gelo, e um sujeito alto e corpulento que fazia a ronda por ali se aproxima e o arranca brutalmente da minha mão. *Warum?*, pergunto em meu alemão hesitante. *Hier ist kein warum.*

Aqui não tem porquê. A *Shoah* e, paralelamente, o empreendimento concentracionário e a infinidade de crimes nazistas criaram uma lacuna de sentido que nunca voltou a se fechar — e certamente não se fechará com este livro.

Mas podemos sair em busca dos porquês. Para as vítimas, não havia nenhum: elas foram alvo da mais intensa onda de violência jamais vista na história da humanidade. Dos *shtetls*[1] arrasados pelas unidades especiais da polícia e da SS[2] aos *Sonderkommandos*[3] dos campos de

---

1 Denominação dada, em iídiche, aos povoados de população judaica na Europa oriental. [N. T.; exceto quando indicado, as notas são da edição original]
2 *Schutzstaffel*, ou "Tropa de Proteção", organização paramilitar ligada ao Partido Nacional-Socialista. [N. T.]
3 Em alemão, os "comandos especiais" de trabalho formados por prisioneiros dos campos de concentração nazistas. [N. T.]

extermínio, passando pelas dezenas de Oradour[4] na Europa ocidental, as centenas na Grécia e nos Bálcãs e os milhares de Oradour do território soviético, só o que se vê é o absurdo e a falta de sentido de uma violência cega. Shakespeare, como homem do Renascimento familiarizado com a morte, se referia à vida como "uma história cheia de ruído e fúria […] que nada significa". Para os milhões de vidas destruídas pela violência nazista, o momento do fim foi de total falta de sentido e do desamparo mais cruel.

Mas e para os carrascos? Primo Levi chegou a conviver com alguns enquanto detido em Auschwitz. Doutor em química, foi destacado para assistir um cientista alemão que trabalhava em uma iniciativa estratégica do III Reich, enfrentando então a permanente ameaça de escassez de combustíveis: um projeto de fabricação de combustíveis sintéticos, que tinha uma de suas instalações nas proximidades dos campos de Auschwitz e Birkenau, em Monowitz. Primo Levi relata nos seguintes termos o primeiro encontro com seu superior, o dr. Panwitz:

> Seu olhar não era o olhar de um homem para outro homem; e se eu fosse capaz de explicar verdadeiramente a natureza desse olhar que parecia trocado por trás do vidro de um aquário, entre dois seres pertencendo a dois mundos diferentes, estaria explicando a própria essência da loucura do III Reich.

O *warum*, o porquê de Primo Levi, está no olhar do dr. Panwitz, numa certa maneira de encarar o outro como qualquer coisa, menos um ser humano, menos ainda que um animal, praticamente um objeto. Panwitz considera — legitimamente, na sua visão — que há mais que um "vidro" entre Primo Levi e ele: há todo um "mundo". A ausência feroz e total de consideração ou empatia em relação ao outro é um fenômeno que encontramos em latitudes e situações históricas e sociais muito diferentes das de um complexo concentracionário nazista.

---

4 Referência ao povoado francês de Oradour-sur-Glane, na região da Nova Aquitânia, onde mais de 600 civis foram assassinados por uma companhia das Waffen-SS alemãs em junho de 1944. [N. T.]

No encontro de Primo Levi e Panwitz, contudo, convergem muitas dessas situações: colonialismo, escravidão, racismo, antissemitismo, desprezo acadêmico, exploração econômica. Panwitz considera o judeu Primo Levi como uma ferramenta, um fator de produção útil e utilizável, que no devido momento poderá ser substituído por outro em função das necessidades do projeto: a produção de combustíveis para o Reich. Primo Levi acrescenta: "Desde aquele dia, pensei muitas vezes e de muitas maneiras no doutor Panwitz. Me perguntei o que podia acontecer no íntimo daquele homem." E afirma desejar voltar a vê-lo, não para se vingar, mas para satisfazer sua "curiosidade da espécie humana".

Desse modo, Primo Levi, a vítima, faz o esplêndido gesto recusado pelo carrasco, o criminoso: reconhecer no outro a humanidade, a filiação à espécie humana e uma "interioridade".

É o que igualmente gostaríamos de fazer, como historiador. Ao tentar responder à pergunta do *warum*, avançamos de surpresa em surpresa. Percebemos que, para os protagonistas dos crimes nazistas, a "loucura do III Reich" foi algo muito diferente de uma loucura: obediência a ordens emitidas de acordo com as regras da cadeia hierárquica, atos de defesa do Reich e da raça, necessidade histórica de reação a uma ameaça biológica sem precedente.

Já demonstramos, em outro contexto, que os crimes nazistas eram normatizados, atendiam a uma normatividade extremamente argumentada e elaborada. Gostaríamos aqui de completar e, no que nos diz respeito, encerrar essa questão, mostrando que, para pôr em prática suas potencialidades criminosas, o nazismo se apresentou como uma *revolução cultural*. Retomando eventualmente certas contribuições em parte já publicadas, mas completando-as e incluindo capítulos inéditos, quisemos demonstrar a unidade de uma investigação de longo fôlego sobre o fenômeno nazista, que foi, além de uma inacreditável série de crimes, uma narrativa e um *corpus* normativo — narrativa e normas essas que tinham como objetivo levar os protagonistas desses crimes a aceitar que seus atos eram legítimos e justos.

A narrativa é a visão nazista da história, costurada com angústia biológica e tecida com alarmes apocalípticos. Segundo essa "visão de mundo", a raça germânica vem a ser, desde suas origens, alienada e desnaturada por influências culturais e biológicas estranhas, que a destroem aos poucos para em breve fazê-la desaparecer. Essa narrativa relê pelo prisma da biologia racial os episódios da história da "raça", desde a Grécia Antiga até a República de Weimar, passando pelo fim do Império Romano, a evangelização cristã, o humanismo, a Revolução Francesa e a Primeira Guerra Mundial.

A norma é o conjunto de imperativos deduzido dessa história: agora é preciso agir, e rápido, para evitar que a raça germânica tenha esse terrível destino. Os nazistas têm consciência de que aquilo que preconizam choca e contraria consciências há séculos educadas segundo os preceitos cristãos, kantianos, humanistas e liberais. No alto da hierarquia nazista, naqueles círculos que se consideram uma elite intelectual e uma vanguarda moral, existe preocupação com os numerosos obstáculos a serem superados na mentalidade alemã: o "sentimentalismo", a "afetação", o "humanitarismo" são constantemente atacados por Hitler, Goebbels, Himmler, Bormann... que reconhecem nessas manifestações o eterno alemão simplório, vítima da história e de seus inimigos, por sua indecisão e bondade.

Durante o debate sobre a realização de um filme de promoção da eutanásia, Goebbels comenta, em seu *Diário*, que se trata pura e simplesmente de educar o povo alemão para aceitar medidas de fato duras, mas necessárias, para que "a liquidação desses seres que não são mais viáveis nos seja psicologicamente mais fácil"[5]. Meses depois, quando tem início a fase de assassínio industrial da "solução final", o mesmo Goebbels ordena "grande número de filmagens nos guetos": "Mais tarde precisaremos muito desse material para a educação do nosso povo."[6] Mais tarde porque, naquele momento, os centros de extermínio eram mantidos em segredo. Só muito depois o povo alemão teria "maturidade" para "entender a necessidade" de uma missão histórica que violava todas as suas concepções morais, religiosas e éticas — concepções presentes há séculos, e que o nazismo pretendia combater e suplantar.

---

5 *Diário*, 5 de setembro de 1941.
6 *Diário*, 27 de abril de 1942.

Para entrar em ação, não obstante os séculos de alienação e apesar das fases de desnaturação, era preciso proceder, no corpo e na alma do povo alemão, a uma revolução cultural, no sentido pré-revolucionário do termo: necessidade de voltar às origens, ao que era o homem germânico — seu modo de vida e sua atitude instintiva em relação aos seres e às coisas —, para salvar esse homem.

Os capítulos que se seguem exploram os detalhes e o conteúdo dessa revolução cultural. O leitor verá, nas páginas deste livro, que desde a mais distante antiguidade a história da raça germânica é, para os nazistas, a história de uma perdição, de uma alienação biológica e cultural: o pensamento antigo se perdeu, o direito germânico foi adulterado, os princípios políticos mais sadios foram varridos pela Revolução Francesa.

Para consertar o mundo, é necessário voltar às origens, às origens de um pensamento sadio da natureza e do homem, tal como existiu na Antiguidade germânica e como pode ser encontrado num Kant purificado de todo resíduo humanista e universalista por autores empenhados em arregimentá-lo para a causa.

Essa volta às origens permite refundar a norma jurídica que rege a ordem interna, mas também a ordem internacional e, por fim, a procriação, que garante o futuro da raça. E por fim, além da norma jurídica, é toda a moral que vem a ser refundada, por meio de categorias que autorizam a agir, dominar e exterminar.

As fontes aqui utilizadas são os textos e imagens gerados pelos produtores de conhecimento, pedagogos e ideólogos. A questão que se coloca sistematicamente diz respeito à maneira como essas ideias teriam sido disseminadas na sociedade alemã. Tratando-se de ideologia e visão de mundo, evidentemente, devemos distinguir a produção de ideias, sua difusão (o estudo dos vetores) e sua recepção. No caso do nazismo, a existência de fontes consideráveis e de uma abundante bibliografia permitiu estudar satisfatoriamente a apropriação social das ideias da *Weltanschauung*[7]. E chama a atenção que as ideias do nazismo não tenham precisado muito ser difundidas ou apropriadas: já estavam presentes na sociedade alemã e, de maneira geral, nas sociedades ocidentais. O

---

7 Visão de mundo. [N. T]

que dependeu propriamente dos nazistas — e que não é pouco — foi sua organização num todo coerente e sua aplicação rápida, brutal e sem concessões a partir de 1933 na Alemanha e a partir de 1939 na Europa.

A concepção biológica, para não dizer zoológica, do homem e da sociedade já estava amplamente presente no Ocidente desde o desenvolvimento espetacular das ciências da natureza, antes e depois de Darwin, no século XIX. A ideia de que existia um perigo biológico — um risco de degeneração e extinção — por esgotamento endógeno ou infiltração alógena foi reforçada pelas consequências da Primeira Guerra Mundial e o modo como elas foram enxergadas pelos contemporâneos, a essa altura já obcecados com o declínio demográfico e o enfraquecimento biológico. Quanto ao mito de uma origem imaculada, de um paraíso perdido do qual teríamos sido afastados por uma série de acidentes, ele parece tão antigo e universal quanto as diferentes culturas e religiões do mundo... O fato de esse paraíso perdido ser greco-antigo ou romano não é uma ideia própria da Alemanha, como tampouco a concepção segundo a qual seria germano: na França, a "querela das duas raças" e a construção de uma liberdade germânica, paraíso político perdido ante a construção do absolutismo real, foi obra de pensadores políticos tão diversos quanto Boulainvilliers e Montesquieu, do século XVI ao século XVIII.

Consultando as fontes e percorrendo as páginas que se seguem, constatamos a surpreendente capacidade de agregação de uma "visão de mundo" disposta a buscar seus argumentos onde quer que sejam capazes de encontrá-los, sendo seus autores não raro muito cultivados.

Isso suscita duas observações. Dado seu caráter de miscelânea, dotada de forte coerência graças ao postulado da raça, a "visão de mundo" nazista podia ser apropriada de diferentes maneiras pelos indivíduos mais diversos. A agregação de múltiplos elementos fazia com que sempre houvesse uma razão, uma ideia, um argumento para ser ou se tornar nazista: nacionalismo, racismo, antissemitismo, expansionismo a Leste, anticristianismo... Presentes todos esses fatores, qualquer um se sentia autorizado a aderir ao discurso nazista por pelo menos um dos motivos, antes mesmo que os acontecimentos se voltassem contra o Reich a partir de 1943 e a guerra dos nazistas se tornasse de fato e definitivamente a guerra dos alemães, uma guerra de defesa da pátria ameaçada.

A segunda observação é que o nazismo foi um conjunto de ideias suficientemente convincentes e para muitos contemporâneos suficientemente pertinentes para levá-los a consentir, aderir e agir. Em *A estranha derrota*, Marc Bloch considera a vitória da Alemanha contra a França "essencialmente uma vitória intelectual", e não apenas no sentido do domínio técnico, tático e estratégico dos armamentos. Na bem informada visão do historiador francês, era de fato necessário que houvesse intelecto. Tendo ensinado na Universidade de Estrasburgo, ele não tinha como não sabê-lo, visto que estava atualizado sobre o que se dizia e escrevia na Alemanha. Cidadão informado da República Francesa, não podia deixar de constatar, na década de 30, a atividade de nazistas convictos franceses numa certa imprensa, não subestimando, portanto, a força e a eficácia das ideias nazistas além das fronteiras da Alemanha.

Essas ideias foram convincentes, pois — por mais estarrecedor, inaceitável e revoltante que nos pareça depois de Treblinka e Sobibór — pretendiam fornecer respostas a perguntas que os contemporâneos se faziam, ou melhor, a questões que a modernidade industrial, urbana e cultural levantava para os que a viviam. A "visão de mundo" nazista é uma visão da História, do homem e da comunidade, uma concepção do espaço e do futuro, uma ideia extremamente precisa do que vem a ser a natureza em si e fora de si, uma proposta bem definida para o destino de todos: a liberdade deixa de ser um problema para aquele que sabe que a natureza tudo decidiu quanto à essência, à posição e à vocação de cada um.

O fato de essas ideias implicarem a rejeição, a subjugação e mesmo o assassinato de indivíduos considerados nefastos ou alógenos podia afinal ser considerado uma radicalização suprema de certas tendências próprias da cultura ocidental, constatadas no capitalismo tão desumano da revolução industrial, na repartição dos territórios coloniais ou nos massacres industriais da Primeira Guerra Mundial. A extrema violência da qual a Europa foi palco tanto podia alimentar tendências pacifistas como dar crédito às ideias mais violentas: sim, a natureza é palco de grandes massacres, e ai daquele que não os leve em conta e pretenda se situar fora da natureza — pois acabará morrendo. Esse tipo de discurso, precisamente o discurso do nazismo, se revelava tanto mais capaz de convencer e seduzir na medida em que a política dos novos senhores da Alemanha, por toda uma série de razões complexas, parecia aos contemporâneos coroada de sucesso. O que não significa que as ideias nazistas tenham sido desde cedo adotadas em bloco pela maioria dos alemães: a sociedade alemã se deu por satisfeita com o retorno à ordem política e social, à volta dos trens chegando na hora e dos ganhos materiais, e mesmo de uma certa forma de bem-estar proporcionado pela política social dos nazistas, assim como da prática econômica da espoliação dos alógenos.

Os integrantes da *Volksgemeinschaft*[8] eram privilegiados em função da excelência racial e do desempenho econômico a serviço da nação. Já o combate e a guerra eram desejados pelos mais radicais, profissionais médios e superiores da "geração do absoluto" que se mostrava impaciente por tomar o poder na Alemanha e dominar a Europa. A maioria dos alemães teria ficado satisfeita com a paz e alguns estereótipos grosseiros sobre a suposta excelência da germanidade martelados pelo discurso nazista. Foram algumas centenas de milhares de adeptos que construíram e adotaram a visão de mundo nazista: essas ideias não foram impostas pela violência ou intimidação; foram escolhidas por indivíduos convencidos de encontrar nelas as respostas necessárias às questões, aos problemas e aos males da época.

Levar a sério e estudar essa "visão de mundo" nazista que se pretendia uma revolução cultural — vale dizer, um rejuvenescimento do homem germânico pela volta às origens, à natureza, à sua natureza — permite transformar plenamente o nazismo em objeto de história.

Discernindo as questões que os indivíduos se colocaram, os problemas por eles identificados; constatando que de fato consideravam que os atos que precisavam ser praticados exigiam uma transformação do entendimento, da cultura e da norma; identificando o cuidado que tiveram de justificar e legitimar tudo aquilo que, segundo consideravam justificadamente, podia revoltar e chocar — matar uma criança, por exemplo —; e mapeando o universo de sentidos e valores que criaram, podemos realizar plenamente o incrível gesto de Primo Levi: considerar

---

8 A "comunidade do povo", baseada na suposta pureza racial da nacionalidade de etnia alemã. [N. T.]

que, frente aos carrascos, estamos lidando com homens. Desse modo, podemos fazer história e cortar pela raiz o ceticismo que costuma alimentar o negacionismo. A negação dos crimes nazistas sempre tem como fundamento a ideia corrosiva de que, não, decididamente, por seu caráter absolutamente monstruoso, esses crimes não podem ter sido obra de homens — a ideia de que, como nada disso parece plausível, terá sido simplesmente impossível.

Os historiadores da *Shoah* e das técnicas de assassinato em massa há muito forneceram provas indubitáveis dos crimes. Só que os orçamentos, planos e relatórios gerados pela máquina da morte muitas vezes nada dizem das intenções dos autores: uma monstruosa *logística* fica evidente, mas não a *lógica* dos criminosos, o universo mental muito particular do qual derivavam os orçamentos, planos e relatórios em questão. O historiador pode legitimamente hesitar e mesmo recuar: é mais fácil estudar a logística, e se avança num passo positivista mais seguro nos arquivos que permitam estabelecer fatos e descrever processos. É intelectualmente mais desestabilizador, humanamente mais perturbador e, para dizer a verdade, psicologicamente mais perigoso penetrar numa maneira de encarar o mundo — uma visão de mundo, portanto — que foi capaz de conferir sentido e valor a crimes inomináveis.

E afinal, para que correr esse risco? Por que ir em busca do que George Mosse chamava de "olho do nazismo"? Para fazer história, simplesmente. E entender como e por que tantos homens foram capazes de enxergar outros homens através do vidro de um "aquário".

PARTE I
ALIENAÇÃO, ACULTURAÇÃO, PERDIÇÃO

1
A desnaturação do pensamento nórdico: do racismo platônico ao universalismo estoico[1]

A filosofia grega é "uma das criações espirituais mais importantes que brotaram do solo da raça e do povo indo-germânico, vale dizer, nórdico"[2], afirma-se, em 1943, na edição revista do dicionário filosófico de referência dos estudantes alemães, o *Philosophisches Wörterbuch* de Schmidt, que a essa altura já carecia de uma reformulação. Com efeito, a nona e última edição ainda em vida do autor datava de 1934. O prefácio dessa décima edição esclarece que a filosofia não podia se furtar a um *aggiornamento*[3] após a revolução nacional-socialista:

> O tempo não é imóvel. Novos nomes, novos conceitos aparecem, outros desaparecem, novas acepções e valores se impõem

---
1 Versão remanejada de um estudo publicado com o título de "Régénération et dégénérescence : la philosophie grecque reçue et relue par les nazis", *Anabases*, nº 7, março de 2008, pp. 141-161.
2 Heinrich Schmidt, "Griechische Philosophie", em ID., *Philosophisches Wörterbuch — Zehnte Auflage, völlig neu bearbeitet von Werner Schingnitz und Joachim Schondorff*, Stuttgart, Kröner, 1943, p. 208.
3 Do italiano, "atualização". [N.T.]

> e lançam nova luz não só sobre o presente, mas também sobre o passado [...]. A grande revolução de valores que se efetivou em todos os terrenos da vida na Alemanha desde 1933 diz respeito também à ciência e antes de mais nada à filosofia, que desde sempre esteve voltada para as questões ideológicas, senão inteiramente ocupada com elas. Em consequência, era mais que nunca necessário que os valores da ideologia ocupassem o primeiro plano.[4]

Em conferência pronunciada no verão de 1941, em plena embriaguez das vitórias sem fim e de uma *Blitzkrieg* balcânica fulminante, o historiador da filosofia Oskar Becker se mostra ainda mais explícito, no caso dos gregos: "A filosofia grega é a filosofia de um povo aparentado a nós pela raça."[5]

Cabe notar dois elementos nessas citações. O primeiro é que os nazistas, ao ouvirem a palavra "cultura", não sacam automaticamente o revólver, frase atribuída a Goebbels e perfeitamente apócrifa. O segundo é essa curiosa justaposição das palavras "raça" e "filosofia", a nosso ver praticamente um oximoro. A palavra "raça" e afins são objeto de longos comentários na nova edição do dicionário de Schmidt. Esse conceito, de contornos tão vagos que fazem com que intelectuais do partido nazista sejam insistentemente tratados como charlatães[6], inclusive na década de 1930, é transformado em noção hermenêutica cardeal.

Ao ouvirem a palavra "cultura", portanto, os nazistas sacam, isto sim, o estetoscópio, ou o craniômetro. Pelo estrito determinismo biológico que preconiza, o racismo nacional-socialista induz uma apreensão medicinal de toda a criação humana, uma concepção sintomatológica das obras de cultura.

Constatamos que, assim como opera uma biologização do político, a doutrina nacional-socialista efetua uma naturalização do cultural. Uma

---

4 *Ibid*.
5 Oskar Becker, "Die griechische Philosophie", em ID., Karl F. Chudoba *et al.*, *Griechenland Vorträge*, Bonn, Scheur, 1944, pp. 241-267, p. 242.
6 Cf. Édouard Conte, Cornelia Essner, *La Quête de la race. Une anthropologie du nazisme*, Hachette, 1995.

obra de cultura, seja uma catedral medieval, uma pintura do Renascimento ou um tratado de filosofia grega, não é produto da inspiração ou do livre arbítrio de um indivíduo, nem muito menos, no caso específico da filosofia, de uma suposta razão universal, quimera liberal e cosmopolita repudiada pelos nazistas. Nenhuma obra do espírito escapa ao determinismo do sangue e do solo: *Blut und Boden* são as condições necessárias da criação humana. O biologismo determinista do racismo nazista promove assim uma redução da ideologia à biologia, e, de maneira genérica, do cultural ao natural. Promove uma espécie de hegelianismo encarnado que vê em toda produção cultural não uma reificação do espírito, mas uma materialização desse sangue do qual o espírito é mera manifestação, uma expressão, uma modalidade de ser. O sangue (*Blut*) e suas qualidades tudo decidem, ao passo que o meio (*Boden, Umwelt*) permite ou retarda a expressão de suas potencialidades.

Disso dá testemunho a relação dos nazistas com a arte. Segundo o professor Paul Schultze-Naumburg, assim, a arte expressionista alemã é expressão de uma saúde afetada, de um corpo e de um espírito tão doentes que um borra-tintas qualquer passa a pintar cavalos azuis.[7] Em seu instrutivo *Kunst und Rasse* (Arte e raça), publicado em 1928, Schultze-Naumburg defende a ideia de que, se Franz Marc e outros pintam assim, é porque de fato enxergam cavalos azuis ou árvores vermelhas. Sua arte não passa de fiel expressão de uma biologia mórbida, de um sistema nervoso debilitado, de uma percepção sensível irremediavelmente afetada. É necessário então encarar suas obras do ponto de vista do raciólogo[8] esclarecido, não como arte, objeto de um prazer desprendido, mas como sintomas de uma patologia, objeto de uma qualificação nosográfica. Tendo vedado seu acesso ao público, que pelo contrário precisa ser instruído com representações de uma beleza sadia e protegido das expressões doentias, o raciólogo passará a estudar essas manifestações mórbidas para chegar racionalmente à sua etiologia: a perturbação do

---

7 Referência a uma temática favorita do pintor expressionista alemão Franz Marc (1880-1916), incluído pelos nazistas entre os representantes do que chamavam de "arte degenerada". [N. T.]
8 Traduzimos o alemão *Rassenkunde* (ciência da raça) como "raciologie" (raciologia) e *Rassenkündler* como "raciologue" (raciólogo).

sistema nervoso que levou a semelhantes incongruências decorre de uma mistura racial ou de uma doença de que a raça precisa ser protegida, afastando o indivíduo mórbido e suas obras.

Vemos assim que o adjetivo "degenerado", na consagrada expressão "arte degenerada", está longe de ser uma simples questão de estilo, um epíteto ornamental ou hipocritamente polêmico. Mais profundamente que um simples insulto, a palavra expressa um repúdio biológico, um julgamento medicinal, mais que apenas negativo, aniquilante, pois deve ser entendido no sentido literal: a arte condenada pelos nazistas é expressão de um sangue *de-generado*, vale dizer, decaído do seu gênero, da sua espécie — o alemão fala de *entartete Kunst*, "*ent-artet*" significando "privado de sua *Arte*", palavra que em alemão é sinônimo de *Rasse*.

Essa hermenêutica biológica e medicinal, essa leitura raciológica da arte, também é mobilizada no caso de outras realidades culturais, como a filosofia grega: uma obra filosófica não é expressão abstrata de uma idealidade absoluta. Ela é encarnada, filha do seu tempo, do solo e do sangue. Antes que Hitler escrevesse *Mein Kampf* (1924) ou Alfred Rosenberg, *O mito do século XX* (1935), a idealidade filosófica — que é uma pretensão, senão ao absoluto, pelo menos ao geral — já fora questionada pelas filosofias da suspeita, que demonstraram como ela estava relacionada ao tempo, ao lugar e mesmo a uma idiossincrasia física: Marx remetera a pseudouniversalidade filosófica às suas condições de produção sócio-econômicas, Nietzsche dissertou sobre o "problema de Sócrates", uma idiossincrasia do fracassado que por ressentimento se dedica à dialética, e Freud tornou o ego e a razão do sujeito vitoriano mais humildes diante da formidável força do *id*.

Os nazistas participam plenamente desse método da suspeita em relação à razão, tanto mais que o reinado dessa se solidariza com o cosmopolitismo liberal e pernicioso imposto pela Revolução Francesa e a ideologia dos direitos do homem. Curiosamente, é de Freud que, sem esquecer Nietzsche, os nazistas mais se aproximam. Eles também desenvolvem uma exegese psicofísica das realizações do espírito, com a ressalva importante de que nem Freud nem Nietzsche associam a expressão do pensamento ou da criação artística a um determinismo racial: o complexo de Édipo, simplificando, é universal, assim como o trabalho das forças reativas para Nietzsche — que, por sinal, nunca entendeu o super-homem em termos raciais. A tipologia e a axiologia nietzscheanas nunca foram racistas nem se escoraram em alguma raciologia, pois os homens do ressentimento, os fracassados, podem ser nórdicos, e a bela figura do super-homem é representada pelo guerreiro judeu do Antigo Testamento.

Na relação com a filosofia grega, os nazistas, dado seu biologismo radical, operam uma redução sintomática. A filosofia revela a situação dos gregos em 530, 399 e 364 antes da nossa era, ou melhor, a situação do *Volkstum* ("povo" ou "raça") grego.

Acontece que o destino do *Volkstum* grego importa para os nazistas, como evidencia a abundante literatura histórica, antropológica e politológica — seja erudita ou de vulgarização — que lhe é dedicada. Os historiadores demonstraram toda a importância atribuída pelos nazistas à anexação da Grécia antiga à raça nórdica: a vulgata promovida pelo partido, e depois pelo partido-Estado, é que os gregos são de raça germano-nórdica e as cidades gregas foram fundadas por tribos de camponeses-soldados provenientes do Norte. Essa anexação de mortos gloriosos permite reivindicar, em referência a uma raça que à parte isso pode ser considerada singularmente pobre em testemunhos de grandeza histórica, o prestígio de uma cultura que fascina o *Bildungsbürgertum*[9] alemão desde Winckelmann, e a Europa desde Missolonghi. Os gregos foram grandes, sublimes, e depois desapareceram do grande palco histórico do mundo. O destino da Grécia antiga, assim, é fonte de ensinamentos para a nova Alemanha: sua grandeza poderá tomar os caminhos já percorridos por um grande povo nórdico da Antiguidade. Sua decadência poderá ser evitada se as devidas lições forem extraídas da morte dos gregos como civilização hegemônica.

Para estudar o destino do *Volkstum* grego, devemos nos debruçar sobre sua história, mas uma tabela cronológica, com sua sucessão de datas, pouco haverá de ensinar se não dermos atenção à visão de

---

9 Designação adotada por setores de direita, na Alemanha da década de 1920, para se referir pejorativamente à camada da classe burguesa que foi instruída, em meados do século XVIII, com base nos estudos clássicos greco-romanos e nos valores metafísicos do idealismo. Conceito equivalente à noção mais recente de *intelligentsia*. [N. T.]

mundo que os gregos desenvolviam. A sua *Weltanschauung* foi a condição de sua ascensão; e sua alteração, a condição da sua queda. A condição e não a causa, pois a própria *Weltanschauung* é condicionada pela qualidade do sangue, que vai engendrar ideias diferentes segundo seja puro ou alterado.

A filosofia expressa, desse modo, um estado da raça: o *logos* nada mais é que a voz do *ethnos* e do seu estatuto racial. Se a filosofia é vigorosa, decisionista, voluntarista, é porque exprime o vigor do sangue ou sua regeneração. Se, pelo contrário, é individualista ou pessimista, expressa sua degeneração, a lenta descida em direção ao pântano da mistura e da indiferenciação. Se for heroica e aristocrática, manifesta com certeza a pureza de um sangue nórdico ainda imaculado. Se for democrática e igualitária, pelo contrário, deixa transparecer a mistura de um sangue perdido pelo comprometimento com outras raças.

Em tais condições, o estudo da filosofia grega não pode ficar reservado à piedosa erudição dos *Seminare* de Kiel, Bonn ou Heidelberg, nem circunscrito ao pálido silêncio das bibliotecas. E por sinal nada seria mais contrário ao espírito indubitavelmente nórdico de uma civilização que promoveu a *kalokagathia*, o ideal do homem belo e bom, atleta tanto do espírito quanto do corpo. Entendemos então melhor por que, no III Reich, todo mundo fala de Grécia e de filosofia grega: Hitler em *Mein Kampf* e em muitos discursos, Alfred Rosenberg, Joseph Goebbels, mas também Göring e Himmler.

Especialistas das letras clássicas e da história antiga dão início a um *revival* de Platão e Esparta, estabelecendo um cânone para a narrativa do destino grego, replicado pelos manuais escolares e os fascículos de formação ideológica do partido e seus órgãos. Nessa narrativa, Platão ocupa lugar privilegiado: ele é o representante por excelência do pensamento nórdico-germânico grego, primeiro marco de uma história da *Weltanschauung* helênica que vai culminar na dissolução, na alteração definitiva e na rejeição do ideal aristocrático nórdico pelo pensamento da *Stoa*[10].

Na recepção e na exegese nazistas, o centro de gravidade do *corpus* platônico se desloca: a ênfase não recai mais, como habitualmente desde

---

10 Estoicismo. [N.T.]

os séculos XVI e XVIII, nos textos epistemológicos ou gnoseológicos do pensador ateniense, mas sobre seus textos políticos. O Platão metafísico e teórico das ideias foi para os nazistas o estandarte de um humanismo desencarnado e de um *Aufklärung*[11] de racionalismo hipertrofiado. O teórico do conhecimento desaparece por trás do pensador da cidade ideal e da regeneração da comunidade.

Num fascículo destinado pela associação de docentes nacional-socialistas — a NSLB (Nationalsozialistischer Lehrerbund) — aos professores de grego, o grande helenista Hans Bogner convida a identificar o cerne da obra de Platão no tríptico "da *Politeia*, do *Politikos*, do *Nomos*"[12], ou seja: da república, da política e das leis. O raciólogo-chefe do partido nazista, Hans Günther, por sua vez autor de uma obra sobre Platão, acrescenta as *Cartas*[13] a esse *corpus*.

Para Günther, o Platão que importa agora é de fato o Platão "pensador do Estado"[14], e não o "representante da teoria das ideias":[15] Platão não é simplesmente um erudito, ele "pertence à linhagem dos Sólon e dos Clístenes. É a história de Atenas, são seus grandes legisladores e estadistas […] que constituem o pano de fundo da sua obra", e não "os *physikoi* jônicos" ou o "primeiro livro da *Metafísica* de Aristóteles".[16] Sua figura de grande elevação, portanto, pertence mais ao panteão dos legisladores e estadistas que ao dos simples metafísicos. Como bem resume Werner Jaeger em artigo publicado em 1933 na revista nazista *Volk im Werden* ("Povo em Devir"), artigo no qual ataca insistentemente o século XVIII e seu humanismo individualista, "o Platão da nossa geração é um criador de Estados, um legislador. Não é mais o sistematizador neokantiano e o respeitável escolarca filosófico que nossos antecessores viam nele".[17]

---

11 Iluminismo. [N.T.]
12 Hans Bogner, *Platão im Unterricht*, Frankfurt, Diesterweg, 1937, p. 8.
13 Hans F. K. Günther, *Platon als Hüter des Lebens. Platons Zucht und Erziehungsgedanken und deren Bedeutung für die Gegenwart*, Munique, Lehmann, 1928, 2ª ed., 1935, prefácio.
14 *Ibid.*, p. 16.
15 *Ibid.*
16 *Ibid.*
17 Werner Jaeger, "Die Erziehung des politischen Menschen und die Antike", *Volk im Werden*, I, 3, 1933, pp. 43-49, p. 46.

Para Jaeger, assim, Kant não é o arquétipo do gênio alemão, esse Beethoven da filosofia que se costuma celebrar. É o perigoso avatar do Iluminismo cosmopolita e desencarnado. O pretenso idealismo platônico é, pelo contrário, um realismo rude e lúcido, sobre o qual, segundo o filósofo Kurt Hildebrandt, especialista em Platão, "só um leitor superficial pode dizer que se trata de um inacessível e celestial ideal kantiano".[18]

Os nazistas e seus seguidores fanáticos do mundo pedagógico e universitário se munem de uma pena viril para rejeitar vigorosamente a figura pálida e doentia do teórico anêmico, raciocinador que pratica a filosofia como se pratica a religião, tendo dedicado a vida ao estudo das abstrações em detrimento das concretudes do real. Hitler, em *Mein Kampf*, não se exime dos ataques mais duros contra aquilo que constitui a seus olhos uma deturpação do ideal grego por parte do *Gymnasium* alemão. Longe de formar o *kalos k'agathos*[19] da educação antiga, ela atrofia o corpo em benefício de uma megacefalia de degenerado.

Acontece que Platão se revela a perfeita antítese desse tipo desprezível. Longe de ser um erudito raquítico, um homem de gabinete, ele é, para Hans Günther, a perfeita realização do "homem completo",[20] ao mesmo tempo pensador poderoso, desportista emérito e rematado guerreiro. O que não surpreende, quando lembramos, como frisa Günther, que Platão era um homem nórdico, descendente "da mais alta nobreza da Ática [...] onde, até uma época tardia, o sangue nórdico da helenidade original mais se conservou em Atenas".[21] Platão é, portanto, a encarnação desse homem nórdico consumado, que levou ao pleno desenvolvimento os talentos físicos e intelectuais de que sua raça trazia os germes. Günther frisa que Platão não é apenas o "lógico ou teórico do conhecimento" apresentado pelos "professores de filosofia",[22] incorrigíveis

---

18 Kurt Hildebrandt, *Platon. Der Kampf des Geistes um die Macht*, Berlim, Bondi, 1933, p. 265.
19 Expressão do grego antigo significando literalmente belo e bom, ou virtuoso. Designava um ideal de nobreza de caráter e comportamento humanístico e cavalheiresco, especialmente em contexto militar. [N. T.]
20 H. F. K. Günther, *Platon als Hüter des Lebens*, op. cit., p. 9.
21 *Ibid.*, p. 9.
22 *Ibid.*, p. 11.

apreciadores da abstração racional. Ao longo de seu livro, ele interpela constantemente os *Philosophie-professoren*, figuras da demissão diante da vida e da renúncia racial, que ele opõe ao arquétipo do filósofo grego.

Essa nova exegese do opus platônico não se circunscreve ao campo delimitado das disputas acadêmicas, onde agora se esfalfam alegremente os partidários de uma grecidade nórdica. Platão também se torna objeto de estudo nas aulas de história e de grego do ensino secundário. A necessidade de levar Platão ao conhecimento dos colegiais do III Reich é algo perfeitamente evidente para platônicos e helenistas: para Adolf Rusch, professor de literatura clássica no colégio Mommsen de Berlim-Grunewald, Platão é nada mais, nada menos que "o educador do homem alemão".[23] Em artigo sobre o ensino de Platão, Rusch lembra que a nova escola deve esquecer o indivíduo e privilegiar o grupo, a comunidade do povo, a *Volksgemeinschaft*. Ora, Platão é aquele que tomou a frente do combate contra a "sofística", essa infeliz expressão de um "individualismo desmedido". Contra "a máxima segundo a qual o homem seria a medida de todas as coisas", pela qual se celebrizou Protágoras, Platão volta a situar o indivíduo "em toda a ordem do mundo", na ordem do *cosmos* e na da *polis*. Platão é assim, "para a educação dos jovens no Estado que é o nosso hoje e para o Estado que é o nosso", "o meio mais certo"[24] de promover o surgimento de uma nova geração, dedicada ao corpo do povo e ao Estado.

Lendo os manuais escolares, constatamos que o Platão do curso de história é apresentado como importante figura da resistência nórdica à decadência racial, intelectual e moral da cidade ateniense e do mundo grego em geral, minado — não obstante as críticas do filósofo — pelo mal que acabaria por levar ao seu fim. O curso de grego também identifica em Platão a derradeira manifestação da helenidade nórdica. Em 1936, no contexto de consultas promovidas por Bernhard Rust (professor de latim, nazista da primeira hora e ministro da Educação do Reich) tendo em vista uma reforma dos currículos do ensino secundário, uma

---

23 Adolf Rusch, "Platon als Erzieher zum deutschen Menschen", em *Humanistische Bildung im Nationalsozialistischen Staate*, Leipzig, Berlim, Teubner, 1933, pp. 44-49.
24 *Ibid.*, p. 45.

dissertação redigida por um professor de letras clássicas e conservada nos arquivos federais de Berlim-Lichterfelde faz o elogio da obra do filósofo nos seguintes termos:

> É preciso ensinar Platão aos alunos, precisamente porque, com ele, o espírito nórdico se levanta num combate contra a decadência mais danosa, contra toda uma época de destruição. Embora não tenha sido capaz de impedir a degeneração do povo ateniense, seu combate ainda hoje ressoa em todos os homens que pertencem à sua raça.[25]

Àqueles que acaso vissem em Platão apenas um espírito etéreo flutuando no céu diáfano das ideias, um outro memorando ao ministério contesta que, muito pelo contrário,

> o espírito ativo nórdico encontrou sua mais sublime expressão na filosofia de Platão. Nele, a busca do conhecimento é posta a serviço da formação dos homens e dos Estados. Se no oriental a contemplação é um fim em si mesmo, a contemplação platônica, por sua vez, jamais é dissociada da ação.[26]

A introdução, aqui, da dualidade ação/contemplação, tradicional na filosofia, visa negar a imagem de um Platão contemplativo eternamente revolvendo sob o céu ateniense a imortalidade da alma e a realidade das ideias. Platão é o homem da práxis, da ação política, e não da *theoria* ou da *contemplatio* metafísica. As últimas decididamente estão submetidas à primeira. A arte pela arte da contemplação gratuita é uma perversão do espírito, a retirada do mundo de uma raça inimiga da vida e do corpo, irredutivelmente individualista e mórbida: a raça oriental. O determinismo racial condiciona a atitude de Platão e a dos pensadores contemporâneos (os sofistas), ou posteriores (os estoicos), provenientes

---

25 "Vorschläge für die Gestaltung des Unterrichts in den alten Sprachen", von Oberstudiendirektor Billen, 1936, BABL / R/4901/4614, fos 244-269, fos 245-246.
26 *Richtlinien für Griechisch*, Mecklemburgisches Staatsministerium, Abt. Unterricht, BABL / R/4901/4614, fos 279-285, fos 281-282.

do Oriente: a *vita activa*, o *bios politikos*, é eminentemente platônico, pois o espírito nórdico, como afirma a "psicologia racial" (*Rassenpsychologie*) da época, é essencialmente engajado, ativo.[27]

De acordo com outra dissertação submetida ao ministro Rust, ensinar Platão equivale, portanto a "praticar uma educação racial".[28] A bem da pedagogia racista, será então o caso de opor meticulosamente a Platão a "sofística e a retórica como expressão de uma influência estranha à raça" e como "sinal de decadência".[29]

Os novos currículos de 1938, correspondendo à reforma de Rust, levam em conta arrazoados desse tipo. Platão está entre os quatro autores inclusos no currículo das diferentes etapas do ensino do grego,[30] juntamente com Homero, Tucídides e Xenofonte. Esse último é preferido a outros clássicos do ensino do grego, como Isócrates e Demóstenes, considerados figuras de um século IV ateniense decadente, assim como Aristóteles e os estoicos, que não constam no currículo do ensino do grego. O peso de Platão nos currículos é ainda maior se levarmos em conta tudo que há de platônico em Xenofonte, que foi ao mesmo tempo seu rival, e, como ele, um filoespartano decididamente oposto à democracia ateniense.

Com Platão, os alunos alemães são educados em uma ética do combate. Günther observa que o termo "filósofo", que para nós já não passa de "uma palavra composta de quatro sílabas mortas que nada dizem, senão ao erudito",[31] tinha um significado completamente diferente para os gregos.

---

27 O *Leistungsmensch* da tipologia psicorracial de Ludwig Clauss se opõe ao *Darbietungsmensch* oriental, submisso, apagado e sorrateiro. Cf. Ludwig Ferdinand Clauss, *Rasse und Seele. Eine Einführung in den Sinn der leiblichen Gestalt*, Munique, Lehmann, 1926.
28 *Richtlinien für Griechisch*, op. cit., fos 281-282.
29 *Ibid.*
30 Bernhard Rust (ed.), *Erziehung und Unterricht in der Höheren Schule. Amtliche Ausgabe des Reichs und preussischen Ministeriums für Wissenschaft, Erziehung und Volksbildung*, Berlim, Weidmann, 1938, p. 250.
31 H. F. K. Günther, *Platon als Hüter des Lebens*, op. cit., p. 19.

Kurt Hildebrandt, professor na Universidade de Kiel, adverte para o erro que consistiria em confundir o filósofo com o "erudito de cátedra"[32] ou o "pesquisador abstrato".[33] O filósofo é um guerreiro, e com efeito, observa o autor, grande parte do discurso de Platão é estruturado pela semântica militar: "O filósofo de Platão é o contrário do erudito abstrato: é o homem que se afirmou na guerra e na condução dos negócios do Estado."[34]

Vemos, portanto, que a concepção agonal do mundo própria dos gregos impregna toda a obra desse grego por excelência que é Platão, comprovando, se necessário fosse, seu caráter nórdico: "Platão se alinha com a opinião de Heráclito: *polemos* é o pai de todas as coisas", donde se deduz que "a educação dos guerreiros está no centro da *politeia*",[35] de tal maneira que "ser realmente um homem significa para ele ser um guerreiro".[36] E, por sinal, aqueles que chamamos de filósofos-reis são originalmente e antes de mais nada guerreiros que só foram "tirados da casta dos guerreiros na idade de cinquenta anos", depois de obterem distinção no serviço das armas e do espírito.[37] A figura do guerreiro e a realidade do combate são objeto, portanto, da valorização de uma investidura intelectual e cultural. Na mesma época, o filósofo Ernst Krieck, em sua aula inaugural do dia 10 de maio de 1933, em Berlim, estimula os estudantes a se tornarem soldados políticos, enquanto o *Führer und Rektor* da Universidade de Friburgo, Martin Heidegger, retomando a tripartição platônica de *A República*, define, paralelamente ao serviço das armas e do trabalho, o serviço do saber.

A julgar pela exegese nazista, a obra de Platão é organicamente guerreira. Filha da guerra do Peloponeso e da crise política e cívica por ela provocada em Atenas, solidária de uma cultura grega de essência agonal, ela não limita seu horizonte a um "pequeno Estado helênico sem império

---

32 K. Hildebrandt, *Platon, op. cit.*, p. 226.
33 *Ibid.*, p. 247.
34 *Ibid.*, p. 226.
35 *Ibid.*, p. 234.
36 *Ibid.*, p. 238.
37 *Ibid.*, p. 240.

exterior".[38] Segundo Hildebrandt, Platão ambiciona constituir o que ele chama de uma *Grossgriechenland*,[39] uma Grande Grécia que evoca estranhamente a Grande Alemanha, a *Grossdeutschland* pangermanista e mais tarde nazista. Como pano de fundo, e de maneira implícita, Hildebrandt faz alusão ao espectro da *Kleinstaaterei*[40] grega e da discórdia civil fratricida, de uma guerra permanente entre cidades gregas, que Platão percebia estar destinada a levar ao seu desaparecimento. E, por sinal, essa dispersão política das cidades gregas divididas em entidades rivais muitas vezes é assimilada ao funcionamento extremo dos Estados alemães antes da unificação de 1871.

Platão é, portanto, um *Kämpfer*[41] em luta pela regeneração e sobrevivência do seu povo, que saiu exangue e debilitado da guerra do Peloponeso e ameaçado de subversão racial pela mistura com as raças asiáticas: a hemorragia de Esparta e Atenas abre as veias gregas para o sangue estrangeiro. Desse modo, a obra de Platão é dramatizada, apresentada como o brandir de estandarte num contexto de grave crise histórica. Platão surge como um recurso num contexto marcado pela urgência histórica, como lembra Günther ao fazer do pensador grego a última sentinela nórdica num mundo que, contaminado e pervertido, está prestes a desmoronar.

Impõe-se então o paralelo com Adolf Hitler, que vem a ser proclamado com a maior seriedade por Joachim Bannes, outro especialista em Platão, no título de um fascículo dedicado ao mestre da Academia e à obra do *Führer*: "O combate de Hitler e *A República* de Platão. Um estudo sobre os fundamentos ideológicos do movimento de libertação nacional-socialista".[42]

---

38 *Ibid.*, p. 241.
39 *Ibid.*
40 Expressão que faz referência, não raro pejorativa, aos pequenos (klein) Estados (staaterei, "estadualidade" ou "condição de Estado") que formavam uma Alemanha fragmentada em pequenos principados ou cidades imperiais até a unificação nacional da segunda metade do século XIX. [N. T.]
41 Combatente. [N. T.]
42 Joachim Bannes, *Hitlers Kampf und Platons Staat. Eine Studie über den ideologischen Aufbau der nationalsozialistischen Freiheitsbewegung*, Berlim, De Gruyter, 1933.

Escorado na leitura de *Mein Kampf*, Bannes expõe os princípios fundamentais da ideologia nazista, para em seguida falar da *politeia* de Platão, propondo um estudo comparado das biografias do *Führer* e do filósofo. Tudo isto lhe permite concluir pelas profundas afinidades entre os dois pensadores e praticantes do Estado. O historiador da Grécia Hans Bogner, por sua vez, limita-se a equiparar o mestre da Alemanha contemporânea ao da filosofia ateniense, observando que o ensino de Platão e as soluções vigorosas que preconizava em sua época eram formulados em "um tom ditatorial",[43] o que não combina muito com a realidade de um Platão dialógico e questionador, promotor de diálogos muitas vezes aporéticos, residindo o essencial, para ele, na pergunta, no movimento da mente que foge à certeza para tentar alcançar o verdadeiro. Para todos os platônicos que lemos, e que não recuam diante de nenhum anacronismo nem de nenhuma equiparação desse tipo, não resta a menor dúvida de que Platão é o teórico do *Führer*gedanke,[44] do princípio de um *führer* escolhido e racialmente irretocável.

Como Hitler, Platão é, portanto, um guerreiro nórdico que luta para salvar seu povo do desaparecimento que o espreita. É a leitura de Platão proposta pelo helenista Hans Holtorf, na introdução a uma antologia de textos de *A República* por ele organizada para uso nos colégios:

> Nesta época de profundo abalo de todos os valores morais, o grande Platão se ergue e conduz um combate heroico contra a degeneração do seu povo, contra o espírito desastroso da destruição absoluta [...]. Essa grande figura de sábio invoca a grandeza da alma nórdica [...]. O combate empreendido hoje por Adolf Hitler tem o mesmo objetivo sublime. As palavras do *Führer* mostram em que direção a obra de Platão deve nos conduzir e deve entrar na alma da juventude alemã.[45]

---

43 H. Bogner, *Platon im Unterricht, op. cit.*, p. 15.
44 K. Hildebrandt, *Platon, op. cit.*, p. 395.
45 Herbert Holtorf, *Platon. Auslese und Bildung der Führer und Wehrmänner. Eine Auslese aus dem Staat*, Berlim, Teubner, 1934, pp. 1-2.

Para o historiador da filosofia Hans Heyse, que em 1933 dedica seu discurso de investidura como reitor à "ideia de ciência" e à "universidade alemã", Platão é um modelo a seguir para todo combatente da ideia nacional-socialista. O propósito de Platão não é a elaboração do tolo pseudoidealismo que "o classicismo e um humanismo ultrapassado quiseram conservar", mas nada menos que "a tentativa de uma total renovação do ser nacional-helênico (*des nationalhellenischen Wesens*)".[46]

O paralelo com o *Führer* não para por aí. Para efetuar a *renovatio* de uma cidade ateniense em vias de desaparecer, Platão, para darmos crédito a nossas fontes, pensou e promoveu uma ordem política estritamente racista da qual seria o pai, muito antes do século XIX.

Em sua monografia sobre o racismo platônico, assim, Hans Günther transforma o mestre da Academia em um precursor de "Gobineau, Mendel e Galton",[47] nenhum dos quais "jamais ignorou a lei de bronze da desigualdade"[48] entre os seres, que viria a ser combatida pelo idealismo pervertido e nocivo de 1789. Platão é louvado por se ter dado conta do fato indubitável que é a desigualdade entre os homens: *A República*, dizem esses autores, ensina que existem três tipos de homens, chamados, de acordo com seus dons e sua conformação, a serem produtores, guerreiros ou reis.

Para expor sua concepção e designar esses três tipos, Platão recorre à alegoria das almas de ouro, prata e bronze, na qual Günther enxerga uma evidente metáfora das diferenças de raça. Se os filósofos devem reinar, é evidente que "só os homens de sangue puro podem filosofar".[49] A "predisposição à filosofia" não é, portanto, uma questão de aprendizado ou aplicação, mas "uma questão de raça".[50] Não é uma atividade ao alcance do livre arbítrio e do trabalho de cada um, mas uma vocação biologicamente determinada. O mesmo se aplica, portanto, à universalidade da razão.

---

46 Hans Heyse, Die Idee der Wissenschaft und die Deutsche Universität, Königsberg, Gräfe und Unzer, 1933.
47 H. F. K. Günther, Platon als Hüter des Lebens, op. cit., p. 22.
48 *Ibid.*, p. 20.
49 *Ibid.*, p. 29.
50 *Ibid.*, p. 28.

Deduz-se daí, segundo Hildebrandt, que "o Estado depende da raça pura, da seleção justa"[51] dos filósofos-reis e do encaminhamento adequado de cada um à função que lhe foi atribuída pela natureza. Hans Bogner raciocina da mesma forma: "Quem tem o direito de filosofar? [...] Certamente que não os bastardos, mas apenas homens de sangue puro (Rep. 535 c sqq.) [...] homens retos de corpo e espírito (536 b)."[52] Resulta efetivamente daí que "a aptidão para a filosofia era para Platão uma questão de raça".[53]

Se essa leitura raciológica e eugenista de Platão não é totalmente injustificada pelo próprio texto, não deixa de constituir uma agressão à *República*, que, embora fale de "gado" e seleção, não enfeixa os indivíduos no estrito determinismo de um nascimento destinado a condicionar toda a sua existência. O racismo nazista confina o sujeito *ad vitam* na esfera estreita de sua raça, ao passo que em Platão todo indivíduo que por suas qualidades próprias seja considerado digno tem o direito de entrar para a casta dos guerreiros e, portanto, dos filósofos-reis.

Para nossos autores, contudo, o racismo de Platão conduz logicamente ao eugenismo, do qual ele passa a ser considerado o teórico fundador,[54] de tal maneira que o biólogo e antropólogo Fritz Lenz não hesita em reivindicar em seus trabalhos a prestigiosa filiação ao ateniense, "que era na mesma medida eugenista e filósofo".[55] O engenheiro agrônomo Richard Darré, chefe do Departamento Central da Raça e da Colonização na SS (Rasse- und Siedlungshauptamt — RuSHA), mais tarde ministro da agricultura do Reich, teórico da ideologia *Blut und Boden*, também se interessa por Platão. No trabalho que dedica ao filósofo, Darré o apresenta como pai do eugenismo, sutilmente associando idealismo e selecionismo. E de fato, como se dizer um teórico das ideias sem elevar A Ideia, que é ao mesmo tempo forma e norma, muito acima de uma realidade desvalorizada? Quem diz ideia, portanto, diz hierarquia e seleção:

---

51 K. Hildebrandt, *Platon, op. cit.*, p. 260.
52 H. Bogner, *Platon im Unterricht, op. cit.*, p. 13.
53 ID., *Die Bildung der politischen Elite*, Oldenburg, Stalling, 1932, p. 36.
54 K. Hildebrandt, *Platon, op. cit.*, p. 396.
55 Fritz Lenz, *Menschliche Erblichkeitslehre und Rassenhygiene — Band II — Menschliche Auslese und Rassenhygiene (Eugenik)*, Munique, Lehmann, 1932, p. 413.

Foi Platão quem deu à palavra *idea* seu sentido filosófico, ele que se tornou por sua doutrina o primeiro fundador do idealismo [...] [e] que atribuiu ao império da ideia um valor absoluto, dominando tudo — e esse mesmo Platão, em sua qualidade de idealista, foi levado a conceber a ideia de seleção.[56]

Hans Günther, por sua vez, lembra que Platão surge numa situação de urgência e perigo histórico:

> Cabe lembrar que na época de Platão, a nobreza ática, os eupátridas [...], estava morrendo e que essa nobreza de ascendência racial nórdica muitas vezes cruzara com troncos estrangeiros desde as origens da Ática.[57]

A época de Platão "foi uma época de decadência"[58] marcada pela "desnordificação e [...] a degeneração racial", ambas provocadas por uma guerra do Peloponeso absurda e fratricida, que acarretou uma hemorragia[59] do melhor sangue nórdico, a dizimação dos grandes louros dolicocéfalos na Grécia nórdica original:

> Na época de Platão, os louros deviam ter-se tornado uma minoria bem fraca [...], a raça dominante na época, a raça nórdica, [devendo] ter chegado perto do desaparecimento total durante essa guerra.[60]

Como os chefes naturais da comunidade ateniense (os homens nórdicos) foram dizimados pela guerra, a capital da Ática se entrega a uma

---

56 Richard Walther Darré, *Neuadel aus Blut und Boden*, Munique, Lehmann, 1930.
57 H. F. K. Günther, *Platon als Hüter des Lebens*, op. cit., p. 24.
58 *Ibid.*, p. 14.
59 A fobia da hemorragia é recorrente no discurso racista nazista, facilmente tendente ao catastrofismo e mesmo apocalíptico para frisar o alcance e a urgência do perigo racial. Em seu famoso discurso de 18 de fevereiro de 1943, logo depois da rendição do 6º exército em Stalingrado, Goebbels volta obsessivamente à questão da perda do precioso sangue nórdico provocada pela batalha.
60 H. F. K. Günther, *Platon als Hüter des Lebens*, op. cit., p. 14.

democracia populista e vulgar, que exalta o indivíduo e perde de vista a finalidade natural do Estado: a comunidade do povo.[61] Platão assume então a missão de dar à cidade uma nova casta dirigente, "de educar führers"[62] para a *polis* ateniense, o que pressupõe a existência de material humano adequado. Não é possível fazer chefes a partir de qualquer matéria humana, "é necessário primeiro encontrar a matéria de que são feitos os dirigentes".

Para dar novamente a Atenas uma casta superior de homens nórdicos dotados da pureza e da beleza originais dos camponeses indo-germânicos da Ática,[63] é preciso favorecer os casamentos entre iguais raciais, de modo a permitir a procriação de filhos racialmente puros[64] e impor "a eliminação de todas as crianças disformes ou doentes, o extermínio de tudo que seja incapaz de viver".[65]

Longe de ser um idealista ingênuo, Platão é exaltado, assim, como representante do realismo menos complacente e mais viril. Num opúsculo intitulado "O Estado e a raça", publicado em 1928, o platônico Kurt Hildebrandt inverte a perspectiva habitualmente adotada a respeito de Platão: "Platão não era um utópico, mas desenvolvia um real conhecimento da realidade e da necessidade"[66] naturais. As medidas segregacionistas, selecionadoras e eugenistas preconizadas em *A República* são citadas como exemplo de consumada política racista,[67] de ideias que "impuseram dolorosos sacrifícios ao idealismo"[68] irresponsável do humanismo moderno e contemporâneo.

---

61 Günther não se exime de duros ataques à dominação dos demagogos e sofistas, que promovem um individualismo nocivo e destruidor da comunidade tradicional: "Se os primeiros gregos tinham considerado e avaliado o homem a partir da comunidade, os sofistas por sua vez consideravam o Estado do ponto de vista do indivíduo e de seus desejos" (*ibid.*, p. 15).
62 *Ibid.*, p. 20.
63 *Ibid.*, p. 30.
64 *Ibid.*, p. 34.
65 *Ibid.*, p. 33.
66 Kurt Hildebrandt, *Staat und Rasse. Drei Vorträge*, Breslau, Hirt, 1928, p. 37.
67 *Ibid.*, p. 35.
68 *Ibid.*, p. 36.

Platão não é cruel ao dar leis assim à sua cidade ideal; é simplesmente uma mente consequente que abraça sem hesitação as leis e desígnios da natureza: "Suas leis têm algo da lei natural", que portanto respeitam, proibindo qualquer ameaça contrasseletiva ao bom desenrolar da vida natural, que não deve ser posta em risco por nenhum artifício da vida social.

Platão "entendeu perfeitamente que qualquer obstáculo ao que hoje chamamos de seleção natural" pode ser proveitoso para o indivíduo assim cuidado e poupado, mas "prejudica o povo considerado em seu conjunto". O bem-estar, a felicidade ou a sobrevivência do indivíduo pouco importam ao criador do Estado, ao legislador e ao *führer* nórdico: o grande filósofo "considera sempre a totalidade [do povo], dando as costas portanto ao caso individual", pois "a clemência [com um indivíduo degenerado] pareceria a Platão uma crueldade com o povo encarado como um todo",[69] dura lei numérica que, para o platônico, assim como para os eugenistas, opõe o zero individual ao infinito da massa e da raça. A eliminação sem complacência (*rücksichtslose Ausmerzung*) do malsucedido e do louco atende, portanto ao princípio político holístico fundamental enunciado pelo partido nazista já na redação do programa de 1920 e incansavelmente repetido desde então: *Gemeinnutz geht vor Eigennutz*, "a utilidade comum vem na frente do interesse individual".

Uma política assim dificilmente seria concebível para o humanista compenetrado de misericórdia que, míope, detém seu olhar no indivíduo e esquece de levar em conta o que confere sentido, existência e vida ao indivíduo: o seu grupo, que pode ser contaminado por um sujeito disforme ou malsucedido se esse for autorizado a viver e procriar — o autor reitera aqui os argumentos dos partidários do eugenismo e da erradicação do risco biológico por uma política de neutralização (esterilização) ou destruição (eliminação física). Para aplacar os temores ou prevenir as objeções dos humanistas hipersensíveis de sua época, Günther, bom príncipe, esclarece, todavia, que não exige o cumprimento das prescrições de Platão em sua impiedosa dureza. As soluções que apresenta são as soluções civilizadas do eugenismo contemporâneo: Günther se

---

69 *Ibid.*, p. 42.

limita a exigir a "esterilização"[70] dos indivíduos malsucedidos, em vez da erradicação cuja exigência atribui a Platão.

Como inimigo irredutível da ideologia humanista, compassiva e fraca do Iluminismo, Günther lembra que os inimigos de Platão não eram outros senão os sofistas, que eram "homens de raça asiática, como nos ensina a ciência racial".[71] Um manual de história do ensino secundário desenvolve essa ideia, afirmando que se os gregos se mostraram receptivos ao discurso individualista dos sofistas, foi porque seu sangue estava contaminado, em virtude do estrito determinismo que deduzia da raça ao espírito:

> A sofística é, portanto, completamente estranha ao pensamento nórdico, e se revela um produto da raça da Ásia Menor, que costuma opor conceitos e questionar ideias herdadas, para destruí-las. A influência dessa filosofia só pôde crescer porque os gregos se tornaram infiéis às próprias origens. Se tivessem continuado como um povo de raça pura, essa ênfase na excepcionalidade do indivíduo e de seus direitos lhes teria sido incompreensível.[72]

Uma parte desse parágrafo extraído de um manual é decalque literal de um trecho de Hans Günther, copiado praticamente palavra por palavra sem ser citado. O trecho plagiado é extraído do trabalho de antropologia racial que Günther dedicou, em 1929, à história racial dos gregos e dos romanos:

> A raça da Ásia Menor costuma jogar conceitos uns contra os outros, criticar antigas afirmações, questionar e depois destruir concepções herdadas.[73]

---

70 *Ibid.*, p. 66.
71 *Ibid.*, p. 29.
72 Walter Hohmann, Wilhelm Schiefer, *Lehrbuch der Geschichte* — Oberstufe — 1. Band, Frankfurt, Diesterweg, por volta de 1940, p. 64.
73 Hans F. K. Günther, *Rassengeschichte des Hellenischen und des Römischen Volkes*, Munique, Lehmann, 1929, p. 60.

Fiel à sua sintomatologia racial de toda obra cultural, Günther considera a sofística "totalmente impregnada de espírito não helênico".⁷⁴

Como os tempos não mudaram muito, pois os princípios raciais em ação e o combate que os opõe são os mesmos que na Antiguidade, os novos inimigos da raça nórdica são 1789 e, significativamente, o "sofista Rousseau",⁷⁵ digno rebento de uma França mesclada e completamente entregue a uma ideologia igualitária que tem como sintoma deplorável, aflitivo e revelador o projeto de "*école unique* [escola única]"⁷⁶ do radical Herriot, antítese absoluta da educação selecionadora e elitista de Platão.

Contra o igualitarismo cego da modernidade revolucionária, que proclama um inepto e imprudente "a mesma coisa para todo mundo", seria necessário voltar a um viril, nórdico e platônico "a cada um o que lhe é devido",⁷⁷ o famoso *Jedem das Seine* que ressoa como sinistra prévia da máxima inscrita no portão de entrada do campo de concentração de Buchenwald.

Como afirma Hildebrandt, portanto, Platão é um "mestre para nossa época",⁷⁸ pois até a "biologia moderna teria dificuldade de propor leis mais adequadas à seleção dos melhores que as leis de Platão".⁷⁹ Todo aquele que quiser construir um Estado orgânico — vale dizer, em sentido estrito, um Estado-corpo que repouse ao mesmo tempo na "unidade pelo sangue"⁸⁰ e numa estrita hierarquização racial e funcional da comunidade do povo — deve seguir os preceitos de Platão. A leitura do grande filósofo nórdico, previne Hans Bogner, não deve derivar de uma simples e inútil "helenomania estética",⁸¹ mas expressar a firme vontade de promover "um renascimento da nossa existência" nacional, renascimento que repousa no "legado diversificado e rico de um passado de mil anos".⁸²

---

74 *Ibid.*, p. 60. Sobre a interpretação raciológica do fenômeno sofístico, cf. também Alfred Rosenberg, *Der Mythus des 20. Jahrhunderts*, Munique, Hoheneichen, 1933; em francês, *Le Mythe du XXe siècle. Bilan des combats culturels et spirituels de notre temps*, Éd. Avalon, 1986.
75 H. F. K. Günther, *Platon als Hüter des Lebens, op. cit.*, p. 68.
76 *Ibid.*, p. 70. Em francês no texto original.
77 *Ibid.*, p. 71.
78 K. Hildebrandt, *Platon, op. cit.*, p. 243.
79 *Ibid.*, p. 246.
80 *Ibid.*, pp. 246-247.
81 H. Bogner, *Platon im Unterricht, op. cit.*, p. 9.
82 *Ibid.*, p. 10.

Bogner se congratula pelo fato de a Grécia estar na ordem do dia na Alemanha contemporânea:

> A presença e a predominância do helênico na nova Alemanha se impõem a todo observador; basta pensar em nossos novos edifícios, nos Jogos e na ideia olímpicos, no esporte, na unidade redescoberta do corpo e da alma, no Estado já agora entendido como instituição de educação e seleção dos homens, em nossas artes plásticas. Nas manifestações públicas, a radical filiação e afinidade eletiva que existe entre germanidade e helenidade muitas vezes é destacada.[83]

O combate de Platão foi sublime por ter sido fadado ao fracasso. Não obstante as severas admoestações do mestre da Academia, pensador de um racismo hierarquizante, selecionador e eugenista, a Grécia estava corroída por torrentes de sangue alógeno, recebidas num país deixado pela guerra civil num estado de oligantropia e fraqueza que não lhe permitia mais resistir à investida da Ásia.

Enquanto se manteve puramente nórdico, o espírito grego encontrara a filosofia de Platão como forma de expressão. A infiltração do sangue asiático acarretou uma degeneração dos corpos e, paralelamente, uma decadência dos espíritos, que ratificaram a infeliz transição do helênico para o helenístico, do exclusivismo da cidade-Estado ao cosmopolitismo do Império alexandrino. Essa grecidade de tal forma degenerada que nem mais merecia esse nome teve como expressão ideal não mais Platão, mas sim os estoicos.

A doutrina dos estoicos, cuja escola se constitui no século IV, assinala um rompimento com a concepção tradicional do mundo e do homem defendida pelos antigos. A cosmologia grega falava de um mundo fechado, hierarquizado e finalizado, no qual todo ser ou objeto tendia para seu lugar natural. Dessa cosmologia derivava facilmente uma concepção hierárquica e não igualitária da cidade e dos homens, na qual, assim como no cosmos, cada um ocupava um lugar que lhe era atribuído pela

---

[83] *Ibid.*, p. 9.

ordem objetiva e não igualitária da natureza, dialogando as duas ordens, a natural (*cosmos*) e a cívica (*polis*), por homologia estrutural.⁸⁴

Ao contrário dessa visão não igualitária e plural, os estoicos defenderam uma concepção unitária, monista, da humanidade: contra a concepção fendida e segregada de uma humanidade talvez até poligênica, a escola da *Stoa* propõe a visão monogênica e única de uma humanidade solidária, definida pela igual presença da razão em cada um de seus representantes.⁸⁵

Para os nazistas, a *Stoa*, a escola mais tardia da filosofia grega, é a expressão filosófica do crepúsculo da raça: ela assinala a passagem do resplandecente nórdico-helênico para um helenismo vesperal, antítese da helenidade pura e heróica que mal ou bem fora mantida até Platão e encarnada uma última vez pelo acadêmico.

> Produto da imigração asiático-semítica que submerge Atenas, exangue, no fim do século V, e da mistura racial por ela gerada, a escola estoica promove uma doutrina igualitária que destrói todo sentido de hierarquia racial, como observa em 1930 o raciólogo gobiniano Ludwig Schemann: "Há muito tempo sentimos e dissemos o quanto o sangue desempenhou um papel essencial na fundação e no desenvolvimento da escola estoica. Ela surgiu de círculos quase exclusivamente semíticos."⁸⁶

O vienense Fritz Schachermeyr, historiador da Antiguidade e incansável hermeneuta racista da história grega e romana, o confirma e denuncia com veemência:

> O helenismo nos mostrou o povo grego em plena dissolução no cosmopolitismo, logo, em plena desnordificação. O produto

---

84 Cf. Jean-Pierre Vernant, *Les Origines de la pensée grecque*, PUF, 1962, e Michel Villey, *La Formation de la pensée juridique moderne*, Montchrétien, 1975.
85 Cf. Epicteto, *Discursos*, III, 13, e Marco Aurélio, *Meditações*, IV, 45.
86 Ludwig Schemann, Die Rasse in den Geisteswissenschaften — Band II: Hauptepochen und Hauptvölker der Geschichte in ihrer Stellung zur Rasse, Munique, Lehmann, 1930, pp. 145-146.

> mais notável do helenismo, a *Stoa*, de fato vai na mesma direção. Ela foi concebida por semitas e bastardos, para se tornar um pseudoideal que serve apenas para fornecer argumentos aos apátridas e aos inimigos raciais de épocas posteriores.[87]

Schachermeyr leva a complacência e o excesso de zelo com a raciologia ao ponto de fazer um levantamento preciso das origens geográficas, e logo das identidades raciais, dos chefes da escola estóica:

> Entre os escolarcas que se sucederam até Panécio, um único vinha de uma cidade de sangue majoritariamente grego [...]. Os outros vinham da Cilícia, de Chipre e da Babilônia. Zenão, o fundador, era da cidade semítica de Cítio, na ilha de Chipre.[88]

Em outro texto, Schachermeyr atribui genericamente aos filósofos helenísticos uma "ascendência levantina".[89] Max Pohlenz, grande especialista do Pórtico[90] e autor de obras de referência sobre o estoicismo até a década de 1970, fala, a propósito do mesmo Zenão, de um "fenício de pleno sangue",[91] de um *Vollblutphöniker*: "Encontramos na doutrina estoica muitos traços que nos lembram que seus fundadores não eram gregos."[92] As ideias e esse sangue que as engendrou são in-helênicos, *unhellenisch*[93] — logo, não nórdicos.

Nenhuma mente nórdica seria capaz de imaginar que todos os homens pudessem ser considerados iguais e devessem ser membros do

---

87 Fritz Schachermeyr, "Die Aufgaben der alten Geschichte im Rahmen der Nordischen Weltgeschichte", *Vergangenheit und Gegenwart*, 23, 1933, pp. 589-600, p. 599.
88 *Ibid.*, nota 15, p. 599.
89 ID., *Indogermanen und Orient. Ihre kulturelle und machtpolitische Auseinandersetzung im Altertum*, Stuttgart, Kohlhammer, 1944, p. 305.
90 O pensamento dos estoicos ficou conhecido assim porque Zenão o transmitia sob um pórtico, em Atenas. [N. T.]
91 Max Pohlenz, "Die Stoa — Geschichte einer geistigen Bewegung", em Helmut Berve (dir.), *Das Neue Bild der Antike*, t. I, *Hellas*, Leipzig, Koehler und Amelang, 1942, pp. 354-368, p. 356.
92 *Ibid.*, p. 360.
93 *Ibid.*

universi generis humani societas do estoico romano Cícero, dessa *cosmopolis* sem referências, privada de toda hierarquia com base na axiologia do sangue. Schachermeyr retoma aqui um tema caro aos teóricos da raça e do racismo que desde Gobineau atribuem toda ideia igualitária, individualista e democrática a um sangue conspurcado pela mistura, privado de qualquer qualidade notável, um sangue que portanto perdeu a noção da própria excelência e da hierarquia racial por ela induzida; um sangue puro de qualquer mistura e consciente do próprio valor só pode produzir, por estrito determinismo biológico e simples encadeamento fisiológico, ideais elitistas, e não ideias igualitárias. Desse modo, a *Stoa* nos é apresentada e denunciada pelos raciólogos e historiadores nazistas como o anti-Platão por excelência. Ludwig Schemann, discípulo friburguense de Gobineau já citado, denuncia na *Stoa*, veneno semita, a "ideia cosmopolita e igualitária"[94] que constitui o cerne de sua doutrina.

Sintoma da degeneração grega, a doutrina estoica seria em seguida a poderosa alavanca da decadência romana: depois de Cinoscéfalas[95] (197 antes da nossa era) e da conquista da Grécia pelos romanos, o estoicismo de fato passa a fazer parte dos ricos despojos tomados como butim pelos vitoriosos. Livros, prisioneiros de guerra e *greaculi* levados nos furgões das legiões importam para Roma o que aos poucos vai se tornar a filosofia de referência das elites republicanas e mais tarde imperiais. Essas elites encontram nela um rigorismo compatível com o *mos majorum* e uma ideologia universalista que não podia convir melhor ao imperialismo romano e seu projeto de hegemonia universal. A humanidade unitária dos estoicos tem morada num espaço comum, destinado pela dominação imperial romana e pela unificação do ecúmeno por ela acarretada a se tornar uma *cosmopolis*, a *civitas maxima* unificada, que reuniria a totalidade da humanidade sob um poder e uma jurisdição idênticos.

Por inspiração da doutrina estoica é que o imperador Caracala, obedecendo entre outros a interesses fiscais perfeitamente claros, concede a todos os residentes do Império, em 212, a cidadania romana,

---

94 L. Schemann, *Die Rasse in den Geisteswissenschaften*, op. cit., p. 145.
95 Batalha em que o exército romano do cônsul Flaminino saiu vitorioso sobre Filipe V da Macedônia, na Tessália, consagrando a superioridade dos romanos sobre os macedônios. [N. T.]

uma *constitutio antoniana* contra a qual Alfred Rosenberg, em seu *Mito do século XX*, não poupa ataques, transformando-a em causa do "caos racial romano".

Hans Günther também lembra que "o estoicismo foi considerado uma das forças racialmente destruidoras da história romana":[96] a República nórdica das origens, a dos Velhos Romanos, estritamente hierárquica e não igualitária, se viu ameaçada pelo "individualismo" e pela "cidadania cosmopolita",[97] ambos preconizados pelo estoicismo.

O erro fatal da *Stoa* é que ela

> considerava apenas o indivíduo isolado, por um lado, e, por outro, a comunidade dos melhores procedentes de todos os povos e todas as raças, vale dizer, nem como membro de uma linhagem, de um clã, de um povo ou de uma nação; a Stoa, por sua doutrina, levantava todas as barreiras do sangue.[98]

Como a sofística alguns séculos antes, o estoicismo é uma deflagração intelectual que prenuncia a Revolução de 1789. Assim, Fritz Schachermeyr afirma e lastima que "a consequência dessa igualdade fundamental dos homens foi a concepção de uma dignidade do homem, de direitos do homem, a exigência de tolerância".[99] Em suma, por culpa do estoicismo, "humanidade passou a rimar com nivelamento",[100] e o individualismo mais nocivo se associa ao universalismo mais desagregador.

Essa diabólica conjunção levou à dissolução do grande corpo da raça pela infiltração e a mistura de princípios alógenos que fizeram surgir uma nova visão do homem e de sua relação com o grupo. Antes, quando o corpo nórdico dos cidadãos gregos ainda era homogêneo e solidário em sua pureza primitiva, ninguém estranhava a entrefiliação espontânea de seus membros: a homogeneidade do sangue se expressava

---

96 H. F. K. Günther, *Rassengeschichte des Hellenischen und des Römischen Volkes*, op. cit., p. 106.
97 *Ibid.*
98 *Ibid.*
99 F. Schachermeyr, *Indogermanen und Orient*, op. cit., p. 307.
100 *Ibid.*

intelectualmente por uma concepção organicista e holística do corpo político, e o indivíduo só ganhava sentido e se revestia de dignidade como membro do corpo racial.

A mistura de sangues turvou essa concepção unitária do *holos* social entendido como um corpo racial. Desvinculada de qualquer filiação a um sangue e um solo, a figura do cosmopolita que surge com o advento do helenismo só pode agora se definir como indivíduo atômico, como mônada isolada e desprovida de qualquer vínculo com um grupo que, de qualquer maneira, simplesmente não existe mais: o abastardamento helenístico dissolve a *polis* para fazer surgir o indivíduo.[101] Assim se explica a oposição entre a concepção platônica do Estado, que é severamente holística, e a sensibilidade individualista das filosofias helenísticas:

> No lugar do interesse geral, da inserção numa comunidade constituída pelo sangue, impôs-se a dominação desenfreada do indivíduo, do cosmopolita que não reconhece nenhum outro vínculo, senão o da razão. O grego não tem mais pátria; seu país é o mundo.[102]

Esse advento do indivíduo, "desvinculado do Estado e do seu povo, transformado em centro do mundo",[103] o fracionamento do povo grego "em uma infinidade de átomos, cada um dos quais existe apenas para si mesmo", é obra de filósofos racialmente degenerados, como "o fundador da *Stoa*, Zenão, um semita helenizado".[104]

Além do princípio racial, tomado como fator explicativo, os argumentos do debate contra o Iluminismo e o individualismo jusnaturalista moderno é que são opostos ao helenismo, caricatura biologicamente degenerada e intelectualmente decadente da helenidade nórdica das origens. E, por sinal, um manual de Ensino Médio explica que a verdadeira ambição de Platão era a ressurreição de um princípio holista racial, de uma *comunidade* entendida como corpo biologicamente solidário:

---

101 M. Pohlenz, "Die Stoa", artigo citado, pp. 354-355.
102 Fritz Geyer, *Rasse, Volk und Staat im Altertum*, Leipzig, Berlim, Teubner, 1936, p. 78.
103 *Ibid.*, p. 79.
104 *Ibid.*

> Para Platão, o verdadeiro Estado não é composto de indivíduos […]. Trata-se, isto sim, de um organismo, de uma entidade solidária. O cidadão é apenas um membro ou uma parte do todo e recebe sua direção e sua definição exclusivamente da totalidade.[105]

Outro manual dedica ao filósofo duas páginas da mesma natureza, apresentando-o como o Dom Quixote da Ática, herói do sublime e "inútil combate contra a decadência racial".[106]

Estigmatizado como uma filosofia do individualismo e do retraimento, uma doutrina da felicidade privada e da ataraxia em que de forma egoísta se compraz o erudito, longe da agitação do mundo, o estoicismo é um pensamento da dissolução da cidade, da desagregação do grupo político e racial. Os estoicos são destruidores do Estado porque sua doutrina advém de um sangue destruidor de cultura, bárbaro e anárquico: na tipologia ternária das raças proposta por Hitler em *Mein Kampf*, esses orientais e semitas pertencem à espécie dos *Kulturzerstörer*, dos destruidores de cultura, em oposição aos *Kulturbegründer*, os criadores de cultura arianos.[107]

Apesar disso, ressalvam Günther e Schemann, o estoicismo foi capaz de seduzir Velhos Romanos ainda essencialmente nórdicos como Sêneca e Marco Aurélio, pois esses homens não se sentiam mais vinculados a esse povo romano racialmente misturado, e assim podiam desejar e conceber uma retirada para a felicidade privada, a meditação do *fatum* e a ataraxia;[108] o desligamento, aqui, era uma escolha determinada pela mediocridade racial do povo romano, da qual agora era necessário se separar.

Os estoicos saparam e minaram o edifício não igualitário, hierárquico e holista da comunidade ariana tradicional com sua condenável

---

105 W. Hohmann, W. Schiefer, *Lehrbuch der Geschichte*, manual citado, p. 67.
106 W. Gehl, *Geschichte*, manual citado, p. 58 para a citação, pp. 58-60 sobre Platão.
107 Cf. Adolf Hitler, *Mein Kampf* (1925 e 1926), 2 vols., Munique, Zentralverlag der NSDAP, 1939; em francês *Mein Kampf*, traduzido para o francês por J. Gaudefroy-Demombynes e A. Calmettes, Nouvelles Éditions latines, 1934, p. 318.
108 Hans F. K. Günther, *Kleine Rassenkunde Europas*, Munique, Lehmann, 1925, pp. 146 sqq, e L. Schemann, *Die Rasse in den Geisteswissenschaften*, *op. cit.*, p. 146.

promoção do individualismo. A partir do momento em que proclamam que o indivíduo é a fonte de todo valor, as noções de povo e raça perdem necessariamente o seu: a *polis* grega e a *civitas* dos Velhos Romanos são dissolvidas.

Segundo Schachermeyr, o sábio humanista, o classicista e o antiguista devem se manter vigilantes se quiserem, como tanto deseja o autor, preservar plenamente o seu papel e o seu lugar no novo Estado nacional-socialista. Esses especialistas da Antiguidade devem ser transmissores e mediadores, mas apenas de um material racialmente válido e espiritualmente pertinente:

> Até agora se aceitou tudo que vinha da Antiguidade como uma espécie de revelação sublime [...]. Assim é que o humanismo, que por um lado era o conservador do espírito nórdico mais nobre, se transformou em mediador de todo esse patrimônio espiritual antinórdico.[109]

Só um humanismo cego, uma adoração fanática do antigo que não separa mais o trigo nórdico do joio asiático-semítico, pôde conservar na cultura esse "veneno destruidor" que "dissolveu os povos nórdicos da Antiguidade"[110] e continua ativo no mundo contemporâneo. Nem toda Antiguidade pode ser considerada boa, e um humanismo que se respeite pressupõe, portanto, uma atenta triagem nas humanidades: a seleção (*Auslese*) para fins de depuração, assim, diz respeito tanto aos corpos quanto às inteligências.

---

109 F. Schachermeyr, "Die Aufgaben der alten Geschichte im Rahmen der Nordischen Weltgeschichte", art. citado, p. 599.
110 *Ibid.*

2
A desnaturação do direito nórdico: direito germânico e recepção do direito "romano"[111]

Em uma novela escrita durante a Segunda Guerra Mundial, Louis Aragon põe a seguinte fala na boca de um de seus personagens, um juiz militar:

> Fui professor de direito romano. Mas para dar a primazia ao direito germânico, é preciso, do meu ponto de vista, apagar no mundo moderno qualquer traço do direito romano. O direito romano como fundamento das leis modernas é um absurdo revoltante e contrário ao espírito alemão.

E ele acrescenta:

> Naquela época, nossos tribunais ainda estavam infestados pelo direito romano, o Código Napoleônico, as leis judaicas... Hoje,

---

111 Versão remanejada de um estudo publicado com o título "La réception du droit romain sous le IIIᵉ Reich", *Annuaire de l'institut Michel Villey*, vol. II, Dalloz, 2010, pp. 231-246.

jamais teríamos libertado Dimitrov, ele teria sido condenado...
segundo o direito alemão.[112]

Essa novela, intitulada "O direito romano não existe mais", revela em Louis Aragon um surpreendente conhecimento dos debates, evoluções e involuções próprios do mundo dos juristas nazistas. Mas convém desde logo esclarecer o sentido do termo "jurista": as fontes que consultamos são textos e reflexões de universitários especialistas na matéria, mas também de juristas e divulgadores do partido. São textos redigidos tanto pela elite intelectual da corporação universitária como pela elite funcional dos juristas tecnocratas do regime, preocupados em teorizar a sua práxis, em formular o novo direito alemão, o que requeria um prévio confronto com o "direito romano", tal como recebido na Alemanha desde o século XV.

Outras fontes, provenientes dos pedagogos incumbidos da redação dos artigos de vulgarização, da imprensa ou dos fascículos de formação ideológica do Partido (NSDAP) e suas organizações (SA[113], SS, HJ[114] etc.), também são valiosas. Quase sempre juristas de formação, seus autores foram educados na cultura, senão no culto do direito romano, modelo e matriz dos direitos nacionais: é dessa ganga e desse cabresto que queriam libertar o direito alemão.

As posições, exposições e argumentos daqueles que investiam contra o direito romano no III Reich não surgem por geração espontânea, mas se enraízam em uma longa e antiga dialética, a querela entre germanistas e romanistas de que Olivier Jouanjan foi o melhor intérprete francês, na

---

112 Major von Lüttwitz-Randau, juiz militar, personagem da novela de Louis Aragon "Le droit romain n'est plus" (O direito romano não existe mais), em *Le Mentir-vrai*, Gallimard, 1980, pp. 366 e 373.
113 *Sturmabteilung*, "Destacamento Tempestade": as tropas de assalto que formaram uma milícia paramilitar uniformizada com camisas de cor parda e que foram um dos esteios do poder político de Adolf Hitler, até cederem seu lugar de destaque na organização nazista à SS (*Schutzstaffel*, ou "Tropa de Proteção"), principal responsável, entre outros, pelo genocídio dos campos de concentração e extermínio. [N. T.]
114 Juventude Hitlerista. [N. T.]

sua *Histoire de la pensée juridique en Allemagne* [História do pensamento jurídico na Alemanha].[115]

Nessa querela, o movimento nacional-socialista toma posição desde as suas origens, no documento que assinala seu nascimento e constituição. Encontramos no programa nazista de fevereiro de 1920 algo surpreendente que, por seu caráter teórico, parece quase incongruente num catálogo de reivindicações políticas e econômicas. Com efeito, o artigo 19 do programa do NSDAP proclama: "Exigimos que um direito alemão da comunidade substitua o direito romano, solidário de uma visão materialista do mundo."

Como parece difícil acreditar que esta cláusula rendesse bons panfletos e provocasse o entusiasmo do público das *Bierkeller*[116], é o caso de tentar entender sua presença num documento desses. O que ouvir e entender aqui?

Podemos ler nesse artigo 19, antes de mais nada, ecos das reiteradas afirmações dos juristas "germanistas" de que existe um direito germânico das origens, encontrável na *Germania* de Tácito e mais explicitamente perceptível no *Sachsenspiegel*.[117] Existiria, portanto, um direito alemão, bastando mobilizá-lo para "substituir" o direito romano. No contexto de 1920, fortemente comprometido por um sentimento de humilhação nacional pós-Versalhes, o programa do NSDAP reativa em seu artigo 19 uma velha ladainha do nacionalismo alemão: a oposição entre germanidade e latinidade.

Esse confronto, esse enfrentamento, é um elemento fundamental de uma certa identidade "alemã", à falta de melhor termo, desde a Idade Média: se a querela entre Império (germânico) e sacerdócio (romano) terminou na humilhação de Canossa, Lutero retomou o combate contra Roma, ao passo que os príncipes alemães protestantes desafiavam Viena, Madri e o catolicismo, da Liga de Smalkalde à Guerra dos Trinta Anos. A dialética entre germanidade e romanidade assumiu em seguida a forma

---

115 Olivier Jouanjan, *Une histoire de la pensée juridique en Allemagne (1800-1918). Idéalisme et conceptualisme chez les juristes allemands du XIXe siècle*, PUF, 2005.
116 Cervejarias tipicamente alemãs. [N. T.]
117 O *Sachsenspiegel* (Espelho dos Saxões) é um dos primeiros códigos de lei fixando em língua alemã o direito consuetudinário. Foi redigido na primeira metade do século XIII.

de uma guerra entre as Alemanhas e a França revolucionária e imperial, entre Luísa da Prússia ou Fichte, defendendo as liberdades germânicas, e o tirano galo-romano Napoleão. A guerra teve prosseguimento com Bismarck, que desafiou, na sua *Kulturkampf*[118], papistas, ultramontanos e outros católicos políticos. Enquanto isso, humanistas, escritores, historiadores e poetas trabalhavam na recepção (estruturante para o nacionalismo alemão) da *Germania* de Tácito, e exaltavam Armínio, o querusco livre e revoltado, que saiu vitorioso sobre Varo, suas legiões e Augusto.

Por outro lado, o texto do artigo 19 estabelece um vínculo entre direito romano e uma visão "materialista" do mundo. Que significa "materialista" aqui? É preciso verificar em qual contexto se inscreve o artigo; em outras palavras, devemos ler o resto do texto. Constatamos que o termo "materialista" aparece em outro artigo do programa, o artigo 24, especificando que o NSDAP "combate o espírito judeo-materialista internamente e externamente, e está convencido de que um restabelecimento durável do nosso povo só pode ter êxito a partir do interior, com base no princípio de que o interesse geral vem antes do interesse particular".

Encontramos a chave na forma composta "judeo-materialista": o direito romano, portanto, seria materialista porque é judeu, e vice-versa. Temos aqui um tópos incansavelmente reiterado pelo discurso nazista: só o espírito nórdico pode se elevar à ideia, como evidenciam as obras imortais e sublimes de Platão, Bach e Kant. Puros representantes da raça nórdica, os nazistas são idealistas, frente ao "mamonismo" contemporâneo da revolução industrial, do liberalismo e do marxismo, avatares culturais de uma raça judia obnubilada pelo acúmulo de bens materiais e a busca do lucro. Individualista, egoísta e nômade, o judeu dos nazistas é incapaz de conceber um interesse que não seja privado, de pensar e querer o interesse geral. E por sinal, o fim do artigo 24 por nós citado retoma uma máxima supostamente fundadora do direito germânico, transformada em *slogan* nazista reiterado à exaustão: *Gemeinnutz geht vor Eigennutz* — o interesse comum vem antes do interesse particular, a comunidade, antes do indivíduo.

---

118 Literalmente, guerra cultural. Conflito que opôs o governo de Otto von Bismark na Prússia à Igreja Católica, na década de 1870, em torno do controle da educação nacional e das nomeações eclesiásticas. Passou a designar, genericamente, embates de valores opostos ou discordantes entre nações, religiões, facções etc. [N. T.]

O aspecto teórico do artigo 19 já agora surpreende menos quando vemos a que ponto, para os nazistas, o direito é uma cultura e mobiliza uma concepção do mundo, do homem e das relações entre os homens.

Lendo o programa do NSDAP, suspeitamos que juristas participaram ativamente da elaboração do primeiro corpo doutrinário do partido nazista. E de fato existem, entre a reflexão jurídica alemã do século XIX e o NSDAP, transmissores identificados pelo historiador alemão do direito Peter Landau,[119] que se detém particularmente nas figuras de Johannes Lehmann-Hohenberg e Arnold Wagemann, dois intelectuais, um jurista profissional e um faz-tudo jurídico, que foram membros precoces do jovem partido.[120]

Esses dois acólitos do direito germânico inspiraram o programa do *Deutschsozialistische Partei*,[121] publicado em 31 de maio de 1919, no

---

119 Peter Landau, "Römisches Recht und deutsches Gemeinschaftsrecht. Zur rechtspolitischen Zielsetzung im nationalsozialistischen Parteiprogramm", em Michael Stolleis (dir.), *Rechtsgeschichte im Nationalsozialismus. Beiträge zur Geschichte einer Disziplin*, Tübingen, Mohr, 1989, pp. 10-22.

120 Johannes Lehmann-Hohenberg (1851-1925), professor de mineralogia em Kiel, jurista amador, combateu a codificação e o projeto do Bürgerliches Gesetzbuch (BGB), fundando a revista *Der Volksanwalt* (O Advogado do Povo). Essa violação da obrigação de reserva acarretou um procedimento disciplinar e o levou a ser dispensado da função pública imperial. Endividado em consequência de operações imobiliárias desastrosas, ele desenvolveu forte ressentimento em relação à legislação sobre propriedade e hipotecas, desgraças por ele atribuídas à influência nefasta do direito romano. Arnold Wagemann, por sua vez, é um jurista profissional. Juiz administrativo (*Amtsgerichtsrat*) em Bochum, fundou o *Bund für Deutsches Recht* e se aproximou do NSDAP em 1920. Coube a ele fazer o discurso sobre o direito alemão no primeiro congresso do NSDAP, em Munique, a 31 de janeiro de 1922. Autor (já antes da guerra) de *Unser Bodenrecht* (Iena, 1912) e de *Geist des deutschen Rechts* (Iena, 1913), recusou a propriedade privada do solo, que considerava uma perversão romana, assim como o conceito de direito subjetivo e de pessoa jurídica. Os únicos titulares de direito (*Rechtsträger*) são as comunidades (*Volk, Familie, Schulen, Universitäten, Bauernhof*). Autor de numerosos ensaios sobre o direito germânico e a necessária reforma do direito (*Deutsche Rechtsvergangenheit als Wegweiser in eine deutsche Zunk, unft*, em 1922, *Schafft Deutsches Recht!*, em 1921 etc.), teve vida suficientemente longa para se tornar membro da Akademie für Deutsches Recht, criada depois da tomada do poder pelos nazistas.

121 O Partido Alemão-Socialista foi fundado em maio de 1919 por simpatizantes da extrema direita antissemita, nacionalista e anticapitalista. Muitos membros desse partido, dissolvido em 1922, rapidamente se transferiram para o NSDAP, ao qual ele

qual se observa que a questão do solo e da propriedade do solo adquire importância fundamental. A propriedade do solo é que vem a ser a linha divisória de águas entre direito romano e "direito germânico" — os juristas nazistas não se cansariam de voltar ao tema, até cantar vitória quando da promulgação do *Erbhofgesetz*[122] em setembro de 1933:

> A causa primordial das nossas dificuldades está no nosso direito de propriedade da terra [...]. Em consequência, exigimos:
> 1. — A livre disposição da terra e do solo [...]
> 2. — A abolição do direito romano, até agora dominante, que será substituído por um direito comunitário alemão [*Deutsches Gemeinrecht*]. Nosso direito de propriedade da terra repousa no direito romano [...]. O direito romano foi introduzido na Alemanha há quatrocentos anos pelos príncipes e o alto clero; o povo se opôs, em vão. O povo de fato sentia que esse direito estrangeiro lhe alienaria o solo e outras posses. A guerra dos camponeses,[123] a primeira sublevação social, foi uma guerra sanguinária contra o direito romano. Os camponeses exigiam sem descanso o restabelecimento do antigo direito alemão. Hoje, formulamos a mesma exigência. Cabe apenas a ti, povo alemão, que ela não seja ignorada. Essa questão é mais importante do que se poderia crer: é a pedra angular da nossa existência futura e da nossa perenidade (*Bestehen*). O direito romano surgiu numa época em que Roma, em plena decadência, estava submergida pelos judeus. Ele é antissocial e protege o lucro privado em detrimento da comunidade. É um direito de ladrões e espertalhões. Sobre essa base jurídica, o alemão sai sempre perdendo em relação ao judeu. Os fatos confirmam o que estamos dizendo. Por isto, é necessário dar ao povo alemão um direito que corresponda à sua raça e à

---

deixou como herança seu órgão de imprensa, o *Völkischer Beobachter*, e alguns de seus dirigentes, como Julius Streicher, redator-chefe e proprietário do jornal violentamente antissemita *Der Stürmer*. Antes de 1922, não era rara a dupla filiação.

122 Lei sobre a hereditariedade de terras agrícolas, introduzia essencialmente o princípio da vinculação entre sangue e solo. [N. T.]

123 A *Bauernkrieg*, 1524-1525.

sua cultura, que respeite o velho princípio: o interesse comum vem antes do interesse particular. A profunda ganância, a desonestidade, a imoralidade que se propagam em nosso comércio, essa judeização do nosso povo, é culpa do direito romano, assim como a transformação da nossa economia em uma economia do puro lucro — que valeu ao mundo as desgraças das últimas décadas e, no fim das contas, a guerra.

Valia a pena citar longamente esse texto, pois vemos o quanto inspirou o artigo 19 do programa do NSDAP. Mas, além disso, ele contém vários dos temas e obsessões estruturantes da extrema direita alemã em relação ao direito. Constatamos nesse texto que a questão do direito romano está ligada à terra e sua propriedade. O direito romano é que, ao introduzir o princípio da propriedade individual, teria separado o sangue do solo, alienando uma terra que era até então propriedade da comunidade racial.

Como muitos juristas, os autores do texto interpretam a guerra dos camponeses, grande revolta ao mesmo tempo social e escatológica que teve como epicentro a Turíngia, como uma insurreição contra a recepção do direito romano e a introdução de seus princípios e categorias.[124] O direito romano, assim, é apresentado como uma arma contra o povo, não só no sentido biológico (a raça), mas também no sociológico (o comum, o vulgar): sua sofisticação extrema o torna inacessível aos homens simples, que em vez de serem protegidos por ele, são, muito pelo contrário, suas vítimas. Só os judeus são aptos a manipulá-lo, em virtude de sua conhecida malignidade intelectual e moral.

O discurso dos *Rechtswahrer*[125] nazistas é todo entrelaçado dos temas que acabamos de identificar.

---

124 Cf. por exemplo Erich Jung, "Deutschrechtliches und Römischrechtliches zur Reform des Bürgerlichen Rechts", *Zeitschrift der Akademie für deutsches Recht*, 1934, pp. 183-187 e 213-216: "Durante a guerra dos camponeses [...], foi exigido o afastamento dos doutores, dos juristas formados no direito romano. O combate dizia respeito em primeiro lugar aos direitos da comunidade sobre a terra e o solo, então ameaçados pelo princípio romano de propriedade individual" (p. 184).
125 A palavra *Rechtswahrer* (guardião do direito) é um germanismo forjado para contornar o uso do latinismo *Jurist(en)*.

A primeira crítica dos juristas nazistas ao direito romano diz respeito à alteração do direito germânico tradicional, e mesmo a uma alienação desse direito — alienação cultural de uma raça que não se reconhece mais nas formas jurídicas que lhe são impostas.

Assim é que o doutor em direito Hans Frank, advogado do partido nazista e mais tarde *Reichrechtsführer* (chefe dos juristas do Reich), ministro sem pasta e, em 1940, governador geral da Polônia ocupada, escreve:

> O direito popular alemão tornou-se estranho para nós ao longo dos últimos séculos. Não podemos deixar de constatar que a recepção do direito romano exerceu uma influência afinal nefasta sobre a evolução do direito alemão.

Com efeito, o direito romano é, em seus princípios e métodos,

> incompatível com o sentimento da vida próprio dos alemães. Não é verdade que o que foi bom para povos antigos continua sendo bom para o povo alemão. Também devemos nos orgulhar de nós mesmos no terreno do direito.[126]

Aqui, Frank dá a entender que, sendo a vida mutação fluida e constante, um direito popular (*Volksrecht*) deve ser tão vivo quanto a própria vida do povo. Não se pode, portanto, impor a um organismo vivo o espartilho mumificante de um direito morto como esse direito romano, elaborado em outra época, em outras terras, para outros povos. Embora seja verdade, reconhece Frank, que "o direito romano foi um direito notável e [que] pode ser considerado um dos grandes monumentos culturais da humanidade". Aqui, o jurista de formação e profissão paga um tributo de homenagens ao direito romano, ao mesmo tempo lhe oferecendo um enterro de primeira classe: esse direito é um monumento do espírito humano, que sem dúvida tem seu devido lugar num museu das humanidades.

---

126 Hans Frank (ed.), *Nationalsozialistisches Handbuch für Recht und Gesetzgebung*, Munique, Eher, Zentralverlag der NSDAP, 1935.

Frank sustenta por outro lado que o povo alemão deve se orgulhar do passado germânico e não levar a sério a *Greuelpropaganda*[127] destinada a apresentar os germanos como brutamontes selvagens. O discurso nazista se pretende balsâmico: o que importa é dar novamente a uma nação humilhada pela paz de 1919 todos os motivos para acreditar em si mesma e na sua história. Assim como os germanos não foram esses bárbaros caricaturais, também é necessário homenagear o direito germânico, fundamento desejado do novo direito que deve tomar o lugar do direito romano.

A alienação do povo alemão pelo direito romano tem causas históricas. Os juristas nazistas se transformam em etiologistas e incriminam o imperialismo romano no sentido mais amplo. Assim é que Roland Freisler, secretário de estado no Ministério da Justiça do Reich, mais tarde presidente do *Volksgerichtshof*[128], em um dos seus numerosos textos[129] menciona o Império Romano, é verdade, mas também a catolicização do território germânico, a Revolução Francesa e o Império napoleônico como manifestações desse eterno imperialismo.

Os pilares e precursores dessa romanização da cultura jurídica germânica foram antes de mais nada a Igreja e o Estado, segundo o responsável pela ideologia no partido nazista, Alfred Rosenberg.[130] Ele acusa os "doutores imperiais estranhos ao povo"[131] (*kaiserliche volksfremde Doktoren*) de, tendo sido formados *in utroque jure*, introduzirem o direito romano da soberania e do individualismo na cultura germânica. Nisso, Rosenberg apenas repete o que os historiadores antirromanistas do direito denunciam ao exporem os caminhos da recepção do direito romano no século XV: para enriquecer pela posse de terras, a Igreja e o Estado privatizaram o

---

127 Propaganda, distorcida com exageros, de crimes e atrocidades cometidos ou supostamente cometidos pelo inimigo. [N. T.]
128 "Tribunal do povo", corte especial de justiça criada por Hitler depois do incêndio do Parlamento alemão (Reichstag), provocado pelos próprios nazistas em 1933 para justificar a repressão política que se seguiu. Julgava acusados de crimes de traição e atentado contra a segurança do Estado. [N. T.]
129 Roland Freisler, *Nationalsozialistisches Recht und Rechtsdenken*, Berlim, Spaeth und Linde, 1938, pp. 23-24.
130 A. Rosenberg, Der Mythus des 20. Jahrhunderts, op. cit., pp. 567-568.
131 *Ibid.*

que até então era comunitário, senão a terra em geral, pelo menos o que era comum a todos.

A introdução do individualismo jurídico (o indivíduo é o titular dos direitos, e não a comunidade, a *Gemeinschaft*) e da propriedade privada transformou a terra — matriz e bem da raça — em pura coisa, bem imóvel rapidamente transmutado em bem móvel pelo mecanismo demoníaco das garantias. A prática da hipoteca tornou a terra um mero título de papel (*Wertpapier*), rapidamente transformado em objeto de especulação pelos usurários, banqueiros e outros parasitas. Desse modo, a inoculação do direito romano e suas categorias não só desvinculou o *Volk* de sua terra, separando o *Blut* do *Boden,* como fez do solo um valor abstrato, entregue ao comércio. Como resume um jurista cheio de desdém pelo direito romano e sua recepção, com isso se "substituiu a servidão em relação ao senhor pela servidão em relação ao judeu e ao usurário".[132]

A "Santa Aliança" entre usurário, príncipe e doutor em direito prendeu os alemães nas malhas de uma construção intelectual na qual ninguém entendia mais nada. Esta tese tornou-se um verdadeiro credo para os juristas nacional-socialistas, como evidencia o advogado Hermann Schroer no famoso colóquio de 1936 sobre a desjudeização do direito:[133]

> É digno de nota que, na vida jurídica alemã, a criação do direito tenha passado do homem do povo para juristas profissionais, eruditos, em meados do século XVI, vale dizer, numa época

---

132 E. Jung, "Deutschrechtliches und Römischrechtliches zur Reform des Bürgerlichen Rechts", art. citado, p. 186.

133 Nos dias 3 e 4 de outubro de 1936 realizou-se em Berlim, sob a presidência de Carl Schmitt, um colóquio promovido pela Associação de Juristas Nacional-Socialistas (NSRWB), intitulado "O judeu nas ciências jurídicas". Depois de uma primeira sessão dedicada à "luta contra o espírito judaico nas ciências jurídicas", é examinada a cada manhã ou tarde a influência judaica e os meios de erradicá-la nas diferentes matérias. O colóquio ganhou fama nos últimos anos, como elemento acusatório nos debates a respeito do papel de Carl Schmitt no III Reich. Apesar de todos os sinais de boa vontade antissemita que deu, Carl Schmitt foi marginalizado intelectual e politicamente pelos juristas da SS (a começar por Reinhard Höhn), que fizeram questão de destacar que o *totaler Staat* schmittiano se equivocava quanto à essência e à vocação do *völkischer Staat* nazista.

em que se fez sentir a influência direta do direito romano proveniente do Leste (*oströmisches Recht*) e do *schulchan aruch*.[134]

A presença dessas considerações no trabalho de Rosenberg deixa claro, todavia, que elas não se limitavam à corporação dos juristas: era necessário que fossem amplamente divulgadas. Se no fim das contas Rosenberg passa rapidamente por essa questão do direito fundiário e de sua alienação pelo direito romano, ela vem a ser desenvolvida em *Das Schwarze Korps*, publicação semanal e mais tarde diária da SS, no artigo intitulado "Dois tipos de direito" (*Zweierlei Recht*).[135] Nesse diário de grande tiragem e ampla circulação, o citado artigo compara os direitos fundiários respectivos (e supostos) dos romanos e germanos: a propriedade privada da terra entre os romanos se opõe à propriedade comum dos germanos, na qual o camponês é apenas o explorador e usufrutuário da terra, cujo verdadeiro proprietário é a comunidade do povo. Na cultura jurídica germânica, o camponês é, portanto, fazendeiro da *Gemeinschaft*. Já o direito romano reificou não apenas a terra como também os ocupantes da terra, transformando-os em servos, acorrentados aos senhores e depois aos bancos.

A conclusão é a mesma em Rosenberg e no jornal da SS: a guerra dos camponeses de 1525 foi legítima, provocada por esses doutores em direito nefastos e estranhos à própria raça.

Vemos então que, além dessa questão do direito fundiário, a oposição frontal entre os direitos romano e germânico é uma oposição de duas visões do mundo, cujo confronto abre amplas perspectivas pedagógicas. Também aqui constatamos que a questão nada tem de erudita, assumindo uma função didática suficientemente importante para constar em um manual de formação dos oficiais da SS:

> Comparemos termo a termo algumas máximas de nossos antepassados ao direito romano-bizantino que nos foi imposto

---

134 H. Schroer, "Das Verhältnis des Juden zum Gesetz", art. citado, pp. 18-26, p. 19.
135 Werner Petersen, "Der nordische Mensch — Zweierlei Recht", *Das Schwarze Korps*, 17 de abril de 1935.

nos últimos séculos, embora fosse estranho à nossa raça, para mostrar a que ponto essas concepções jurídicas estrangeiras foram — e não poderia ser de outra maneira — devastadoras para nosso pensamento e nossa vontade da raça:

O direito romano-bizantino diz: "O proprietário pode fazer uso da coisa segundo bem entender." O direito dos saxões, por sua vez, dispõe: "O interesse geral vem antes do interesse particular." O direito romano proclama: "A terra é transmissível da mesma forma como os escravos ou os animais." Já o direito saxão dispõe: "Não se pode ceder a terra sem a concordância dos herdeiros." Ou então: "O direito foi codificado em cinquenta livros para toda a eternidade." O direito saxão diz: "O direito escrito não pode suplantar o direito da natureza."[136]

O que é digno de nota nesse texto, além do público ao qual se destina, é o fato de resumir o essencial das críticas dos juristas nazistas ao direito romano. Ele assinala, segundo eles, a absolutização da coisa, entendida como coisa em si, uma coisa absoluta, vale dizer, sem referência à sua utilidade para a comunidade, o que não faz sentido. Roland Freisler, por exemplo, desenvolve longamente o tema em vários de seus textos:[137] seria adequado atribuir o mesmo estatuto jurídico a uma caneta, a um automóvel e à terra? Só mesmo cérebros exauridos pela abstração, tolhidos num esquematismo mortífero, para imaginar algo assim!

O direito romano é passível de crítica por sua abstração, seu esquematismo, sua distância em relação à vida e ao *gesunder Menschenverstand*,[138] exatamente como o "positivismo" e o "normativismo", todas essas concepções do direito derivadas da abstração judaica, de que o direito romano foi precursor. Misturando, em sua reprovação, crítica do individualismo e crítica da noção de coisa, Hans Frank resume da seguinte maneira os defeitos do direito romano: "O direito romano nos trouxe o

---

136 *Schulungs-Leitheft für SS-Führeranwärter Sicherheitspolizei und des SD*, s. l. n. d., provavelmente 1941, BABL / RD 19/11, p. 106.
137 Cf. em particular R. Freisler, *Nationalsozialistisches Recht und Rechtsdenken*, op. cit., pp. 18-19.
138 Literalmente, "sentimento sadio do homem", ou seja, "bom senso popular".

conceito de pessoa jurídica como titular de direitos subjetivos e objetivos, assim como o conceito de coisa."[139]

Além dessa abstração estranha à vida, o direito romano pode de fato ser acusado de individualismo, e esses dois aspectos estão ligados, como evidencia o exemplo do direito fundiário. O direito romano se baseia no indivíduo, e não na comunidade, princípio e fim do direito germânico.

Essa diferença essencial se deve no fundo a uma diferença em termos de estrutura racial dos povos "romano" e germânico. É a ideia defendida pelo professor universitário Rudolf Bechert, de Munique, em conferência proferida em 1933 sobre o direito comercial e a necessidade de reformá-lo. Por que os romanos chegaram àquele grau de abstração? O Império Romano era "internacional":[140] impunha-se harmonizar todas as raças e culturas por ele reunidas sobre a base de um discurso jurídico compreensível para todos. Por outro lado, como o povo romano era minoritário nesse império, estando "submergido pelos estrangeiros",[141] ele não tinha condições de se regular por um direito *völkisch*,[142] mas apenas por um direito *individualistisch*:[143] como o *Volk* não podia ser o fundamento e a referência do direito, o indivíduo se revelava o mínimo denominador comum ao que Rosenberg chamava de "caos de raças" ao se referir à Roma tardo-antiga.

O autor esclarece que não se trata de "subestimar o valor do pensamento jurídico romano": o objetivo não é estabelecer uma diferença de valor (*Wertunterschied*), mas lembrar a diferença de essência (*Wesensunterschied*)[144] — no caso, de substância racial. O povo germânico, homogêneo e racialmente coerente, foi capaz de gerar um direito que era a tradução dessa pureza e dessa coerência, um direito da comunidade,

---

139 Hans Frank, "Nationalsozialismus im Recht", *Zeitschrift der Akademie für deutsches Recht*, 1934, p. 8.
140 Rudolf Bechert, "Der Geist des deutschen und des römischen Rechts in der Wirtschaft", *Deutsches Recht — Zeitschrift des Bundes National-Sozialistischer Deutscher Juristen*, 1933, pp. 81-82, p. 82.
141 *Ibid.*
142 *Ibid.*
143 *Ibid.*
144 *Ibid.*

pois essa comunidade biológica subsistia, ao contrário do que acontecera no caso romano.

Estranho à raça e à cultura nórdico-germânicas, o direito romano não podia ter a pretensão de se impor a elas e mutilá-las, como um leito de Procusto normativo. Aos ouvidos alemães, o adjetivo "romano" evoca infalivelmente, num contexto polêmico, imperialismo e universalismo. Acontece que é precisamente essa pretensão que os nazistas não podem aceitar. Assim, escreve Alfred Rosenberg:

> Constantemente temos contestado ao direito romano sua pretensão à universalidade; de fato não faz sentido considerar que o que foi elaborado lá, numa cidade, seja suscetível de estabelecer uma regra para todos os Estados e todos os povos.[145]

Como todo direito, o direito romano é particular, e não universal. Como fenômeno cultural, é a criação, a secreção de uma raça e de um sangue particulares, e por isto não pode ter nenhuma pretensão à universalidade. Os nazistas assumem e reivindicam o seu particularismo: o direito alemão (ou germânico) é uma criação da raça alemã (ou nórdico-germânica). Sua validade é limitada a essa raça. O direito, como as línguas, as artes, as culturas, é radical e irremediavelmente etnocentrado — e, logo, incomunicável. As raras tentativas dos romanistas no sentido de salvar sua disciplina, sob a alegação de que o direito romano dá acesso à língua universal dos juristas, redundam em fracasso.[146]

Mas não se pode apagar assim o prestígio do direito romano, e veremos que é precisamente essa análise em termos de raças — que poderia

---

145 Alfred Rosenberg, "Deutsches Recht", conferência pronunciada no Sportpalast de Berlim a 18 de dezembro de 1934, a convite da Nationalsozialistische Kulturgemeinde e do Bund Nationalsozialistischer Juristen, em *Gestaltung der Idee (Blut und Ehre II) — Reden und Aufsätze der Jahre 1933-1935*, Munique, Eher, 1936, pp. 222-234, p. 226.
146 Cf. em especial o corajoso e brilhante ensaio do jurista Paul Koschaker, que defende o direito romano com base na comunidade cultural europeia de que vem a ser o alicerce. Semelhante argumento é inaceitável para os nazistas: se existe uma Europa, é sobre a base da unidade da raça germano-nórdica (Paul Koschaker, *Die Krise des römischen Rechts und die romanistische Rechtswissenschaft*, Munique, Beck, 1938).

ter acarretado sua condenação definitiva — que permitiu, afinal, salvá-lo aos olhos dos nazistas.

Em cada um desses textos, discernimos o mal-estar ou o incômodo dos juristas ao repudiar um direito romano com o qual se familiarizaram e que tanto os impressiona. Por outro lado, a inexistência ou a inconsistência do direito germânico é evidente para muitos juristas, que não podem deixar de concordar com esta investida de Houston Stewart Chamberlain, apesar de esse ser convicto germanômano, genro de Wagner e uma referência do pensamento nacionalista-racista alemão:

> O direito romano é tão incomparável e inimitável quanto a arte grega. Essa ridícula teutomania em nada vai mudar isto. Contam-nos anedotas sobre um "direito alemão" de que teríamos sido privados pela introdução do direito romano; nunca houve um "direito alemão", apenas um caos de direitos brutos e contraditórios, um para cada povo.[147]

Subsiste portanto, sigilosamente, a suspeita de que o direito germânico talvez não passasse de um vão fantasma, ao mesmo tempo em que persiste o superego romanista de uma profissão intimidada pela *majestas* do *Corpus juris*. Em vez de repudiar em bloco o direito romano, os juristas nazistas mais radicais encontrarão caminhos para uma acomodação, na forma de uma anexação à raça nórdico-germânica e à sua cultura.

Um pequeno texto editado em 1937 pela Associação de Juristas Nacional-Socialistas, "A servidão do parágrafo e seu fim", expõe implicitamente as modalidades dessa tendência. É verdade que o texto qualifica o "direito romano" como um "passivo" (*Schuldenmasse*) que deve ser liquidado. Mas o que se entende aqui por "direito romano"? O texto se dá ao trabalho de esclarecer e distinguir:

> Os antigos romanos eram um povo juridicamente talentoso. Criaram uma técnica jurídica muito desenvolvida. Mas não

---

147 *Die Grundlagen des Neunzehnten Jahrhunderts*, 1899, p. 194. Chamberlain está se posicionando, aqui, nas controvérsias em torno da codificação e da redação do BGB.

existiam mais velhos romanos quando se tentou, no século XV, substituir a diversidade dos direitos germânicos por um sistema de direito geral. Na época, havia apenas uma ciência jurídica tardo-romana decadente, e foi essa ciência estrangeira que se transformou em lei na Alemanha [...]. O espírito de uma ciência decadente tardo-antiga reinou sozinho durante séculos.[148]

Este trecho nos sugere que o direito romano não é estranho apenas à cultura germânica, mas provavelmente também à própria cultura romana, pois o "direito romano" herdado pela Alemanha no século XV não tinha mais nada em comum com os "velhos romanos", os romanos das origens. Esse direito tardio, que demorou a chegar, é um direito "decadente". E, de fato, um princípio estrangeiro veio se interpor entre os romanos das origens e o direito romano herdado pelo Ocidente, um princípio racial que alienou a própria romanidade: o direito por ela transmitido aos alemães é um "direito judeizado" (*verjudetes Recht*).[149]

O direito romano herdado é, portanto, um direito tardio, deixado por uma época de decadência (cultural) e degeneração (racial). Podemos ler então, num fascículo de formação ideológica da SS, que a mistura de raças em Roma teve como consequência a diluição da cultura racista e elitista dos velhos romanos, substituída por uma ideologia do sangue mestiço.[150] A concepção romana de cidadania, por exemplo, mudou radicalmente: a perversão da tradição jurídica romana pela mistura racial faz com que "a tinta seja mais forte que o sangue",[151] ou seja, que a essa altura um traço da pena decida quanto ao estatuto de uma pessoa, e não mais o sangue. Em virtude do Édito de Caracala, o simples artefato da convenção e da decisão livre passa a levar a melhor sobre a necessidade

---

148 *Die Paragraphensklaverei und ihr Ende*, Berlim, Nationalsozialistischer Rechtswahrerbund, s. l. n. d., por volta de 1937, p. 8.
149 *Ibid.*, p. 9.
150 Cf. Johann Chapoutot, *Le National-socialisme et l'Antiquité*, PUF, 2008, especialmente a parte III.
151 *Deutschland ordnet Europa neu!* Berlim, Hrggb. vom Chef der Ordnungspolizei — SS-Hauptamt, Schriftenreihe für die weltanschauliche Schulung der Ordnungspolizei, Heft 4, 1942, 27 p., BABL / RD18/16, p. 17.

biológica — segundo a qual se pode nascer romano, mas não se tornar romano. Vender barato a cidadania no leilão do direito foi um crime contra o sangue, vindo a naturalização a transgredir a natureza. Os historiadores da Antiguidade romana nada ficam a dever aos juristas.

O professor Fritz Schachermeyr incrimina nominalmente dois juristas romanos do Baixo Império, Ulpiano[152] e Papiniano,[153] dois levantinos norte-africanos que orientalizaram e judeizaram[154] o direito romano. Nisto, é seguido por Ferdinand Fried, que acusa sem rodeios o "feniciano-semítico"[155] Ulpiano e o "sírio"[156] Papiniano, assim como Sálvio Juliano, originário da "África",[157] e Júlio Paulo, "o mais importante deles, que provavelmente também era de origem semítica".[158] Os historiadores que citamos não se entregam a uma avaliação raciológica por prazer ou patologia taxinômica: todo discurso deve ser atribuído à raça que o produz. Uma filosofia política, um sistema jurídico são, assim como uma obra de artes plásticas ou um estilo musical, expressão de uma visão de mundo ditada pela raça.[159]

O direito romano herdado pela Alemanha no século XV, portanto, é decadente intelectualmente, pois é degenerado biologicamente. Na verdade, esse direito romano é essencialmente, ou seja, no seu ser, um "direito judeo-romano"[160] (*römisch-jüdisches Recht*), como afirma uma publicação da SA.

Esse direito "judeo-romano", ou "romano-bizantino", como o vimos ser chamado acima, é nocivo, no sentido mais medicinal da palavra. E, de fato, o fascículo intitulado "A servidão do parágrafo" revela o autor e o beneficiário dessa contaminação jurídica, ao fazer a pergunta: *cui bono*?

---

152 Domício Ulpiano, jurista romano morto em 228. Não se conhece com precisão seu lugar de nascimento, nem, por sinal, o de Papiniano.
153 Emílio Papiniano, jurista romano morto em 212 por ordem de Caracala. Fora prefeito do pretório sob Septímio Severo.
154 Fritz Schachermeyr, *Indogermanen und Orient. Ihre kulturelle und machtpolitische Auseinandersetzung im Altertum*, Stuttgart, Kohlhammer, 1944, p. 467.
155 Ferdinand Fried, *Der Aufstieg der Juden*, Reichsbauernstadt Goslar, Verlag Blut und Boden, 1937, p. 125.
156 *Ibid.*
157 *Ibid.*
158 *Ibid.*
159 Cf. *supra*, cap. I.
160 Klaus Gundelach, Leander von Volkmann *et al.*, *Vom Kampf und Sieg der schlesischen SA. Ein Ehrenbuch — Herausgegeben von der SA-Gruppe Schlesien*, Breslau, 1933, p. 80.

> A quem beneficia o direito, esse direito? O direito romano, em sua forma decadente, tal como introduzido na Alemanha, foi um auxiliar da visão materialista do mundo. Desvinculado de toda relação com a raça e a pátria, o sangue e o solo, ele estimulou o materialismo burguês-liberal, assim como o proletário-marxista, que teve consequências nefastas, devastadoras para a raça.[161]

Individualista e materialista, o direito romano se espalhou por metástase nessas construções jurídicas contemporâneas que os vermelhos (marxistas) e os negros (conservadores) souberam utilizar para fazer prevalecer seus interesses. É uma constante do discurso jurídico nazista afirmar a parcialidade do direito e constatar que o direito de ontem, hostil ao *Volk* mas útil aos facciosos de esquerda ou de direita, não existe mais. Reinhard Heydrich, chefe do Serviço de Segurança (SD) da SS, congratula-se dizendo que, pela primeira vez, os fora-da-lei, os inimigos do Estado (*Staatsfeinde*) também são inimigos do povo (*Volksfeinde*).[162]

Essa distinção entre o direito romano das origens e o direito mestiçado de pensamento judeu é bem cômoda para separar o trigo racial do joio degenerado, e permite salvar uma parte do monumento romano, escoimada das sedimentações e estratificações posteriores.

O próprio Hans Frank, que vimos mais francamente binário e mais categórico no início deste capítulo, se mostra muitas vezes mais conciliatório, distinguindo o bom e o mau direito romano:

> O combate que emprendemos contra o direito romano não diz respeito ao direito de Estado romano das origens. Está voltado para a falsificação do direito romano que herdamos há alguns séculos sob a forma do direito romano-bizantino.[163]

---

161 *Die Paragraphensklaverei und ihr Ende*, op. cit., p. 9.
162 Reinhard Heydrich, "Die Bekämpfung der Staatsfeinde", *Deutsches Recht*, 1936, nºs 7-8, pp. 121-123.
163 Hans Frank, Neues *Deutsches Recht — Rede vor dem diplomatischen Korps und der ausländischen Presse am 30. Januar 1934 bei einem Empfangsabend des aussenpolitischen Amtes der NSDAP*, Munique, Eher, Zentralverlag der NSDAP, 1934, p. 3.

Vemos assim como pode ser benéfico adicionar o epíteto "bizantino", "judeu", "liberal" ou "tardo-" a "romano", para não condenar terminantemente toda uma tradição intelectual à qual os próprios juristas nazistas se vinculam.

No fundo, se o direito romano das origens é louvável, é em virtude de seu estatuto racial. O direito romano é aparentado pela raça ao direito germânico, pois é um direito nórdico-germânico. O que afirmam numerosos historiadores da Antiguidade romana é transposto aqui para o nível do direito: os romanos das origens são populações nórdicas imigradas para o Mediterrâneo. Suas criações culturais (o direito, o Estado, o Império, as Legiões) devem ser creditadas, portanto, à raça germânica, cujo gênio criador é assim celebrado, e o prestígio, realçado. É nessa demonstração que se empenha o jurista alemão Burkhard von Bonin num trabalho programaticamente intitulado "Do sangue nórdico no direito romano" (1935), onde podemos ler:

> Devemos considerar a força biológica nórdica como predominante na elaboração do direito romano mais antigo. O que não é de se espantar: mais uma vez, as forças combatentes e massas nórdicas emigraram para o Sul — fosse na época pré-histórica ou depois.[164]

E qual é esse direito original? Felizmente ele é pouco conhecido ou não é conhecido de todo, e o autor, como tantos outros, pode muito comodamente se refugiar por trás da lei das Doze Tábuas, infindavelmente glosada para nela encontrar todas as características antropológicas do direito germânico, da primazia do *paterfamilias* à preeminência da comunidade, passando pela ética soldadesca da dedicação à cidade.

Essa hábil anexação do direito romano das origens, tanto mais fácil por ser mal conhecido, não reconcilia necessariamente os juristas nazistas com o "direito romano", que continua sendo, por suas representações clericais, revolucionárias, liberais, a antítese dos princípios e fins da ação política nazista.

---

164 Burkhard von Bonin, *Vom nordischen Blut im römischen Recht*, Leipzig, Klein, Reden und Aufsätze zum nordischen Gedanken, 1935, p. 4.

O sintagma "direito romano", nunca definido clara e seriamente em nossos textos, não passa de um espantalho oferecido à vingança política, e designa — acrescentando uma conotação passional, como tudo que tem a ver com Roma e a oposição milenar entre a Roma eterna (em todas as suas manifestações: augusteana, católica, napoleônica...) e a Germânia eterna — o que os nazistas denunciam com as expressões "direito liberal", "burguês-liberal" ou "judeo-liberal": um sistema normativo que a seus olhos apresenta todas as taras da era pós-revolucionária (ou seja, individualista), logo destruidor da comunidade orgânica do *Volkstum*; abstrato, logo absurdo; universalista, logo alheio à essencial particularidade de toda criação cultural.

O *Kampf um das Recht*, o "combate pelo direito" que os juristas nazistas dizem empreender, se reveste de uma importância fundamental a seus olhos: na substituição de um sistema normativo por outro, eles veem a condição necessária de uma aculturação bem-sucedida e da refundação comunitário-biológica da raça nórdica. Para pôr fim à alienação do povo alemão, é necessária a destruição dos grandes sistemas normativos que o violentam e prejudicam: o direito internacional pós-Versalhes, naturalmente, mas também o direito liberal, positivista e normativista pós-romano, o direito da codificação importado da França revolucionária e imperial, assim como, de maneira mais ampla, toda a ética judaico-cristã.

3
"Apagar 1789 da história alemã"

No dia 1º de abril de 1933, Joseph Goebbels, novo ministro do governo Hitler remanejado depois das eleições para o Reichstag em 5 de março do mesmo ano, encarregado da "propaganda" e da "educação do povo", anuncia em discurso radiofônico o que para ele representa a maior vitória dos nazistas: "Nós apagamos o ano de 1789 da história alemã."

Em outras palavras, a "revolução nacional" e a "reconstrução nacional" de 1933 anulam os efeitos das revoluções internacionais (como 1789), mas também internacionalistas (1871 e 1917), que abriram caminho para o que Alfred Rosenberg chama de "cento e cinquenta anos de erros". E, de fato, cento e cinquenta anos antes, desde essa década de 1780 em que o Iluminismo passou da teoria filosófica à prática política, os "erros" se acumularam, em termos de concepção do homem e do mundo, mas igualmente de valores e finalidade política.

Basta retomar a tríade revolucionária constituída entre 1789 e 1848, a "liberdade, igualdade e fraternidade" das proclamações e frontões, para avaliar a que ponto o nazismo se pretende um projeto claramente contrarrevolucionário.

A liberdade, para começar, é o postulado e o valor que os contrarrevolucionários imediatamente tomaram como alvo já na década de 1790. Para os partidários de um Antigo Regime muitas vezes escorado na existência de Deus, postular a liberdade da criatura parecia uma restrição inaceitável, e mesmo uma negação, dos direitos e prerrogativas do Criador. Contra um humanismo que renascia pretendendo reabilitar o homem perante Deus, contra o contratualismo filosófico segundo o qual era de fato a vontade dos homens (princípio imanente) que constituía os grupos humanos em reinos ou cidades, e não a vontade de Deus (princípio transcendente), a primeira geração contrarrevolucionária, a geração dos Maistre, Bonald e Burke, se empenhou em reabilitar a transcendência divina e pôr de novo o homem no seu lugar: não era ele quem decidia, mas sim Deus.

Ao longo do século XIX, a mensagem contrarrevolucionária precisou se fortalecer e se renovar: fortalecer-se porque as ideias derivadas da Revolução Francesa seguiam seu caminho, da Europa central de 1848 à Itália, sem esquecer a França da II República e depois da III, na qual os "anti-iluministas", como explica Zeev Sternhell, se mostraram tanto mais presentes na medida em que o "Iluminismo" parecia vencer, sobretudo depois de 1871-1879; renovar-se porque os tempos mudavam e os primeiros argumentos contra 1789 não tinham mais a mesma legitimidade ou a mesma credibilidade. Invocar Deus num mundo em que a fé cristã definhava não tinha mais a mesma eficácia. Invocar a ciência parecia mais frutífero e eficaz.

A reação política, a preconização de uma volta à ordem antiga, soube se aliar e entrar em sinergia com o que melhor ilustrava o progresso, ou seja, o desenvolvimento das ciências — e particularmente das ciências da vida, que, da medicina às ciências naturais, passaram por notável florescimento no século XIX. Acontece que essas ciências consideravam os seres vivos, os indivíduos pertencentes aos reinos vegetal, animal e humano, como seres dominados por forças maiores que eles: "leis da vida", "atavismo", "leis da natureza" eram a nova transcendência que fazia e desfazia a vida e assim negava a liberdade dos homens. Nenhuma liberdade para os vegetais e os animais, ensinam as ciências; por que então o homem seria uma exceção, ele que é um animal como outro qualquer?

O homem apreendido pelas ciências naturais é um ser natural submetido às mesmas necessidades que os outros. E é o que apaixona os intelectuais, sejam de direita ou de esquerda: enfim um conhecimento certo do homem, enfim leis que permitem vê-lo tal como é, mas também prevê-lo. Esse interesse, e mesmo esse fascínio pelo homem apreendido pelas ciências naturais não se limita aos reacionários. Os leitores de Zola o sabem perfeitamente: é difícil, quando se é um Lantier[165], escapar ao destino que determina o atavismo de uma família de alcoólatras e doentes dos nervos. Um iluminista convicto como Zola não tem outra escolha senão constatar os avanços da ciência e integrá-los à literatura, na forma de um realismo que, significativamente, toma o nome de "naturalismo".

No outro extremo do espectro político, um Maurice Barrès expia seus supostos erros de juventude dedicando sua obra não mais aos indivíduos egoístas e isolados, não mais ao culto do eu, mas aos grandes conjuntos, grupos e comunidades que estruturam o ser: a raça, a nação, a família, a paróquia. Grande leitor dos cientistas da sua época, como Jules Soury ou Paul Broca, Barrès pinta para os leitores o retrato de um homem moldado no humo, o humo da terra e dos mortos. Último rebento de uma longa linhagem, o indivíduo nada é sem essa comunidade biológica e espiritual que lhe confere sentido e existência. Depois de vagar e duvidar na juventude, Barrès voltou a bom porto: depois do individualismo da falta de rumos, o holismo das certezas, afiançadas pela autoridade das ciências da natureza e da vida.

Essas ideias, que nada têm de original e respondem a algumas questões fundamentais sobre a origem e a identidade do homem, questões tornadas ainda mais intensas pela revolução industrial e suas consequências sociais e culturais, se fazem presentes em toda a Europa e no Ocidente. Os nazistas são seus herdeiros.

Na Alemanha, onde a revolução industrial foi particularmente rápida e brutal, os questionamentos a seu respeito só vieram à tona depois de 1871, assumindo sobretudo a forma de reflexões sobre a oposição entre "sociedade" e "comunidade", uma oposição *Gesellschaft/Gemeinschaft* tematizada em particular pelo sociólogo Ferdinand Tönnies. Em alemão, *Gesellschaft* é uma palavra cuja conotação moderna e comercial é ainda mais marcada que a da equivalente francesa [e portuguesa] "*société*" [sociedade]: a "sociedade", desde as reflexões dos filósofos contratualistas

---

165 Étienne Lantier, personagem emblemático do ciclo romanesco *Les Rougon-Macquart*, do escritor naturalista francês Émile Zola (1840-1902). [N. T.]

dos séculos XVII e XVIII, é uma reunião de indivíduos que decidem, em plena liberdade, formar grupos mediante a adesão, ainda que tácita, ao que Rousseau chamara de "contrato social". Livre e indeterminado, o indivíduo assina um contrato, ou seja, um ato livre e revogável.

Por oposição à *Gesellschaft*, a *Gemeinschaft*, a comunidade, é um grupo humano que preexiste ao indivíduo, à sua existência e à sua vontade, conferindo-lhe sentido e existência. Baseadas no afeto (a família), em tradições imemoriais (a corporação), na transcendência divina (o reino, a paróquia...) — em suma, em forças que não deixam nenhum espaço para a liberdade e a vontade do homem —, essas comunidades "tradicionais" ou "naturais" foram contestadas e combatidas pela Revolução Francesa, que derrubou reinos, dissolveu corporações e combateu paróquias. Declarando-se esclarecidos pela ciência contemporânea, a ciência do século XIX, os nazistas têm a ambição de restabelecer uma relação natural entre o indivíduo (*der Einzelne*) e o todo (*das Ganze*): é na verdade a "comunidade do povo" (*Volksgemeinschaft*) que confere essência, sentido e existência ao indivíduo, como indica o *slogan* nazista "Tu não és nada, teu povo é tudo".

Para fazer frente aos fantasmas e ilusões de um indivíduo livre, é preciso pôr o mundo novamente no seu lugar e ver que a única realidade é a realidade biológica da "comunidade do povo", entendida não como uma corporação tradicional ou simplesmente herdada, mas como um "corpo", no sentido anatômico e fisiológico, com sua "cabeça" e seus "membros". O homem faz parte do grande *continuum* orgânico da raça (*Rasse, Art*), do sangue (*Blut*), do corpo do povo (*Volkskörper*), do qual os nazistas muito seriamente pretendem ser os médicos.

Portanto, do indivíduo e da sua liberdade, primeiros fundamentos da cultura antropológica e política da Revolução Francesa, não resta mais nada. Como tantas vezes, os nazistas se dão ao trabalho apenas de retomar ideias amplamente disseminadas no ocidente, na longa e vasta tradição da contrarrevolução.

A igualdade, que era outro pilar da Revolução Francesa, tampouco tem lugar na *Weltanschauung* nazista, nem nas outras manifestações dos anti-iluministas que a precederam e nutriram. Postulada pela Declaração dos Direitos do Homem de 1789, posta em prática com dificuldade pela própria França revolucionária, a igualdade de todos os homens passou a ser atacada com o advento do racismo como ciência no século XIX. Queremos aqui insistir na palavra "ciência": desde os avanços da genética e a descoberta do ADN, racismo e ciência não combinam mais, mas se trata de um fenômeno recente, bem posterior a 1945. Antes, apesar de crescentemente contestada na década de 1930, a antropologia racial desfruta de uma reputação intelectual considerável.

No século XIX, parecia legítimo fazer em relação aos homens o que se fazia com os minerais, os vegetais e os animais: classificações, tabelas, hierarquias. Descobrir, nomear e hierarquizar: a taxonomia é a primeira operação das ciências naturais, de Aristóteles aos grandes naturalistas dos séculos XVII e XVIII. Do ponto de vista dos museus e faculdades, parecia justificado não só classificar (ou seja, organizar em classes) pelo critério da raça, mas também hierarquizar essas raças, posicionando os homens brancos no alto da tabela. No século XIX, a antropologia racial foi contemplada com consideráveis créditos para desenvolver cátedras, cursos, revistas e laboratórios.

Ao lado da geografia dos exploradores, ela se configurava como uma ciência estrategicamente prioritária para nações europeias que construíam impérios coloniais: a Grã-Bretanha, a França e a Bélgica — mais que a Alemanha, de resto muito atrasada e, depois de 1871, pouco interessada por essa corrida, pois Bismarck se empenhava mais no equilíbrio europeu, condição da perenidade do novo Reich, e desconfiava de aventuras extraeuropeias onerosas em homens e em dinheiro, que além disso potencialmente desaguariam em confrontos com as outras potências em busca de impérios.

Dava-se como certo, portanto, que, nas diferentes famílias que pareciam constituídas pela cor da pele e as características fenotípicas, os homens deviam ser divididos em diferentes raças, assimiláveis às espécies animais: grupos homogêneos e desiguais — o nível de beleza e complexidade dos leões superava o dos musaranhos, o dos brancos era bem superior ao dos negros. Infelizmente para os racistas, as "raças" humanas se revelavam interfecundas, o que não acontece com as espécies animais: ao passo que não existem mestiços entre as cegonhas e os leopardos, existem entre os negros e os brancos. A existência do mestiço constitui, portanto, uma agressão caracterizada contra a *Weltanschauung* do racista: ela invalida a separação estrita que ele estabeleceu entre as raças, constitui uma "vergonha" (*Rassenschande*) e ameaça a ordem natural do mundo ao dissolver o bom no medíocre.

O destino cruel dos mestiços em todo regime racista é uma constante: foi terrível na ordem nazista, na própria Alemanha (mestiços de mulheres alemãs brancas e soldados negros franceses foram esterilizados; filhos de judeus com não judeus, excluídos da "comunidade do povo"), assim como no império nazista (mestiços de eslavos e germânicos). Heinrich Himmler, em particular, se mostra obcecado com a figura do mestiço: em seus discursos e declarações, reproduzidos pelas publicações pedagógicas da SS, o "flagelo de Deus" Gengis Khan era um "bastardo racial" de germânico e judeu: o pior inimigo do germânico, conclui ele, é o próprio sangue germânico quando esse, misturado, serve para armar outra raça.

A desigualdade entre as raças é insistentemente proclamada por todos os vetores da "visão de mundo" nazista. Essa evidência precisa ser incansavelmente lembrada, pois a importação de ideias nefastas, derivadas especialmente da Revolução Francesa, levou a esquecer que o homem branco, germânico, é criador de toda civilização, ao contrário das outras raças, que só podem se imitadoras ou destruidoras de cultura.

Para os teóricos nazistas, a diferença de cultura e beleza entre as diferentes raças é de tal ordem que parece impor-se a hipótese poligenista: as raças são radicalmente estranhas umas às outras. Provêm de troncos diferentes e não têm origem comum (monogenismo). A desigualdade entre as raças é acompanhada aqui de uma alteridade radical das raças entre elas, perfeitamente estranhas umas às outras. O poligenismo racista nazista, perfeitamente explícito no mestre da antropologia racial da época, Hans Günther, nem sempre é assim tão claramente exposto fora dos seus manuais, mas é visível na maneira como se fala dos alógenos nos cursos de formação ideológica, nos filmes, nas instruções para a polícia e em todos os vetores da normatividade nazista. Os eslavos são apresentados como seres tão estranhos que não seria viável qualquer comunicação de natureza humana com eles. Quanto aos judeus, sequer são considerados como uma raça estrangeira, mas como um fenômeno de ordem bacteriológica ou viral.

Se a igualdade entre as raças é impossível, o que dizer da igualdade dos membros de uma mesma raça? Depois de 1933, a graça de um nascimento favorável, o fato de pertencer a uma boa raça é uma condição necessária, mas não suficiente, para desfrutar do pleno reconhecimento ideológico e político na Alemanha. O homem germânico não deve apenas nascer, é preciso também ser, ou melhor, existir e provar sua excelência racial por meio de seu "desempenho" ou do seu "rendimento", dois termos que se traduzem em alemão na mesma palavra, *Leistung*. *Leisten* é uma palavra que pertence aos léxicos das ciências físicas, da economia e do esporte: um membro da *Volksgemeinschaft* deve produzir economicamente e demograficamente, distinguir-se por seu desempenho produtivo, esportivo e guerreiro. Como recebeu muito da família e da raça quando dependia delas, deve retribuir. Tendo herdado um capital biológico sadio, precisa transmiti-lo, preservado, senão enriquecido, graças ao cuidado com o desenvolvimento de suas faculdades físicas e intelectuais.

A obsessão da *Leistung* é indissociável da importância cada vez maior atribuída a uma cultura economista, de um cálculo de custo-benefício ditado pela revolução industrial, pelas novas formas de produção e exploração do "capital humano" ou dos "recursos humanos". Também está ligada aos medos decorrentes da Primeira Guerra Mundial e da saída da fase expansionista da transição demográfica: medo da estagnação demográfica, da falta de "recursos humanos", preocupação de utilizar o "material" existente de modo a aumentar sua produtividade. No caso nazista, essas preocupações são agravadas pelo imperativo de autonomia econômica, e mesmo de autarquia, que obriga a produzir mais com a mesma quantidade de mão-de-obra — ou até menos mão-de-obra, para não ser dependente do estrangeiro e vítima de um embargo ou bloqueio. A *Volksgemeinschaft* (comunidade do povo), por ser uma *Kampfgemeinschaft* (comunidade de combate), é, portanto, uma *Leistungsgemeinschaft* (comunidade baseada no princípio do desempenho e da produtividade). Todo membro sadio da raça deve provar sua saúde sendo produtivo e tendo bom desempenho: produzir substância biológica (filhos e nutrientes), produzir armas, vencer no esporte e na guerra. Os seres que não apresentam bom desempenho e não são produtivos (*leistungsunfähige*

Wesen) não têm lugar na comunidade de produção e combate, ainda que sejam de boa raça.

A partir de 1937, a caça aos "associais" (*Asoziale*), já agora qualificados de "estranhos à comunidade" (*Gemeinschaftsfremde*), dá testemunho disso: quem não trabalha e não produz, no contexto do plano quadrienal (1936) e da preparação para a guerra, é um ser inútil que deve ser forçado a produzir num campo de concentração ou de trabalho. Quanto aos doentes considerados incuráveis, devem ser excluídos do ciclo da procriação por uma esterilização obrigatória (lei de 14 de julho de 1933) que evita a perpetuação dessa incapacitação — obstáculo à saúde do corpo racial e à sua produtividade. A partir de outubro de 1939, por decreto antedatado a 1º de setembro, dia do início da guerra, eles são condenados à morte no contexto da operação T4. Com as esterilizações (quatrocentas mil entre 1933 e 1945) e os assassinatos (setenta mil até o fim oficial da operação T4 em agosto de 1941, duzentos mil no total até 1945), vemos a que ponto *leistungsunfähig* coincide com uma outra expressão do eugenismo contemporâneo e da novilíngua nazista: *lebensunwert* (indigno de viver).

O *Volksgenosse* meritório e trabalhador deve poder se realimentar e recorrer a formas de lazer bem organizadas para regenerar sua força de trabalho (*Arbeitskraft*): é precisamente a organização *Kraft durch Freude* que se incumbe de lhe transmitir força pela alegria da excursão, a ida ao concerto, o cruzeiro em barcos construídos especificamente para essa finalidade ou em colônias de férias cuja visão de pesadelo ainda hoje podemos apreciar no monstruoso colosso de concreto de Prora, na ilha de Rügen — férias organizadas pela e para a "comunidade do povo", para que o corpo se recomponha nas praias do mar Báltico antes de voltar à linha de produção, ao escritório ou ao uniforme. A "alegria" e o desenvolvimento pessoal não são fins em si mesmos, mas simples meios. Biologia e mecânica se unem aqui de maneira exemplar: a máquina produtiva individual deve ser recarregada regularmente.

E os idosos? A questão permanece em aberto, não sendo resolvida antes de 1945, mas de fato se coloca, tanto mais que a Alemanha, que passou por uma transição demográfica explosiva antes de 1914, enfrenta um aumento do número de idosos: desde a República de Weimar, médicos, organizações de caridade e instituições de Estado se prodigalizam em notas e relatórios sobre o tema e o necessário desenvolvimento de alojamentos específicos e formas de atendimento individual. Entre o tradicional respeito aos mais velhos e o caráter improdutivo e inútil do *Ballast*[166] humano representado pelos improdutivos, não falta quem pareça ter feito sua escolha, ainda que de maneira não explícita, tão grande é o tabu ligado aos velhos e ao seu destino. Como declara o chefe dos médicos do Reich, Gerhard Wagner, na inauguração de uma exposição sobre os progressos sanitários na Alemanha em 1938:

> Recusamo-nos firmemente a considerar ideal uma situação em que tivéssemos uma infinidade de companheiros de raça idosos, doentes e inválidos em nossas províncias alemãs, pelo simples motivo de que hoje é cientificamente possível prolongar sua vida de maneira artificial.[167]

Nada de obstinação médica para prolongar vidas, portanto... E se é possível prolongar a vida por meios técnicos cada vez mais sofisticados, certamente também se pode pôr fim a ela.

Vemos então a que ponto a ideia de igualdade é estranha à visão de mundo nazista, a que ponto, inclusive, é considerada nefasta. A igualdade é postulada pelos direitos do homem, que veem em cada ser humano um ser dotado de direitos e digno do direito, por essência e por nascimento. Nada disso entre os nazistas: o nascimento distingue os indivíduos de boa raça dos outros, mas na própria boa raça, só os que apresentam bom desempenho e os produtivos são dignos de viver. Só no interior da comunidade dos seres sadios e produtivos é que pode reinar, não uma igualdade, pois a natureza sempre designava e elegia os melhores, mas um companheirismo, uma fraternidade de sangue, trabalho e combate.

O terceiro valor da tríade revolucionária, a fraternidade, está circunscrito exclusivamente aos sadios produtivos. Só se pode ser irmão numa

---

166 Peso. [N. T.]
167 Gerhard Wagner, "Gesundes Leben — Frohes Schaffen", em ID., *Reden und Aufrufe — Herausgegeben von Leonardo Conti, Reichsgesundheitsführer*, Berlim, Reichsgesundheitsverlag, 1943, pp. 269-285, p. 273.

mesma família, e para os racistas não existe família ou espécie humana. A fraternidade decorrente de 1789 e 1848 se dirige à universalidade do gênero humano, a uma humanidade cuja universalidade é postulada. Ora, como lembram incessantemente todas as fontes do discurso nazista, "nem tudo que tem rosto humano é homem": o racismo, especialmente em sua variante poligenista, está aí para lembrar que um hotentote, um esquimó, um eslavo e um germânico nada têm em comum além do fato de serem bípedes. A inexistência da humanidade impossibilita a fraternidade como afeto (sentir o sofrimento do outro) e invalida a fraternidade como princípio. A refutação da fraternidade, tão evidente que quase deixamos de abordá-la aqui (alguém poderia imaginar nazistas fraternos?), tem, portanto, implicações distantes e profundas: postular a inexistência da humanidade leva a refutar toda norma universal ou universalmente válida. Cada raça desenvolve sua própria cultura, seu próprio estilo de vida e normas que lhe são próprias. Seria então absurdo pensar ou postular que existe um direito universal (os direitos do homem) ou um "direito internacional" (o da Sociedade das Nações, derivado do Tratado de Versalhes). "Direito internacional", em alemão, é "direito dos povos", *Völkerrecht*, e nenhum *Recht* pode ser aplicado a uma pluralidade de *Völker* (povos), mas apenas a um único povo (*Volk*).

À parte a questão do direito internacional, todo conjunto de normas tem validade limitada à raça que o produziu, e vale exclusivamente para ela. O direito e a moral não podem ser universais: são estritamente particulares, próprios daqueles que os criaram. A oposição entre universalismo e particularismo estrutura os debates sobre as normas desde que a pluralidade das culturas foi (re)descoberta pelo Ocidente, no século XVI: seria legítimo impor a outros o que vale imperativamente para si mesmo, e em que condições? Montaigne e os humanistas não são os primeiros nem os únicos que refletiram sobre a questão... No caso nazista, as implicações da tese particularista são maciças: se as normas são criadas por raças para essas mesmas raças, então "o direito é o que serve ao povo"[168] alemão. Esta definição do direito, enunciada por Hans Frank,

---

168 Hans Frank, *Rede gehalten auf der ersten Kundgebung der Berufsgruppe Verwaltungsbeamte im Bund Nationalsozialistischer Deutscher Juristen am 14. September 1933*

um dos maiores juristas do III Reich, é fascinante em sua simplicidade e expressividade: todo ato que serve "à preservação e ao crescimento do sangue alemão" é justo e bom. Podemos perceber o potencial de infinita legitimação desse tipo de definição: o alógeno só existe como obstáculo ou auxiliar à saúde da raça germânica. O obstáculo deve ser afastado, o auxiliar deve ser explorado.

Naturalmente, para enxergar essas sadias verdades, é necessário deixar bem clara a diferença entre a lei (*Gesetz*), norma escrita, abstrata e morta, herança do formalismo judeu, e o direito (*Recht*), vivo, determinado pela natureza, sempre oral, instintivo e concreto. É preciso também manter sob controle a *Vernunft* (razão) e o *Intellekt*, e mesmo, pior ainda, o *Intellektualismus*, para não raciocinar como indivíduos universais-abstratos, mas como seres particulares-concretos, enraizados na própria raça e no próprio sangue.

O horizonte desses seres bionômicos, conscientes de que a norma (*nomos*) é ditada pela vida (*bios*) e suas leis, é limitado pelas fronteiras da raça e do espaço que lhes permite viver, o espaço vital. Foram exclusivamente influências e insinuações estrangeiras nefastas que os levaram a olhar além. A refutação nazista da fraternidade, da humanidade e da universalidade passa pelo repúdio das supostas origens dessas ideias: tratam-se de ideias e valores importados nos furgões do inimigo a partir de 1792, quando a Revolução Francesa atacou as Alemanhas, e em 1919, quanto da paz leonina e cartaginesa de Versalhes. Esses valores e ideias, rejeitados como não alemães, *undeutsch*, são denunciados por sua hipocrisia: por trás da máscara do universalismo, do desprendimento e da generosidade, eles servem aos interesses particulares das potências do Ocidente (França, Grã-Bretanha, Estados Unidos) de onde provêm e, pior ainda, das raças inimigas ou dos judeus que os elaboraram. Os nazistas se mostram tanto mais dispostos a afirmar que esses valores corruptores são produto de cérebros estrangeiros por saberem perfeitamente que não é bem assim: dificilmente encontraremos pensadores mais emblemáticos do Iluminismo, mais universalistas e cosmopolitas que Immanuel Kant e seu aluno, o jovem Fichte, e tampouco faltam fervorosos partidários

---

in Berlin, Berlim, Hobbing, 1933, pp. 31-45, p. 37.

da Revolução Francesa, de Goethe a Schiller, de Cloots aos jacobinos alemães e ao jovem Hegel... É fácil esquecer uns, condenar outros e omitir esse momento da vida deste ou daquele. Mais difícil é esquecer que o Iluminismo não foi exclusivamente francês, mas franco-kantiano, e tratar o caso de Kant de maneira ideologicamente ortodoxa.[169]

O repúdio nazista à Revolução Francesa, a seus princípios e valores, é total, portanto. Ao afirmar que "o nazismo é biologia aplicada", Hitler pretendia fechar a sequência inaugurada na década de 1780. Ao postular uma igual partição das razões, a Revolução Francesa abrira um espaço cívico e político de entendimento das inteligências, confronto dos argumentos e escolha de um ideal racional — a escolha do universal revelado, por hipótese, pela expressão do sufrágio e da maioria. Ao proclamar em discurso da campanha eleitoral de 1932, em Hamburgo, que, "sim, nós somos intolerantes", pois o NSDAP de fato pretendia "varrer" os numerosos partidos da República de Weimar, Hitler dizia simplesmente que o tempo dos debates chegara ao fim: a ágora do semicírculo seria fechada, pois não havia lugar para confronto de argumentos. Se o nazismo era uma "biologia aplicada", logo, uma ciência, formulava verdades irrefutáveis, indiscutíveis, e, portanto, não abertas à discussão. A diversidade de argumentos e opiniões era um erro liberal, ainda mais enrijecido pela doutrina marxista da luta de classes: o povo não era um conjunto de indivíduos discutindo livremente, mas um exército unido em torno da única ideia que se impunha, a ideia ditada pela biologia e a ciência das raças. Esse exército era o *Kampfgemeinschaft* unido em torno do seu chefe — o *Führer,* que desde a Primeira Guerra Mundial é uma palavra corrente da língua militar, designando todo condutor de homens dotado de carisma e investido de autoridade, do tenente das tropas de assalto ao marechal.

Se o Iluminismo inaugurara o tempo do debate, o anti-Iluminismo consagra o tempo do combate.

---

169 Cf. *infra*, cap. V.

PARTE II
VOLTA ÀS ORIGENS

4
Lei dos antigos, lei da raça:
na escola da Antiguidade[1]

Uma simples "casca humana vazia" (*leere Menschenhülse*) seria um ser humano? Um ser vivo de forma humana em estado vegetativo gozaria do respeito e dos direitos desfrutados por um membro da humanidade ou não passaria de uma "vida indigna de ser vivida" (*lebensunwertes Leben*)? Uma infinidade de médicos respondeu negativamente a essa pergunta desde o século XIX[2] e mais ainda depois da hecatombe da Primeira Guerra Mundial, que gerava o temor, já que os melhores haviam tombado na frente de batalha, de que os medíocres e fracassados sobrevivessem aos belos e bons e os submergissem. Esses médicos puderam atuar livremente na Alemanha a partir de 1933 (lei de esterilização obrigatória dos doentes considerados hereditários) e, mais ainda, depois de 1939 (início da operação T4).

No verão de 1960, o tribunal penal de Hamburgo examinou o caso de vários médicos responsáveis por essas operações de assassinato entre 1939 e 1945. Médicos liberais, de hospitais ou ligados a instituições religiosas protestantes e católicas, eles obedeceram às ordens de

---

1 Versão remanejada de um estudo publicado com o título "Loi des Anciens, loi de la race: la norme nazie à l'école de l'Antiquité", *Quaderni di Storie*, 2013-1, pp. 5-25.
2 Cf. Paul Weindling, *Health, Race and German Politics between National Unification and Nazism, 1870-1945*, Cambridge (Nova York), Cambridge University Press, 1989.

livrar a *Volksgemeinschaft* das "vidas indignas de viver", no caso, doentes hereditários (ou assim considerados), e mais especificamente crianças supostamente acometidas de patologias genéticas: pela lei de 14 de julho 1933, ter um pai alcoólico ou "associal" podia ser motivo de esterilização forçada e em seguida, por ordem escrita baixada por Hitler em outubro de 1939, de assassinato.[3] Alcançados pelo próprio passado, alguns médicos foram levados aos tribunais na década de 1960 — para sua grande confusão e evidente incompreensão, pois em absoluto não entendiam do que eram incriminados. Felizmente, foram socorridos pelos juristas. Justificando sua decisão de absolver um grupo de médicos assassinos, o tribunal de Hamburgo invocou a Antiguidade:

> O fato de eliminar toda vida indigna de vida era considerado uma simples evidência na Antiguidade clássica. Vamos aqui nos abster de afirmar que a ética de um Platão ou de um Sêneca, que estavam entre os defensores dessa ideia, seja moralmente inferior às concepções cristãs.[4]

O tribunal retoma, assim, os argumentos dos próprios acusados — que se limitam a repetir o que já diziam antes de 1945: determinado réu nega ter cometido algum "crime contra a humanidade" porque suas vítimas não mereciam ser consideradas "seres humanos", outro argumenta que os próprios antigos preconizavam que as crianças disformes fossem afastadas da cidade. Melhor ainda, encontramos nessa argumentação uma comparação entre a ética cristã e a ética antiga, digamos, greco-romana (já que são invocados os exemplos de Platão e Sêneca), em detrimento da primeira. Já os nazistas iam mais longe: não só a ética antiga era superior à ética cristã, como essa, além do mais, era nefasta.

---

3 A ordem de dar início à operação T4 é uma das raríssimas ordens escritas assinadas pelo próprio Hitler. Antedatada de 1º de setembro de 1939 (primeiro dia da guerra contra a Polônia e da Segunda Guerra Mundial), essa ordem autoriza os doutores em medicina Bouhler e Brandt, membros da SS e conselheiros na chancelaria do Reich, a fazer com que, "após avaliação humana e julgamento crítico sobre seu estado de saúde, seja possível administrar a morte a doentes incuráveis".

4 "Eingeschläfert", *Der Spiegel*, 17 de agosto de 1960.

Hoje sabemos, graças a vários trabalhos dedicados à questão, que a Antiguidade greco-romana era objeto de referências e de reverência no III Reich. A presença da Antiguidade no discurso nazista, ocupando um lugar na fala, na cena e no espaço, sua pregnância nas formas arquitetônicas e artísticas do regime se devem a vários fatores: na década de 1930, a Antiguidade ainda faz parte da cultura das elites sociais, formadas nos bancos do *Humanistisches Gymnasium*, e fascina os que querem fazer parte delas.

Na primeira categoria, encontramos um Joseph Goebbels (doutor em literatura), um Hans Günther (doutor em antropologia), mas também um Himmler (cujo pai, professor dos herdeiros reais da Baviera, era diretor de um *Gymnasium*). Na segunda, temos um autodidata como Hitler, que foi escolarizado numa *Realschule*[5], mas que, entre beija-mãos e referências antigas, faz de tudo para se juntar às elites que frequenta assiduamente desde 1919. Por outro lado, a Antiguidade mediterrânea assume várias funções na economia geral do discurso nazista: ela permite formular outra narrativa das origens (os gregos e os romanos vieram do Norte), suscitar uma imitação-emulação (os antigos determinam como conformar o próprio corpo, estruturar a comunidade humana e construir um império) e, por fim, (fingir) extrair lições da história.

Na relação dos nazistas com a Antiguidade, o descritivo (a narrativa "histórica") e o prescritivo (as "lições" extraídas dessa narrativa) estão, portanto, intimamente ligados: se os gregos e os romanos são germanos, é possível deduzir do passado máximas para o momento presente, em nome de uma comunidade racial e de uma continuidade histórica. Isso vale tanto para o corpo quanto para o espírito: assim como o cânone físico nórdico expressa a verdade *estética* da raça nórdica, assim também as máximas morais e as regras jurídicas dos antigos manifestam sua verdade *ética*. Em outras palavras, se os espartanos atiravam as crianças disformes no desfiladeiro de Taígeto, é porque se trata de uma norma própria da raça nórdica, que preserva sua validade dois mil anos depois, pois em dois mil anos nem a natureza nem suas leis mudaram.

---

5 No ensino médio alemão, uma alternativa parcialmente voltada para o ensino técnico. [N. T.]

Contar a Antiguidade, portanto, não é apenas descrever, mas também prescrever: os nus neoantigos de Breker e Thorak que devem saturar o espaço público das cidades novas do Reich — entre elas Germania, sua capital — não se encontram lá para decorar, mas para comandar — os alemães precisam se parecer com esse cânone físico outrora encarnado e ilustrado pela beleza grega. Mas se assemelhar a esses nus guerreiros neoantigos não é um imperativo cosmético, mas prático: se é necessário imitar os gregos e os romanos, não é (apenas) para ressuscitar Adônis ou Apolo, mas para se preparar para a guerra — essa guerra das raças que se chama História e à qual infelizmente os povos nórdicos da Antiguidade sucumbiram.

Filhos para o Reich

Para fazer a guerra são necessários homens e braços. Assim, o primeiro imperativo moral que se impõe a todo membro da raça nórdica é procriar. De acordo com os autores nazistas que se interessam pela questão (médicos, historiadores, juristas, antropólogos...), em outros tempos a procriação germânica era feliz, poligâmica e eugênica — em uma só palavra: natural.

Feliz porque livre. A antiguidade da raça germânica (seja no Norte ou no Sul) é encarada pelos autores nazistas como um paraíso perdido, do qual o homem não teria sido expulso por causa de algum pecado original, mas em virtude de uma alienação cultural — a alienação do cristianismo, doutrina oriental importada do deserto e que veio devastar culturalmente, demograficamente e geograficamente o Norte.[6] Outrora, portanto, o homem germânico amava a natureza ao seu redor e a natureza em si mesmo. Mantendo uma relação imediata com o próprio corpo e o meio ambiente, vivia livre de todo tabu e qualquer entrave à sua vida e ao livre desenvolvimento dessa. Vivendo nu, o homem germânico e grego vivia

---

6 O filme *Ewiger Wald* (1936) mostra que o desflorestamento veio do Sul: a conversão dos germanos ao cristianismo foi acompanhada de uma devastação das florestas. O Norte foi transformado em algo semelhante a um deserto, assim como a raça nórdica foi alienada, desnaturada por essa doutrina proveniente dos desertos do Leste e do Sul.

inocente, na plenitude de uma totalidade, a totalidade do *voller Mensch*, do homem completo, sadio ao mesmo tempo de corpo e de espírito: o guerreiro germânico louvado por Tácito (*Germania*) e o *kalos k'agathos* grego.

Vivendo bem e vivendo o bem, o homem germânico original que habitava esse paraíso agora perdido foi alienado pelo cristianismo — alienado no sentido próprio, pois foi tornado estrangeiro a si mesmo. Por causa do cristianismo, assim, o homem germânico é privado do uso livre e inocente do próprio corpo: "É o cristianismo", escreve um especialista das religiões germânicas originais, "que importa o conceito de carne pecaminosa [...]. Mas toda distinção entre corpo e alma é estranha ao homem germânico pagão, assim como era estranha ao homem grego clássico e a Goethe."[7] O autor acrescenta que todo ideal de mortificação do corpo para exaltar a alma e toda concepção do corpo como prisão da alma encontra no Siegfried germânico um antípoda ainda mais irreconciliável que o Apolo grego.[8]

Ao privar o homem germânico do uso livre e inocente do próprio corpo, o cristianismo cria o mal, não só inoculando nos inocentes a consciência de um suposto mal, mas levando seres nativos a reprimir os desejos e necessidades naturais de um corpo assim estigmatizado e condenado. O que parecia natural e bom passa a ser proibido: homens e mulheres não mais se banharão nus juntos, a ginástica grega perderá seu sentido etimológico (*gymnos* = nu) e a sexualidade, até então livre, será tolhida e enfeixada em uma inextricável rede de normas, que vão ditar quando se acasalar, como e com quem, sendo a primeira dessas normas, naturalmente, o imperativo monogâmico.

Segundo os nazistas, a sexualidade germânica era tão livre e inocente quanto a prática do corpo nu. Muitos juristas e historiadores sustentam que a conjugalidade germânica era poligâmica e que a monogamia, norma judeo-cristã — logo, de origem judaica — só foi imposta à raça nórdica para ressecar sua substância e entravar sua reprodução. Ante a hemorragia causada pela guerra, que agrava a oligantropia herdada da Primeira Guerra Mundial, impõe-se na hierarquia nazista uma solução radical e inicialmente

---

7 Bernhard Kummer, *Midgards Untergang. Germanischer Kult und Glaube in den letzten heidnischen Jahrhunderten*, Leipzig, Klein, 1935, pp. 311-312.
8 *Ibid.*, p. 312.

defendida pelos racistas anticristãos mais agressivos da SS: depois da guerra, a "poligamia germânica" (*germanische Mehrehe*) será restabelecida...[9]

Pior ainda: não satisfeita em ser monogâmica, logo, em entravar a produção de substância biológica, a sexualidade normatizada pelo cristianismo é universal. Como cada homem é à imagem de Deus, as diferentes religiões cristãs nada têm a opor ao casamento de um ariano com uma judia, desde que ela seja batizada... É verdade que as religiões cristãs proíbem os casamentos mistos, mas entendem essa "mistura" no sentido confessional, e não racial. Um artigo da revista dos oficiais da SS, a *SS-Leitheft*, medita sobre a "tragédia do casamento racial misto" que era fatal ao casal e à sua descendência: a loucura assassina de Medeia, princesa asiática e alógena, casada com um homem de puro sangue nórdico (o louro Jasão), ilustra de maneira trágica os riscos mortais de toda mistura de sangues.[10]

Por fim, a procriação germânica era eugênica. No combate contra a raridade, os elementos e o outro que é a vida, nem é preciso dizer que todo ser novo deve ser armado. Aqui, os autores nazistas se limitam a repetir o que parece uma evidência desde a virada social-darwinista das ciências humanas e da política na segunda metade do século XIX: a ciência (da raça, da hereditariedade) confirma a legitimidade do que os antigos praticavam instintivamente. O médico Fritz Lenz, grande promotor de um eugenismo científico, baseado nas leis para ele já agora bem conhecidas da hereditariedade, se congratula pela genialidade antiga nessa matéria:

> Sabemos perfeitamente que, entre os antigos espartanos, era habitual a eliminação das crianças fracas. Segundo Plutarco, o legislador Licurgo tinha intenções seletivas precisas ao adotar a medida.[11]

Essa prática espartana não se limita ao perímetro da Lacônia, mas expressa, isto sim, uma verdade da raça nórdica: "Na Antiguidade clássica, a

---

9 Cf. *infra*, cap. VIII.
10 "Jason und Medea — Die Tragödie der rassischen Mischehe", *SS-Leitheft*, Jahrgang 7, Folge 6a, pp. 18-20.
11 F. Lenz, *Menschliche Erblichkeitslehre und Rassenhygiene, op. cit.*, p. 16.

eliminação das crianças foi amplamente praticada, e essa prática era livre. O costume parece ter sido uma característica da raça indo-germânica",[12] tanto na Grécia como em Roma, onde "até o suave Sêneca"[13] se teria apresentado como decidido defensor da eutanásia das crianças fracas ou disformes: "Nós afogamos o fraco e o disforme. Não é uma questão de fanatismo, mas de razão, separar o viável do não viável."[14]

Desse modo, Lenz, consciente de que, num contexto judeo-cristão e kantiano — no universo moral, portanto, do mundo germânico — as máximas e práticas do eugenismo são chocantes, argumenta com uma dupla legitimidade: da ciência (desde Mendel e Darwin) e da essência (da raça); vale dizer, da tradição mais arcaica e da modernidade mais avançada. Dizer que os antigos praticavam o assassinato de crianças não viáveis é não apenas recorrer ao peso incontornável do argumento de autoridade como mostrar que, por seu instinto natural, a raça germânica já previa o que a razão (a ciência) veio a demonstrar milênios depois. Com o assassinato de crianças doentes, assim, se é fiel à raça, à sua verdade plurimilenar, mas também à ciência. Com isto, os doces humanistas visados por Lenz se enredam em suas próprias malhas: como se pautam exclusivamente pelos autores antigos e se declaram mais *amici Platoni* que *amici veritatis*, eles têm de se inclinar.

É exatamente o que diz Adolf Hitler em seus escritos e discursos, como neste texto constante do *Zweites Buch*:

> Os espartianos [sic] eram capazes de tomar medidas igualmente sábias, ao contrário da nossa pobre burguesia hipocritamente sentimental. O domínio dos seis mil espartanos sobre os trezentos e cinquenta mil hilotas só era concebível em virtude do valor racial superior dos espartanos. Mas este era resultado de uma proteção da raça muito pensada, de tal maneira que devemos considerar o Estado espartano como o primeiro Estado racista da história. A eliminação das crianças doentes, fracas e disformes — e com isto quero dizer seu extermínio

---

12 *Ibid.*
13 *Ibid.*
14 *Ibid.*

— era mil vezes mais digna, mil vezes mais humana, na realidade, que a patética tolice da nossa época, que consiste em manter em vida os sujeitos mais doentes — e mantê-los em vida a qualquer custo! — enquanto centenas de milhares de crianças são assassinadas pela redução dos nascimentos e o aborto. O resultado é simplesmente criar uma espécie composta de degenerados eivados de patologias.[15]

Trata-se portanto de, graças às conquistas científicas, voltar a um instinto da raça que, simplesmente seguindo a intuição natural, agia de acordo com a natureza: para se preparar para o combate da vida, mais vale estar armado. O que vale para os animais e as plantas[16] — para a natureza, precisamente — vale também para os homens, que integram essa natureza e não podem se emancipar ou se distinguir dela, pois correriam o risco de morrer.

Voltar à cultura germânica das origens — da qual, segundo a vulgata nazista, a cultura mediterrânea antiga é uma expressão particularmente notável — permite que se esteja mais perto da natureza: os gregos e os romanos, assim como seus primos germanos que permaneceram no Norte, estão próximos da origem da raça, próximos do seu nascimento — logo, da sua natureza, e da natureza pura e simplesmente. Próximos da origem, eles entendem melhor sua verdade e suas leis do que os que chegaram mais tarde, as gerações posteriores que foram desnaturadas pelas aculturações nefastas. A raça germânica foi alienada pelo cristianismo: tornou-se estranha a si mesma, mas também estranha à natureza nela e ao seu redor. Trata-se, portanto, ao lhe devolver sua autenticidade, de devolvê-la à sua vida própria.[17]

---

15 Adolf Hitler, *Hitler's Second Book* (1928), ed. G. L. Weinberg, traduzido para o francês por K. Smith, Nova York, Enigma Books, 2010 (ed. alemã 1961), pp. 56-57; em francês *L'Expansion du III Reich*, traduzido para o francês por Fr. Brière, Plon, 1963.
16 Pois as plantas também combatem... "Toda vida é combate", proclama o filme *Alles Leben ist Kampf* (1937), mostrando árvores em luta para alcançar a luz e projetando suas copas o mais alto possível, ou "campinas" combatendo pelo seu "espaço vital"...
17 A palavra alemã que costuma ser traduzida como "autêntico" ou "próprio" é *eigentlich*. *Eigen* (+ dativo) — de onde deriva *Eigentum*, propriedade — é "o que é próprio de".

Essa operação de volta a si mesmo e de volta para si ora é descrita em modo medicinal (descontaminação, desinfecção), ora, e com mais frequência, em modo arqueológico: trata-se de lixar o monumento, retirar as camadas sedimentares depositadas sobre um objeto que precisa ser devolvido à sua forma e à sua beleza iniciais.

Para o jurista Roland Freisler, a "ressurreição do pensamento jurídico" a que a Alemanha assiste desde 1933 consiste em "retirar dos escombros"[18] o que foi enterrado pelo tempo, pelas sucessivas alienações, pelos depósitos da história (judeo-cristianismo, direito romano tardio, humanismo, Iluminismo, liberalismo...) que tinham afinal recoberto totalmente a raça, tornando-a irreconhecível. O que buscava o jurista-arqueólogo? O direito germânico das origens e o etos primordial da raça. Acontece que era difícil acessar esse direito primitivo, em vista da carência de fontes dando testemunho do direito germânico original. Não seja por isto, responde outro jurista, Hans Frank: é necessário voltar-se para os gregos e os romanos. Como existe comunidade de raça, existe também comunidade espiritual:

> Desde que sabemos que os germanos pertenciam na verdade a um povo nórdico original, ao qual também pertenciam os indianos antigos, os persas, os antepassados dos gregos e dos romanos, os celtas [...], estamos em condições de entender melhor o direito alemão antigo.[19]

Pode-se confiar nesses textos, pois

> esses povos eram na origem, antes de [...] perderem seu caráter de nascimento, a carne da nossa carne, o sangue do nosso sangue. Falavam nossa língua, tinham a mesma alma e o mesmo espírito que nossos antepassados germânicos — e, em

---

Eigentlichkeit designa autenticidade, o que possuímos como próprio, a começar por nós mesmos.
18 Roland Freisler, *Wiedergeburt strafrechtlichen Denkens*, Berlim, Decker, 1940, p. 3.
19 Helmut Nicolai, *Die rassengesetzliche Rechtslehre. Grundzüge einer nationalsozialistischen Rechtsphilosophie*, Munique, Eher, 1932, p. 11.

consequência, tinham as mesmas concepções fundamentais do direito, a mesma cultura jurídica e viviam de acordo com as mesmas regras.[20]

Assim se restabelece o encadeamento temporal: a raça nórdica foi extraviada, afastada de si mesma por uma aculturação (judeo-cristã, depois humanista, *aufklärerisch*, liberal...) que representou uma verdadeira desnaturação. No início dos tempos, a raça nórdica estava próxima do seu nascimento, logo, da natureza: agia em conformidade com a natureza nela e ao seu redor. Voltar à origem da raça, portanto, é resgatar a natureza, seus mandamentos, suas normas. E na ausência de documentos atestando com precisão as normas observadas pelos antigos germanos do Norte, temos de nos fiar naqueles que reconstituem a vida dos germanos do Sul, no caso, dos gregos e romanos — sua vida, ou seja, basicamente, o seu combate.

Combater o inimigo racial

Para empreender essa guerra de raças que é a própria substância da História, é necessário naturalmente combater, mas combater sem os freios e reservas que no passado entravavam a Alemanha. Depois de 1933, passa a ser muito repetida uma frase que teria sido dita por Erich Ludendorff, tão impregnado de cultura *völkisch*, segundo a qual a Alemanha teria saído vitoriosa em 1918 se ela não fosse de cultura cristã e, portanto, realmente tivesse sido capaz de lutar.[21] Também aqui, as sucessivas heranças

---

20 *Ibid.*
21 Erich Ludendorff, chefe do Estado-Maior do exército alemão durante a Primeira Guerra Mundial, tornou-se depois de 1918 uma figura importante da direita nacionalista e racista alemã. Ele se interessa de perto pela questão da cultura e da religião germânicas, sob a influência de sua mulher, Mathilde von Kemnitz, que conhece em 1923. A esposa, a quem se refere respeitosamente como "Frau Dr. von Kemnitz" em suas memórias, era doutora em medicina, psicóloga com pretensões nas áreas da filosofia e da história e sempre empenhada na vigorosa denúncia de um cristianismo hostil à mulher e à raça germânica. Erich e Mathilde Ludendorff publicaram juntos vários trabalhos denunciando

normativas enterraram a raça nórdica sob um entulho de normas que lhe são, afinal, nefastas: o cristianismo, o humanismo, o Iluminismo, o direito da guerra, as convenções internacionais...

Para combater, é necessário antes de tudo combater essas normas e livrar-se delas. Considerando o cristianismo "a maior peste que poderia nos atingir ao longo da história",[22] Himmler o proíbe na SS, vetando nas unidades da *Waffen-SS* a presença de capelães protestantes ou católicos. Para o *Reichsführer-SS*, não se trata de fazer profissão de ateísmo — pois ele se declara *gottgläubig*[23] —, mas de erradicar uma infecção cristã que tornou os homens fracos, pois compassivos e passivos, resignados a obedecer aos planos celestiais. Ao afastar o homem deste mundo e orientar seu olhar para o além, o cristianismo educa para a passividade contemplativa — e não para o combate cheio de determinação. Himmler não se opõe a toda religião, mas àquelas que desarmam os homens. Prova disto é que autoriza, em 1943, a presença de capelães não cristãos nas novas unidades — depois divisões — constituídas no interior da *Waffen-SS*: a divisão Handschar e depois a divisão Skanderberg, integradas por voluntários muçulmanos da Bósnia, têm seus imãs, formados por Amin al-Husseini, grande mufti de Jerusalém e amigo próximo do Reich. Segundo Himmler, o Islã tem sobre o cristianismo a grande vantagem (entre outras) de estimular os homens ao combate e lhes permitir morrer felizes.[24]

Em sua vontade de erradicar um cristianismo que desnatura, Himmler está com Hitler, que nas conversas privadas não se cansa de atacar a tradição normativa judeo-cristã, não apenas por sua origem (judaica), mas também por suas consequências (a desvirilização da raça nórdica):

---

os complôs contra a Alemanha e a raça nórdica fomentados pelos jesuítas (*Das Geheimnis der Jesuitenmacht*, 1929) e pelos judeus (*Die Judenmacht*, 1939). Sobre o casal Ludendorff, cf. Annika Spilker, *Geschlecht, Religion und völkischer Nationalismus. Die Ärztin und Antisemitin Mathilde von KemnitzLudendorff*, Frankfurt, Campus, 2014.
22 Heinrich Himmler, "Der Reichsführer-SS vor den Oberabschnittsführern und Hauptamtchefs im Haus der Flieger in Berlin am 9. Juni 1942", BABL/NS 19 / 4009, f° 65.
23 A expressão, que significa literalmente "crente em Deus", designava na Alemanha nazista os adeptos do nacional-socialismo que professavam fé em um poder superior ou uma criação divina, sem aderir a alguma denominação religiosa institucionalizada. [N. T.]
24 Klaus-Michael Mallmann, Martin Cüppers, *Halbmond und Hakenkreuz. Das Dritte Reich, die Araber und Palästina*, Darmstadt, Wissenschaftliche Buchgesellschaft, 2006.

> Esse diabólico "tu deves, tu deves" e esse estúpido "tu não deves"! É preciso purificar nosso sangue dessa maldição do monte Sinai! Esse veneno com que os cristãos e os judeus contaminaram e conspurcaram o instinto maravilhoso e livre do homem, o reduziram ao nível de um pobre cão amedrontado![25]

Restituídos à sua origem geográfica (o monte Sinai), os Dez Mandamentos têm assim negada toda dignidade universal: mandamentos de judeus e para judeus, eles representaram na Antiguidade o instrumento pelo qual o Império Romano (nórdico) foi derrubado. Incapazes de vencer os romanos no campo de batalha, os judeus atacam e subvertem o Império Romano inoculando-lhe o sangue judeu e a mensagem cristã. Autenticamente antinatureza, a doutrina moral judeo-cristã foi uma mutilação que debilitou o corpo germânico durante muito tempo:

> Estamos pondo fim aos erros da humanidade. As tábuas do monte Sinai perderam validade. A consciência é uma invenção judaica. É como uma circuncisão, uma amputação do ser humano.[26]

Para se preparar para a guerra das raças, portanto, é necessário antes de mais nada que cada um empreenda um combate interior contra o velho homem em si mesmo. Nas fileiras da SS, esse processo é chamado de "superar o canalha interior" (*den inneren Schweinehund überwinden*),[27] essa maldita consciência que impede de agir ensinando coisas falsas: além da crença no Deus de Israel ou na ressurreição, baboseiras orientais, há os mandamentos que proíbem absolutamente de matar, e essa moral

---

25 Hermann Rauschning, *Gespräche mit Hitler*, Nova York, Europa-Verlag, 1940, cap. IV, pp. 48-58.
26 *Ibid.*, p. 57.
27 Essa expressão usada pelos nazistas ainda é muito corrente na Alemanha. Deriva de uma prática antiga de caça, que consistia em esgotar os javalis (*Wildschweine*) com o emprego de cães de caça, até que estivessem cansados demais para fugir ou atacar. O *Schweine-hund* assim utilizado é o animal que entrega o combatente ao seu carrasco. Metaforicamente, o "cão de porco" interior é o que enfraquece o caráter. Muito usada na SS, a expressão hoje em dia é comum nos centros esportivos urbanos...

decorrente que ensina tolamente que não devemos fazer aos outros o que não queremos que façam a nós. Esses absurdos postulam que os mandamentos da moral valem universalmente, ou seja, para todos os homens, para todo o gênero humano. Ora, para os nazistas não existe gênero humano, e em consequência não existe universalidade nem, portanto, mandamento moral de valor absoluto para a humanidade inteira: toda moral é estritamente relativa, circunscrita ao seu campo de aplicação, que é a raça à qual se pertence. Na guerra entre as raças, que, como demonstrou a Primeira Guerra Mundial, chegou a uma etapa final, seria absurdo entravar a própria ação com preceitos estranhos à raça e que precipitariam sua derrota e sua perda.

Na prática, Hitler não esconde, nos dias que antecedem o início da guerra contra a Polônia, que se trata de empreender uma guerra radical contra o inimigo:

> Nossa força reside na nossa rapidez e na nossa brutalidade [...]. Ordenei — e mandarei fuzilar quem quer que ouse dizer uma única palavra de crítica — que nosso objetivo de guerra não seja alcançar tal ou tal linha, mas exterminar fisicamente o inimigo. Por isso mobilizei, por enquanto só a Leste, minhas tropas com a caveira, com ordem de eliminar sem hesitação nem piedade qualquer homem, mulher e criança de raça e língua polonesa.[28] Só assim conquistaremos o espaço vital de que precisamos. Quem ainda fala hoje em dia do extermínio dos armênios? [...] Sejam duros, sejam sem piedade, ajam mais rápido e mais brutalmente que os outros. Os cidadãos da Europa ocidental terão de tremer aterrorizados. É a maneira mais humana de fazer a guerra: porque lhes dá medo.

---

28 Levado pela retórica, Hitler exagera: os nazistas têm o projeto de reduzir a população eslava da Polônia à escravidão, e não de exterminá-la. Os *Einsatzgruppen* da SS, do SD e da polícia alemã têm como missão destruir a elite polonesa para privar o país de todo referencial religioso e cultural. São visados antes de tudo as elites clericais, os intelectuais e os políticos engajados na causa nacional polonesa. Em seis semanas, os *Einsatzgruppen* alemães matam mais de sessenta mil pessoas na execução da operação Tannenberg.

Temos aí um magnífico exemplo de moral particularista: Hitler manda eliminar a população polonesa para conquistar um espaço vital — ou seja, matar os poloneses para que a Alemanha e a raça alemã (a Leste) possam viver —, mas também para que os franceses e os ingleses, a Oeste, fiquem de tal maneira aterrorizados pela brutalidade alemã que não ousem mais entrar em guerra contra o Reich e busquem uma paz separada.

Para empreender uma guerra dessa natureza, é melhor quebrar as "tábuas do monte Sinai", como confidencia Hitler aos interlocutores, e abrir mão das tolices geradas por todos os tipos de universalismo: além do cristianismo, duramente visado, o humanismo e o kantismo, para não falar do marxismo. É necessário voltar ao primal, que é também o primeiro, e ao arcaico, que também é o arquétipo: seguir o exemplo das guerras da Antiguidade! No momento em que Hitler lança suas tropas contra a URSS, o que valeu no caso da Polônia é repetido, com força ainda maior: a operação Barbarossa, desencadeada em 22 de junho de 1941, é desde cedo e explicitamente uma guerra de extermínio. Em conversas com colaboradores próximos e comensais, Hitler justifica da seguinte maneira o cerco e a destruição programada de Leningrado:

> As pessoas perguntam: como o *Führer* pode destruir uma cidade como São Petersburgo! Quando vejo que a própria raça está em perigo, o sentimento em mim dá lugar à razão mais glacial: passo a ver apenas as vítimas que o futuro faria se não fizéssemos sacrifícios hoje. Para mim, está perfeitamente claro: [...] São Petersburgo deve desaparecer, ponto. Temos de voltar aos princípios da Antiguidade: a cidade precisa ser arrasada até as fundações.[29]

Evocando Milos, destruída pelos atenienses, e Cartago, arrasada pelos romanos, esses "princípios antigos" constituem a única maneira autêntica de conduzir uma guerra de raças: antigamente, antes de ser alienada por culturas importadas do Sul e do Leste, a raça nórdica sabia combater. É necessário retomar a autenticidade e a verdade dessa arte da

---

29 Adolf Hitler, citado em Albert Speer, *Der Sklavenstaat. Meine Auseinandersetzungen mit der SS*, Stuttgart, Deutsche Verlags-Anstalt, 1981, p. 422.

guerra antiga, imitando as legiões de Cipião Africano, que, segundo se diz, arrasaram Cartago e jogaram sal nos destroços para que a terra do inimigo se tornasse estéril para sempre. Mas enquanto o *Führer* disserta à mesa sobre a destruição de Leningrado, os cursos de formação ideológica da SS e do NSDAP ensinam que, se Roma desapareceu, foi por não ter levado a vantagem estratégica contra Cartago a Semítica até sua destruição biológica: em outras palavras, os romanos de fato destruíram as muralhas de Cartago, sem dúvida também mataram seus homens, mas não eliminaram toda a população cartaginesa, permitindo que seu tronco biológico subsistisse e prosperasse no império. Pior ainda, os romanos repetiram o erro dois séculos depois, destruindo Jerusalém sem aniquilar seus habitantes... A bom entendedor, meia palavra basta: o erro não deverá ser repetido em território soviético.

O reinado da raça

Uma vez formado o império pela conquista do espaço vital, a raça nórdica poderá inaugurar seu reinado. Aqui também, a Antiguidade é preceptora e prescritora, ainda que por comparação — pelas lições que podem ser deduzidas dos erros cometidos pelos gregos e os romanos.

É evidente que o princípio fundamental do grande império germânico será a desigualdade das raças: de alguma maneira, os judeus terão de desaparecer, como elemento nocivo e inconciliável. Quanto aos eslavos, serão simplesmente reduzidos à escravidão.

Em discurso pronunciado horas depois do funeral de Reinhard Heydrich, Heinrich Himmler declara que será necessário

> encher nossos campos de escravos — neste local, eu digo as coisas muito claramente —, com servos que construirão nossas cidades, nossas aldeias e nossas fazendas, sem que tenhamos de nos preocupar com as perdas, quaisquer que sejam.[30]

---

30 *Ibid.*, f° 65.

É exatamente o que declarava Heydrich meses antes em Praga, em um discurso pronunciado no dia 2 de outubro de 1941. Ante a perspectiva de uma próxima vitória da Alemanha a Leste, o número 2 da SS e chefe do RSHA certamente se rejubilava por esse desenlace feliz, mas não escondia que a vitória também apresentava problemas. No caso, tratava-se de garantir a dominação de uma elite racial nórdica numericamente fraca sobre as vastas populações conquistadas. A seus olhos, os eslavos deviam ser considerados "como uma matéria-prima bruta, como operários destinados a trabalhar nos grandes projetos da nossa cultura, como hilotas, para me expressar de maneira perfeitamente drástica":[31] como no *Zweites Buch* de Hitler, é de fato o modelo espartano que serve de ideal aos nazistas. Para garantir — e perenizar — a dominação de uma elite (qualitativamente superior) sobre uma massa (quantitativamente mais abundante), era preciso estabelecer essa relação que os camponeses-soldados nórdicos que em outras épocas conquistaram a Lacônia criaram entre os "seis mil" *homoïoï* e os "trezentos e cinquenta mil" hilotas e periecos: servidão para a massa de escravos, treinamento guerreiro para a elite racial nórdica.

Para isso, é preciso cuidar zelosamente de preservar a desigualdade no império. Como diz Hitler a Hermann Rauschning, antes de 1939:

> Não se trata de eliminar a desigualdade entre os homens, mas, pelo contrário, de ampliá-la, transformá-la em lei protegida por barreiras insuperáveis, como nas grandes civilizações da Antiguidade. Não pode haver um direito igual para todos [...]. Jamais reconhecerei às outras nações o mesmo direito que à nação alemã. Nossa missão é subjugar os outros povos.[32]

Em conversas particulares durante a guerra, Hitler reiteraria que estava fora de questão conceder aos povos submetidos o direito de portar armas, e mesmo de aprender a ler e escrever além dos rudimentos

---

31 Reinhard Heydrich, discurso de 2 de outubro de 1941, em Czeslan Madajczyk, *Vom Generalplan Ost zum Generalsiedlungsplan*, Munique, Saur, 1994, p. 21.
32 H. Rauschning, *Gespräche mit Hitler, op. cit.*

necessários para uma vida de servos e para desempenhar suas tarefas — e Himmler levaria adiante a ideia em seus discursos sobre a colonização a Leste. O Reich germânico deve ser para sempre uma estrutura de desigualdade em que uma raça exerce dominação implacável sobre as outras — e não um edifício evolutivo tendendo pouco a pouco para a *cosmopolis* dos estoicos ou o *Weltstaat*[33] de Kant. Em outras palavras: a cidadania e a plenitude de direitos devem continuar sendo apanágio e privilégio de uma raça, não se estendendo a outras, aos alógenos. Em toda a literatura nazista, assim, vamos encontrar violentas críticas à decisão tomada pelo imperador Caracala, em 212 da nossa era, ao conceder a *civitas romana* a todos os homens livres do império. Ao tornar iguais as condições, Roma inaugurou um "caos racial" sem precedente, do qual ainda sofre o mundo contemporâneo. Naturalmente, essa decisão contrária à natureza só pode ter sido tomada por um ser anormal, no caso, um ser racialmente mestiço e, portanto, oposto a toda aristocracia racial, como escreve Alfred Rosenberg em *O Mito do século XX*:

> Instigado por sua mãe síria, filha de um sacerdote de Baal na Ásia Menor, Caracala, repugnante bastardo que se pavoneia no trono dos césares, confere a cidadania romana a todos os homens livres do império. Foi o fim do mundo romano.[34]

Rigorosamente não igualitário, o império também será cuidadosamente segregado. O objetivo é proibir toda mescla sexual, toda mistura de sangues, vedando casamentos raciais mistos. Algumas vozes esclarecidas haviam preconizado sua adoção na Grécia, mas não foram ouvidas. Wilhelm Stuckart, secretário de Estado no Ministério do Interior, justifica da seguinte maneira em 1935, em artigo a respeito dos "fundamentos da ordem racista do povo alemão", as leis de Nuremberg, invocando Platão:

---

33 "Estado mundial". Referência aos princípios jurídicos propostos por Kant no sentido da pacificação e democratização de uma ordem internacional baseada no direito e na percepção dos homens como cidadãos do mundo. [N. T.]
34 A. Rosenberg, *Der Mythus des 20. Jahrhunderts, op. cit.*, p. 58.

> A democracia degenerada, igualitária, sempre foi a forma política da catástrofe racial num povo criador, pois a democracia estende as máximas da igualdade e da igualdade de direitos a todos os grupos raciais alógenos, quando esses direitos só são válidos para o núcleo racial original que os criou. Essa constatação é que manifestamente levou Platão, no período tardio representado pelo helenismo, a traçar o plano de um Estado rigorosamente baseado no princípio racial. Infelizmente, já era tarde demais para a Grécia — exatamente como, mais adiante, o risco da degeneração racial seria reconhecido tarde demais em Roma.[35]

Mas os gregos e os romanos das origens tinham consciência do perigo representado pela mistura de sangues. Como prova disso, juristas e historiadores nazistas apresentam a legislação romana sobre o casamento, que originariamente proibia uniões entre patrícios e plebeus: aqueles eram homens do Norte conscientes de sua excelência racial e recusavam toda contaminação pelo sangue destes, provenientes das populações mediterrâneas conquistadas e subjugadas. A "lei de 443 antes da nossa era autorizando casamentos entre patrícios e plebeus"[36] foi, observa o historiador Walter Brewitz, "o primeiro passo em direção ao caos dos povos, como o chamou Chamberlain", e de uma gravidade comparável à "lei de 1823 que autorizou a união entre alemães e judeus":[37]

> Em meados do século V, um primeiro passo foi dado em direção ao caos: o casamento misto entre patrícios e plebeus tornou-se legal. Desse modo, a miscigenação racial pelo casamento selou, tanto em Roma quanto na Pérsia e na Grécia, a degeneração da raça e do Estado.[38]

---

35 Wilhelm Stuckart, "Die völkische Grundordnung des deutschen Volkes", *Deutsches Recht*, 1935, pp. 557-560, p. 559.
36 Walter Brewitz, "Die Entnordung der Römer", *Volk und Rasse*, IX, 1936, pp. 369-373, p. 369.
37 *Ibid.*
38 *Ibid.*

Quando juristas ou médicos nazistas se declaram "humanistas" e invocam a autoridade de Platão ou Sêneca para justificar o que vão fazer ou já fizeram, não devemos ver aí (apenas) cinismo. Por trás do recurso à Antiguidade para fundamentar a norma nazista, há ao mesmo tempo uma antropologia e uma metafísica bem articuladas.

A antropologia é a da raça e daquilo que os contemporâneos chamam de *Rassenkunde*, a ciência da raça: a raça nórdica permanece sempre igual, na diversidade de suas manifestações históricas. É o que escreve Hitler com a devida ênfase em *Mein Kampf*:

> Não devemos nos deixar enganar pelas diferenças entre os povos singulares: existe uma unidade racial. O combate que hoje se trava envolve questões muito sérias: uma civilização luta pela própria existência, uma existência que se projetou ao longo de milênios, unindo gregos e germanos.[39]

Gregos e romanos são apenas os ramos emigrados da grande família nórdica, das tribos germânicas que deixaram o Norte para ir colonizar o Sul e assim fundar as magníficas civilizações que dão testemunho do gênio da raça.

O que vale para eles, desse modo, vale para os germanos do Norte: os valores, imperativos e normas de uns são também dos outros, e se os saxões e os dinamarqueses deixaram poucos traços escritos, é perfeitamente legítimo recorrer à cultura grega e latina para saber o que os germanos das origens pensavam e legislavam. Próximos das origens, os gregos e os romanos arcaicos estão próximos do nascimento, logo, da essência, da raça: a origem é a norma, pois o nascimento é ao mesmo tempo a essência e a natureza. Com o passar do tempo, a divergência em relação à origem aumentou, e a voz da natureza foi abafada ou parasitada por outras influências: a raça foi aculturada — vale dizer, no sentido próprio, desnaturada, afastada da natureza e privada da *sua* natureza. A cultura original era a expressão adequada, idônea, da natureza: a lei das Doze Tábuas, simples e viril, a filosofia de Platão, hierárquica, racista

---

39 A. Hitler, *Mein Kampf*, op. cit., p. 470.

e eugênista... A cultura posterior foi uma alienação que tornou a raça nórdica estranha a si mesma, fazendo-a adotar as máximas absurdas e nefastas do direito romano tardio e do cristianismo — máximas igualitárias e universalistas que acabaram com as cidades gregas e destruíram o Império Romano, submergido por ondas de sangue estrangeiro.

O que fazer então? É aqui que vem à tona a metafísica subjacente às reflexões nazistas sobre a norma antiga: a história é imóvel. As raças se mantêm substancialmente como são, quando não são misturadas. Os judeus da Antiguidade são os judeus de hoje, e a guerra de raças que os opõe à humanidade nórdica se prolonga sem descontinuidade há "seis mil anos":[40] o bolchevismo do século XX é o cristianismo do século I (e vice-versa!), com o mesmo objetivo, e recorrendo aos mesmos ardis (uma doutrina igualitária e universalista destinada a unir as massas inferiores contra os senhores: em estratagema de judeus, portanto).

Neste universo estático, no qual o anacronismo não assusta ninguém, pois não existe diacronia, as normas de ontem e de anteontem, as (supostas) normas dos romanos e gregos, valem para hoje: ao alegar que as estão resgatando e aplicando, os nazistas imaginam restabelecer o encadeamento do tempo e exorcizar dois mil anos de alienação cultural e desnaturação racial.

---

40 "Sechstausend Jahre Rassenkampf", em *Dieser Krieg ist ein weltanschaulicher Krieg*, Schulungsgrundlagen für die Reichsthemen der NSDAP für das Jahr 1941/42, Der Beauftragte des *Führers* für die Überwachung der gesamten geistigen und weltanschaulichen Schulung und Erziehung der NSDAP, Berlim, 1942, 116 p., BABL / RD / NSD 16/29, pp. 39-46.

5
Na escola de Kant?
Kant, filósofo "nórdico"[41]

> Não passávamos de uma quase-humanidade [...], não estávamos mais no mundo [...]. E eis que, perto da metade de um longo cativeiro — durante algumas breves semanas e antes que as sentinelas o pusessem para correr —, um cão errante entra nossa vida. Um dia ele veio se juntar à turba que voltava do trabalho sob forte vigilância. [...] Para ele — era incontestável —, nós fomos homens. [...] Último kantiano da Alemanha nazista, não dispondo do cérebro necessário para universalizar as máximas de suas pulsões, ele descendia dos cães do Egito. E seu latido de amigo — fé de animal — nasceu no silêncio de seus antepassados das margens do Nilo.
>
> Emmanuel Levinas, "Nom d'un chien ou le droit naturel", *Difficile liberté*, 1976.

O fato surpreendeu todo mundo, especialmente os magistrados e filósofos. Hannah Arendt, que assiste a algumas audiências do processo de 1961 como correspondente de um grande

---

[41] Versão remanejada de um estudo publicado com o título de "L'impératif catégorique kantien sous le IIIe Reich, ou le détournement de la philosophie par l'idéologie: une tentative avortée", *Études danubiennes*, vol. XXVI, 2010, pp. 105-121.

jornal americano, nota o espanto do juiz assistente Raveh, retomando as declarações de Eichmann à polícia israelense durante o interrogatório. Eichmann havia declarado, "enfatizando bem as palavras, que vivera toda a sua vida de acordo com os preceitos morais de Kant, e particularmente segundo a definição do dever enunciada por Kant". Durante a audiência,

> o juiz Raveh, intrigado ou indignado com o fato de Eichmann ousar invocar o nome de Kant em relação a seus crimes, decidiu interrogar o acusado. Foi então que, para estupefação geral, Eichmann apresentou uma definição aproximada, mas correta do imperativo categórico: "Gostaria de dizer, a propósito de Kant, que o princípio da minha vontade deve ser sempre de tal natureza que possa se tornar o princípio das leis gerais."

Desde a publicação de *Eichmann em Jerusalém*, desde que esse evento nos levou a pensar, o paradoxo de um Eichmann kantiano tendeu a se transformar numa espécie de *doxa*.

Teria Kant, ou um primo pobre do kantismo, feito a cama do nazismo? Se sabemos hoje que Nietzsche não foi, como se imaginava, o inspirador dos nazistas, seria o caso de levar essa reabilitação tão longe que a sua fama implique a infâmia daquele que é, ao lado de Platão, seu inimigo favorito, Kant? Os textos jurídicos e filosóficos produzidos no III Reich apresentam o *Aufklärung* como principal espantalho, ao lado do (judeo-)cristianismo e do direito internacional, especialmente o de Versalhes. O *Aufklärung*, com seu cortejo de "ismos" nefastos (individualismo, liberalismo, universalismo, humanismo, cosmopolitismo, igualitarismo...), serve idealmente de contraste, tanto mais por ser considerado de fabricação e importação estrangeira, uma lastimável inoculação proveniente do vizinho francês.

Mas Kant? Seria possível jogar fora o bebê kantiano com a água do banho *aufklärerisch*? Instalado no Walhalla da cultura alemã, Kant é, juntamente com Hegel, o grande *Denker* (pensador) dessa nação de "poetas e pensadores" (*Dichter und Denker*). Melhor ainda, é o pensador das margens e das frentes pioneiras, o homem de Königsberg, a luz alemã do Leste, o único patrimônio de peso da Prússia oriental.[42] *Der Fall Kant*, o caso Kant, portanto, é um problema para os nazistas. O que fazer? O que fazer dele? Há quem invoque seu nome sem o citar, outros o citam sem explicitá-lo, tudo por ignorância oportuna ou cômoda hipocrisia. Outros, enfim, tentam anexá-lo de qualquer maneira ao discurso nazista, tarefa árdua e mesmo impossível, aparentemente encarada como pura perda de tempo por uma última categoria de autores.

Como explicar que Adolf Eichmann, sem formação universitária, que abandonou a escola de eletrotécnica e mecânica sem diploma, cita Kant? Cabe supor que tenha se familiarizado com o filósofo em sua educação escolar e religiosa e/ou em sua formação ideológica numa SS para a qual entrou em 1932. Eichmann declara durante o processo que leu a *Crítica da razão prática* nas horas vagas. Como as três *Críticas* de Kant não são propriamente romances de entretenimento a serem folheados para relaxar, podemos imaginar que houve incitação institucional da parte da SS. Administrador aplicado, Eichmann pode ter tido o projeto de preencher suas lacunas culturais lendo um autor cujo nome aparecia com frequência nas publicações nazistas.

E de fato é incontestável que os nazistas se habituaram a invocar a autoridade de Kant. Costumam citá-lo e tomam como referência qualquer autor ou tradição cultural cujo simples nome possa ser usado como certificado de legitimação cultural. No "país dos poetas e pensadores" louvado por Goebbels, seria inconcebível ignorar o monumento Kant no autêntico guia doxográfico que é o discurso cultural nazista: Kant está entre os "heróis do espírito" e da cultura germânica, ao lado de Leibniz, Hegel, Bach ou Mozart. É, portanto, um herói citado, mas num espírito de *name-dropping* superficial ou tangencial que se exime de abrir o livro escondido por trás de um nome cujo simples significante eclipsa a obra e dispensa de consultá-la.

---

42 Nessa condição é que ele é celebrado entre os demais monumentos da cidade, como o porto e a igreja da coroação dos reis da Prússia, numa reportagem da UFA constante da série *Auf Ostkurs* e intitulada *Königsberg* (Bundesarchiv-Filmarchiv, 846, 1941, e BA-FA, 1241, 1938). A capital da Prússia oriental é apresentada no documentário como a luz do Leste e Kant, como um dos seus faróis.

É assim que o jurista Roland Freisler escreve, em um de seus ensaios teóricos sobre a renovação nacional-socialista do direito e do pensamento jurídico:

> A comunidade (*Gemeinschaft*) contém enquanto postulado todas as exigências que, na concepção alemã, dão sustentação à comunidade e tornam a vida da pessoa digna de ser vivida nessa mesma comunidade:
> — o imperativo categórico kantiano
> — o dever fichteano
> — a máxima fredericiana: ser o primeiro servidor do Estado
> — a concepção clausewitziana da essência militar alemã
> — o princípio nacional-socialista: o interesse comum tem primazia sobre o interesse privado![43]

Temos aqui o esboço, numa simples lista, do cânone ético nazista, compêndio moral e fundamento do pensamento jurídico novo aos olhos do secretário de Estado do Ministério da Justiça, Freisler, que um ano depois assumiria a presidência do *Volksgerichtshof* (tribunal do povo). Podemos observar que o centro de gravidade desse cânone é o século XVIII, não tanto, naturalmente, o do Iluminismo, mas o de uma Prússia toda feita de ascetismo e abnegação, um século XVIII sublime e rude representado aqui por Frederico II e Kant. A validade do referencial Kant é afetada, modulada, pelo que a acompanha nessa taxinomia ética: Fichte, mas naturalmente o Fichte dos *Reden an die Deutsche Nation*, pois o próprio Fichte tem ao lado Clausewitz, cujas *Bekenntnisse* marciais e patrióticas são reproduzidas exaustivamente em todas as publicações pedagógicas nazistas; o selo dos profetas é aplicado pelo movimento nazista, cuja ética holística e comunitária é resumida pela seguinte frase no artigo 24 do programa de fevereiro de 1920 (também repetida, reproduzida e glosada até não mais poder): *Gemeinnutz geht vor Eigennutz* (o interesse comum tem primazia sobre o interesse particular).

---

[43] Roland Freisler, *Grundlegende Denkformen des Rechts im Wandel unserer Rechtserneuerung*, Berlim, von Decker, 1941, p. 21.

Esse procedimento de licitação-anexação é dos mais elementares e nada tem de especificamente nazista, embora o III Reich tenha feito uso tão mais corrente e maciço dele por se preocupar em legitimar seu discurso e suas práticas declarando-os conformes às grandes tradições culturais do passado: se o judeo-cristianismo (judeu antes de ser cristão, portanto) os condenava, a autoridade do pensamento ocidental (logo, germânico-nórdico) os legitimava pelo menos desde Platão.[44]

Mais sutil que a citação nominal, que a referência-reverência a Kant, foi a apropriação por decalque do pensamento kantiano! É aí que podemos entender plenamente o gesto de Eichmann e o contrassenso com que compromete esse "imperativo categórico" de que não compreende nem as condições de validade nem as implicações.

Parece que a formulação, por Kant, do imperativo moral tornou-se tão popular na Alemanha dos séculos XIX e XX que sua forma, mas apenas sua forma, se transformou num esquema retórico bem-vindo a partir do momento em que se tratasse de legislar uma norma de alcance geral. É possível que os pastores, professores e suboficiais prussianos e alemães adorassem algo que se transformou no lugar comum de uma razão prática mecânica, privada de sua fundação reflexiva e de suas condições de validade: "Aja sempre de tal modo que..." — pouco importando o que se seguia.

Encontramos exemplos desse esquematismo retórico kantianizante nas mais diversas fontes a partir de 1933: entre os juristas, claro, mas também em lugares mais surpreendentes, o que evidencia a vontade de favorecer a difusão social de uma retórica que não estava limitada exclusivamente às obras de direito e moral. Em um filme realizado pela corporação dos camponeses do Reich (*Reichsbauernstand*) em 1934, assim, ouvimos Richard Darré, *führer* da corporação, declarar a suas ovelhas rurais e agrícolas:

> Age sempre como alemão, de tal maneira que teu povo possa te transformar em modelo. Fazia todo sentido que os antigos membros do *Reichsbauernrat* já em sua época fossem convidados a

---

[44] Ver supra, cap. I.

jurar não pelas leis existentes, mas pelo homem que nos ensinou a lutar pelas leis do sangue e nos conduziu nessa luta, Adolf Hitler.⁴⁵

A forma do imperativo escolhida como juramento por Darré evoca indubitavelmente Kant: o *Handle als Deutscher stets so, dass...* é uma réplica da primeira e da segunda formulações do imperativo categórico por Kant.⁴⁶ Célebre, ensinada e repetida, ela se reduziu no entanto a uma pura forma, vazia de substância. Pois o conteúdo da máxima que Darré transforma em juramento dos membros do *Reichsbauernstand* não podia estar mais distante de Kant: em Kant, não se trata de agir "como alemão", mas "como homem", como ser humano universal, e não destinado ou reduzido à particularidade de sua nacionalidade ou de sua filiação cultural, nem muito menos racial. Em Kant, evidentemente não é o "teu povo" que deve "te transformar" em modelo, mas a humanidade inteira, na medida em que ela participa dessa racionalidade que determina teu ato.

O resto da exortação de Darré explicita esse desvirtuamento de sentido: os membros da corporação camponesa não são convidados a jurar pelas leis positivas, mas pelas da natureza, as leis do sangue de que Hitler fez ao mesmo tempo a pedra de toque e a pedra angular de toda legislação humana. Kant certamente teria aprovado que não se jurasse pelo direito positivo, pois o imperativo categórico constitui um ponto de vista superior, o ponto de vista da legitimidade, para avaliar a legalidade de uma perspectiva mais alta: pode ser que o direito positivo me obrigue a cometer atos que entrem em contradição com a máxima da moralidade, atos cujo princípio eu não posso universalizar. Acontece que os nazistas não desprezam o direito positivo do alto da máxima da universalização, mas do ponto de vista mais particularista possível: o ponto de vista do

---

45 Richard Walther Darré, "Die Stadt der Verheissung — Filmbericht zum Zweiten Reichsbauerntag in Goslar", novembro de 1934, Stabsamt des Reichsbauernführers, 1934 (BA-FA, 2385).

46 "Age exclusivamente com base na máxima graças à qual possas querer ao mesmo tempo que ela se torne uma lei universal" e "Age de tal maneira que trates sempre a humanidade, tanto na tua pessoa quanto em qualquer outro, ao mesmo tempo como fim, e jamais simplesmente como meio", *Métaphysique des mœurs*, t. I, traduzido para o francês por A. Renaut, GF, 1994.

sangue, da defesa da raça. No fim da mencionada declaração de Darré, esse particularismo é ao mesmo tempo consumado e metaforizado mediante recurso à pessoa que desde 1919 defende com vigor obsessivo o rácio centrismo e a precedência da lei da natureza sobre a lei humana: Adolf Hitler, por cujo nome os companheiros de Darré são convidados a prestar juramento.

Desse modo, por uma série de reduções sucessivas, o ponto de vista da razão universal se funde num só homem: a universalização da máxima do meu ato, recomendada por Kant, torna-se então uma extrema particularização. Minha referência não é a humanidade, mas o meu povo. Ora, meu povo é o *"Führer"*. De qualquer maneira, a legislação natural foi compreendida e explicitada desde 1919 por um só homem, Adolf Hitler, cujos textos e declarações são citados num permanente *magister dixit*.

Mas a formulação mais famosa do imperativo categórico nazista se deve ao jurista Hans Frank, doutor em direito, advogado do partido durante o *Kampfzeit*, presidente da Academia do Direito Alemão a partir de 1933, mas também ministro sem pasta e mais tarde governador geral da Polônia ocupada pelo Reich. Num ensaio de direito público e ciência política publicado em 1942, Hans Frank leva ao extremo a lógica aqui descrita ao escrever: "O imperativo categórico da ação no III Reich é: age de tal maneira que o *Führer* pudesse aprovar se tomasse conhecimento do teu ato."[47] O tribunal da razão é extinto, o foro íntimo é externalizado e a alienação chega ao auge: não é mais uma razão autônoma e legislativa que dita a máxima da ação, mas um esforço de empatia com o *Führer*, presentificado por uma ficção moral. É o *Führer* em mim que determina o ato. O superego do super-homem é Hitler. Frank limita-se a dar forma ou reduzir a uma fórmula a exclamação atribuída a Göring por Hermann Rauschning: "Eu não tenho consciência. Minha consciência chama-se Adolf Hitler."[48]

Compreende-se melhor assim o contrassenso operado por Eichmann ao oferecer ao tribunal "uma definição bem precisa do imperativo categórico kantiano" (o sabor especial da frase de Arendt está no

---

47 Hans Frank, *Die Technik des Staates*, Berlim, Deutscher Rechtsverlag, 1942, p. 15.
48 H. Rauschning, *Gespräche mit Hitler*, *op. cit.*

advérbio "bem"): "Eu entendia com isso que o princípio da minha vontade e o princípio da minha ação deviam ser de tal ordem que pudessem ser transformados em princípio de uma legislação geral."

É aí que reside o contrassenso: a "legislação geral" mencionada por Eichmann se confunde com a legislação do Estado, ou seja, com o direito positivo alemão do período 1933-1945. Acontece que Kant não fala de legislação *geral*, mas de uma legislação *universal*: a tradução francesa ou inglesa do *allgemein* como *générale* ou *general* é contestável, e mesmo simplesmente errada, pois a legislação de que fala Kant deve ser tão "geral" quanto a presença da razão em cada homem — logo, universal. *Allgemein* deve ser lido e entendido no sentido literal do que é comum (*gemein*) a todos (*all*).

Embora o funcionário Immanuel Kant não se detenha muito nisso para não irritar seu patrão, o rei da Prússia, o pensador nos oferece, com o princípio de universalização da máxima, a possibilidade rigorosa, apodíctica, de avaliar a legalidade — ou seja, o direito positivo — em função de um princípio superior de legitimidade. Por outro lado, o direito positivo, o direito do Estado alemão, advém, segundo os juristas nazistas, de duas fontes principais: o bom senso popular (*gesunder Menschenverstand*) — expressão ideal da raça — e a vontade do *Führer* (*Führerwille*). E, de fato, cabe lembrar, concretamente, que desde a lei de habilitação de 23 de março de 1933 o governo do Reich tem poder de baixar decretos-lei. Como o Reichstag agora só se reúne — como em Nuremberg em 1935 — para sessões de mera aprovação e aclamação espetacular e o gabinete quase não se reúne mais, é de fato a vontade do *Führer* que vale como lei. Encontramos em Eichmann a mesma *reductio ad hitlerum* que constatamos em Darré: se reduzirmos a humanidade ao povo alemão e a universalização à particularização racial, Kant é então, de fato, um precursor do nazismo.

Nada disso se sustenta, evidentemente, de tal maneira o pensamento do filósofo se vê privado de seu fundamento próprio. Que resta de Kant, além de um simples esqueleto?

Da formulação kantiana do imperativo moral, os nazistas deduzem um mero formalismo: a forma, que era significante em Kant, pois remetia à universalidade da razão e do gênero humano, já não passa de simples fórmula retórica — cômoda para expressar princípios genéricos — e familiar.

Além desse plágio formal e do uso formular do imperativo categórico, os teóricos nazistas não se sentem à vontade com Kant. Há naturalmente os que fazem referência a ele — pois a reverência é indispensável —, como Freisler, citado acima.

Paralelamente, há os hipócritas conscientes de que o são, como Alfred Rosenberg. Em sua *opus magnum*, *O Mito do século XX*, que pretendia ser a fundamentação filosófica do III Reich, Kant de fato é mencionado dezessete vezes (embora sejam setecentas páginas), mas são menções secas: Kant é "o mais sublime doutor da ciência do dever",[49] idealizado como herói da galeria dos grandes pensadores alemães, devendo ser festejado como tal, mas são declarações que se limitam a clamar no vazio uma admiração obrigatória e proclamar uma grandeza institucional, sem entrar minimamente nos detalhes da argumentação, sem expor nem desenvolver qualquer aspecto do pensamento kantiano. Jamais *O Mito* se confronta com Kant: limita-se a fazer pequenas genuflexões convencionais e rápidas diante da catedral de Königsberg. Mas a obra de Kant é repudiada por Rosenberg, que sabe muito bem o que está fazendo: sua obra é toda dedicada a destruir o conjunto dos fundamentos de uma visão *aufklärerisch* do mundo — individualismo, universalismo, liberalismo e toda a série dos correlatos, como parlamentarismo, direitos do homem e cosmopolitismo. Assim, o universalismo, para mencionar apenas ele e evitar citar a obra inteira, é repudiado como "irmão gêmeo do individualismo", estando portanto "excluído de toda consideração séria".[50]

Certos autores nazistas não se limitam a cortar a relva universalista sob o pé kantiano ao mesmo tempo em que se inclinam piedosamente diante do ícone filosófico; passam a se confrontar com Kant, apontando suas insuficiências, os postulados viciados e tentando protegê-lo sob as asas de um pensamento sadiamente *völkisch*. É o caso do médico Fritz Lenz, famoso autor de um compêndio intitulado *Hereditariedade*

---

49 A. Rosenberg, *Der Mythus des 20. Jahrhunderts, op. cit.*, p. 630.
50 *Ibid.*, p. 695.

*humana e eugenismo*⁵¹ (1932). Cheio de ideias filosofantes, o eugenista publica no ano seguinte o ensaio *A Raça como valor: a renovação da ética*,⁵² no qual o ex-combatente Lenz examina o significado axiológico da Primeira Guerra Mundial. Para ele, os alemães lutaram por um valor fundador, que era o *Volkstum*, ao passo que seus inimigos alegavam combater em nome da humanidade, ectoplasma metafísico executado por Lenz com amarga ironia:

> Antes da guerra [...], a humanidade inteira é que devia ser o fim mais elevado da ação moral. O problema, agora, era que a maior parte dessa "humanidade" nos enfrentava como inimigo e tinha tomado partido contra nós.⁵³

O soldado alemão tinha contra si "o fervoroso fiel da humanidade, que negava o valor do *Volkstum*",⁵⁴ único valor que valia a pena defender, contra o totem ilusório de um conceito oco. Mas esse valor justificaria que lhe fossem sacrificados tantos jovens, entregues ao sofrimento e à morte nas trincheiras e na lama da frente de batalha? Sim, pois o indivíduo, essa frágil base das éticas contemporâneas, não é nada diante do *Volk* e sua vida. Se ele se vai, a vida da raça permanece. No grande massacre da guerra, o que permanece como fonte de valor "só pode ser o orgânico no povo, cujo fluxo de vida percorre os milênios e cujos indivíduos não passam de frêmitos na superfície, que logo desaparecem".⁵⁵ Fritz Lenz reitera assim seu repúdio ao individualismo como fundamento possível da ética: é de fato "o povo como organismo [que] é nosso fim moral".⁵⁶ Contra as diferentes formas de individualismo e universalismo, todas ilusórias, Lenz propõe uma doutrina moral segura, o "gentilismo", do latim *gens*, que pretende traduzir, suavizando-o, o

---

51 F. Lenz, *Menschliche Erblichkeitslehre und Rassenhygiene*, op. cit.
52 Fritz Lenz, *Die Rasse als Wertprinzip: zur Erneuerung der Ethik*, Munique, Lehmann, 1933.
53 *Ibid*., p. 13.
54 *Ibid*.
55 *Ibid*., p. 15.
56 *Ibid*.

alemão *Rasse*: "Chamamos de gentilismo uma ordem de vida que coloca a raça no centro do direito e da moralidade."[57]

O texto de Lenz não é propriamente de uma espantosa originalidade, apenas se reapropria de ideias já banais no fim do século XIX, senão desde a Antiguidade: o vitalismo, o organicismo e uma forma de etnocentrismo transformada em princípio e fim da moral. Mais interessante aqui é que o médico especialista em ética oferece a quem estiver interessado os argumentos para desqualificar toda lei humana (jurídica ou moral) que fosse de encontro à lei da natureza, aquela que exige o desenvolvimento da vida — da vida do *Volk*. Se, por outro lado, "o povo como organismo" é "nosso *fim moral*", então não só o *Volk* é entendido em termos medicinais que vão permitir todo tipo de generalizações práticas, como também o *corpus* de valores morais é particular, e não universal — por isso é que frisamos o pronome possessivo "nosso". Verdade até o Reno, mentira além dele: todo universalismo é eliminado, e os vãos sonhadores da humanidade, do individualismo e dos direitos do homem são convidados a se mostrar mais modestos. É, portanto, com toda coerência que Lenz dispensa Kant: "Os deveres em relação ao povo e à raça, na medida em que são mais que a soma dos indivíduos, não podem ser deduzidos do princípio kantiano."[58]

Fim do processo? Não, pois Lenz, que não se conforma em abandonar Kant às margens de um *Aufklärung* condenado pela lógica, biologia e história, entra com um recurso. Houve um engano! Kant, com certeza involuntariamente, não queria dizer o que os adoradores da humanidade universal põem na sua boca. Segundo Lenz, Kant está muito mais próximo de Hitler que do presidente Wilson. Basta levar em conta que Kant, quando falava de fim em si e de individualidade, não visava nem a humanidade nem o indivíduo, mas a raça. Lenz tenta nos convencer disso em cinco longas e confusas páginas de sintaxe inextricável e vocabulário obscuro. Dessa caótica concatenação, o autor diz concluir: "As pressuposições de Kant, portanto, deviam necessariamente levar à nossa ética da raça."[59] Pura petição de princípio e constante paralogismo: tudo isso era mesmo necessário para

---

57 *Ibid.*, p. 9.
58 *Ibid.*, p. 28.
59 *Ibid.*, p. 33.

introduzir Kant no Walhalla do pensamento nazista sem se limitar a citá-lo, como que de passagem, no diapasão do que é simplesmente evidente. De fato existe um problema com Kant (como é que um pensador desse porte, um pensador alemão, foi capaz de se equivocar de tal maneira?): à leitura de Lenz, parece difícil e mesmo impossível resolvê-lo em termos nazistas.

Contra a evidência, há os que tentam forçar os conceitos, enquanto permanecem honestos com os textos. É o caso de Otto Dietrich, que exerce as funções de chefe da assessoria de imprensa do NSDAP desde 1931. Ex-combatente da Primeira Guerra Mundial, doutor em ciências políticas e leitor atento da imprensa estrangeira, Dietrich está entre os poucos que consideram que o nacional-socialismo, a exemplo do fascismo italiano, pode e deve ser exportado. Num pequeno ensaio muito kantianamente intitulado *Os fundamentos filosóficos do nacional-socialismo*, Dietrich, preocupado em tornar público, como jornalista, e em universalizar, como filósofo, lamenta que "o nacional-socialismo tenha sido privado até agora de uma língua internacionalmente compreensível".[60] Explicitar e expor os fundamentos "filosóficos" (termo usado em detrimento de "ideológicos", sem dúvida mais particularizante) do nazismo deve permitir remediar essa situação. O essencial é mostrar que o nazismo é uma resposta à "crise do individualismo que estamos vivendo hoje [e] que também é uma crise da filosofia individualista".[61] A centralidade do indivíduo, apresentado como fundamento da teoria do conhecimento, acarretou a balcanização da filosofia, que se transformou em "campo de batalha da especulação metafísica"[62] — metáfora que estranhamente lembra a arena mencionada por Kant no prefácio da segunda edição dos *Fundamentos da metafísica dos costumes*, embora nem este texto nem seu autor sejam citados.

Kant não é citado nesse arrazoado, embora muitos nazistas considerem que ele participa plenamente desse individualismo e desse esfacelamento do pensamento, e que sua teoria do conhecimento talvez até assinale o seu fim.

---

60 Otto Dietrich, *Die philosophischen Grundlagen des Nationalsozialismus — Ein Ruf zu den Waffen deutschen Geistes*, Breslau, Hirt, 1935, p. 6.
61 *Ibid.*, p. 14.
62 *Ibid.*, p. 15.

Na verdade, Dietrich de fato a menciona, mas para imediatamente deslocar o significado, por meio de um traço de união bem cômodo: "A genial teoria do conhecimento de Kant, que circunscreve o mundo da experiência às representações, conduz ao postulado da razão prática — à lei moral da comunidade."[63] Dietrich passa assim do epistemológico ao político, por um golpe de força lógico que o leva a introduzir a expressão "comunidade" (*Gemeinschaft*) num raciocínio onde ela não tem lugar. Com isto, o texto muda de objeto e de campo: o indivíduo, tal como era entendido antes pela filosofia (vale dizer, antes de 1933), era falsamente entendido. Dietrich afirma: "O homem não se revela a nós como indivíduo, mas como membro de uma comunidade",[64] e é como tal que as ciências do espírito (*Geisteswissenschaften*), e em primeiro lugar a filosofia, devem considerá-lo e estudá-lo. É nesse momento que se dá o segundo golpe de força, consistindo em escamotear um conceito para simplesmente, sem qualquer outra forma de processo lógico, substitui-lo por outro termo: "No lugar do pensamento individualista deve surgir o pensamento universalista, ou seja, o pensamento consciente da comunidade."[65]

A universalidade do gênero humano postulada e visada por Kant se reduz exclusivamente, assim, à comunidade popular ou racial (*Volksgemeinschaft*). Desse modo, em boa ortodoxia racista, universalismo é sinônimo de particularismo. Essa escamoteação é de tal modo maciça e surpreendente que o autor não pode se furtar a um esclarecimento, num parágrafo que postula e impõe o novo significado da palavra "universalista":

> Gostaria de frisar antes de tudo que o conceito de "universalista" que passarei a empregar não tem nada a ver com o conceito vago e absurdo de "sociedade humana" ou de "humanidade"; "universalismo" é aqui o contrário do individualismo, um conceito que adquire toda a sua realidade, não na "sociedade", mas na "comunidade".[66]

---

63 *Ibid*.
64 *Ibid*., p. 16.
65 *Ibid*., p. 17. Esta afirmação tem consequências na prática das ciências sociais. Ei-las aqui formuladas em termos sociológicos: "No lugar de uma representação mecanicista do mundo, [espera-se] uma representação universalista — ou, se preferirmos, organicista." (*ibid*.)
66 *Ibid*.

Goebbels se congratulava, em abril de 1933, por ter o nazismo conseguido "apagar 1789 da História". A revolução contra a Revolução é aprimorada por Dietrich, que, ao substituir a *Gesellschaft* do Contrato Social e do Iluminismo pela *Gemeinschaft* da biologia, refuta os conceitos de *menschliche Gesellschaft* e *Menschheit* que os nazistas desprezam como pensamentos mortos e de um humanitarismo artificial. O kantismo não é feito do mesmo material que os pensadores do século XVIII que julgavam poder emancipar a humanidade da hereditariedade, desvincular o humano da terra e libertar a identidade da raça. Não, a moral kantiana não é apenas compatível com a moral nazista — melhor que isso, Dietrich se considera autorizado a escrever sem pestanejar:

> A lei moral [*Sittengesetz*] de Kant — "Age de tal maneira que a máxima do teu querer a cada vez possa valer ao mesmo tempo como princípio de uma legislação universal" — é a formulação adequada e clássica da ética nacional-socialista.[67]

Mais forte ainda: embora Kant não se canse de insistir na educação como acesso do homem à sua humanidade e do sujeito moral à sua moralidade, Dietrich considera que a ética é um instinto — em outras palavras, que a moralidade no homem não é adquirida, mas inata: "É a natureza que lhe dá a consciência da comunidade, a consciência de um dever em relação à comunidade em que nasceu."[68]

Essa conclusão só pode ser formulada graças a adaptações e combinações espúrias que já reconstituímos no que têm de essencial e que deixam o leitor perplexo. A confusão entre os termos *universalistisch*, *gemeinschaftlich* e *organisch* é de tal ordem que o autor chega a formular o conceito de *universalistisch-organische Staatsauffassung*.[69] No registro literário, o oximoro seria agradável, mas num contexto analítico a vinculação dos dois termos resulta numa miscelânea conceitual propriamente delirante, um verdadeiro monstro nocional. Depois de repetir

---

67 *Ibid.*, p. 23.
68 *Ibid.*, p. 29.
69 *Ibid.*, p. 25.

que "o pensamento universalista postula a comunidade como princípio primeiro",⁷⁰ o autor conclui, aliviado, que "o espírito filosófico está de fato vivo na concepção do mundo nacional-socialista".⁷¹ Os astros estão alinhados: Kant e o pensamento do *Aufklärung* realmente pertencem ao patrimônio cultural alemão, que tem seu apogeu na *Weltanschauung* nazista, que se enobrece em tal companhia.

Se insistimos tanto no texto de Dietrich, foi por ele representar, até onde sabemos, a única tentativa de anexação total de Kant ao discurso nazista. A tarefa não era assim tão fácil, e só podia ser (mal) levada a termo mediante paralogismos e prestidigitações grosseiras, única maneira de deitar o filósofo no leito de Procusto da ideologia. Por isso, a empreitada permaneceu isolada, tendo sido muito criticada, notadamente por Alfred Rosenberg, que a fulmina no seu diário:

> O dr. Dietrich de uma hora para outra botou na cabeça que teria de postular os "fundamentos filosóficos" do nosso movimento, baseando-se nada mais nada menos que nessa ideia universalista que há anos estamos combatendo.⁷²

Assunto encerrado.

Quanto aos kantianos profissionais, os universitários especialistas em Kant, não podemos deixar de constatar que não foram muitos os que concordaram com o *aggiornamento* do pensamento do mestre. Prevalece na corporação um silêncio eloquente frente a esse uso instrumentalizado do pensador: *Kant-Studien*, a revista da prestigiosa Kant-Gesellschaft e equivalente alemão da *Revue de métaphysique et de morale*, publica entre 1933 e 1945 um único artigo sobre a ética kantiana, que no entanto trata de sua gênese, e não de seus desdobramentos contemporâneos. E, por sinal, o autor do artigo, o *Privatdozent* dr. Hans Reiner, lecionando em Halle, é o único kantiano profissional a publicar em revistas nazistas. Dá assim ao "educador de camisa parda" uma contribuição sobre "A ética kantiana à luz do

---

70 *Ibid.*, p. 29.
71 *Ibid.*, p. 37.
72 Citado em Volker Böhnigk, *Kant und der Nationalsozialismus. Einige programmatische Bemerkungen über nationalsozialistische Philosophie*, Bonn, Bouvier, 2000, pp. 37, n. 93, e 74.

conceito de honra"⁷³ e um artigo intitulado "A querela em torno do imperativo categórico", para a revista da Juventude Hitlerista, *Vontade e Poder*.

Outro kantiano publicou um ensaio de título promissor: com seu "Kant und die Gegenwart — Volkstümlich dargestellt" ("Kant e os dias de hoje — Ensaio de vulgarização", 1937), Hans Schwarz nacionaliza e biologiza o pensador da Prússia Oriental. O advérbio *volkstümlich* não indica uma simples vulgarização, como nossa tradução necessariamente fraca sugere, mas anuncia um Kant para a raça, para o *Volkstum*. Acontece que o texto claramente fica aquém do título. Schwarz salva o Iluminismo: para combater a tortura dos corpos e a extinção dos espíritos, a Igreja e a repressão, o *Aufklärung* opôs a liberdade germânica à sujeição católica romana.⁷⁴ Muito habilmente, o autor pinça assim a corda nacionalista e volta a acionar a luz alemã (liberdade, pensamento, Reforma) contra a noite romana. Mas avisa que não se deve confundir o *Aufklärung* germânico com o Iluminismo francês, e opõe a figura de Kant à de Voltaire, fortemente pejorativa:

> Coube ao autor trágico que servia ao rei Frederico, o Grande, solicitar os favores de Voltaire, que no entanto nada sabia de Goethe, Schiller e Kant, nem queria saber. O genial fogo-fátuo voltairiano, esse hábil especulador da bolsa que traficava divisas pelas costas de seu real mecenas, é o protó- e o arqué-tipo de um tipo intelectual que hoje em dia conhecemos muito bem.⁷⁵

Não seria possível contrastar melhor o sátiro desonesto vindo de Paris com o pietista ascético oriundo da Prússia Oriental. Desse modo,

> colocar Kant em pé de igualdade com os outros filósofos da sua época equivaleria mais ou menos a classificar Bach na mesma categoria que os autores de óperas bufas ou canções cômicas. Os esclarecimentos e as luzes que Bach, Goethe, Schiller e Kant

---

73 ID., "Kants Ethik im Lichte des Ehrgedankens", *Erzieher im Braunhemd*, nºs 12, pp. 278-282, e 13, pp. 306-308.
74 *Ibid.*, p. 12.
75 *Ibid.*, p. 20.

trouxeram ao seu povo e à cultura humana nada têm a ver com esse "Iluminismo".[76]

Para o nosso kantiano, não resta dúvida: o professor prussiano continua sendo o grande mestre da ética. Schwarz observa que se as concepções do mundo (*Weltbilder*) se sucedem inexoravelmente, o *Weltbild* biológico mal começa a balbuciar. Sobretudo no plano ético, "o darwinismo, de feliz memória, nos legou muito poucas coisas agradáveis em matéria de ética humana".[77] É interessante constatar que os peixes grandes comem os pequenos e que o homem, enquanto fenômeno, pertence a essa natureza e não escapa à sua necessária legislação. Mas "se coloca a questão de saber se essa regra do combate natural pode representar o único princípio e o único fim de uma ética humana".[78]

A questão é puramente retórica, naturalmente, pois nosso kantiano não hesita muito tempo para responder:

> Uma ética que tome a natureza como mestra deveria reconhecer o combate pela sobrevivência como condição necessária da vida, mas ao mesmo tempo não poderia perder de vista, como a própria natureza, a totalidade dos seres vivos,[79]

pois o homem, como fenômeno, está ligado "a tudo que vive, inclusive a fauna e a flora". Essas considerações bucólicas permitem ao autor introduzir o conceito de *Gemeinschaft*, pois o homem de fato vive numa "comunidade dos seres vivos".[80]

Schwarz pode assim tranquilamente nazificar Kant, glosando-o em termos bem conhecidos da retórica política dominante da época:

> O conceito kantiano de dever é intelectual e heroico. Os belos sentimentos, ainda os mais altruístas, não lhe parecem ser

---

76 *Ibid.*, pp. 20-21.
77 *Ibid.*, p. 13.
78 *Ibid.*, p. 121.
79 *Ibid.*, p. 122.
80 *Ibid.*

virtudes. Mas seu imperativo categórico contém o conceito de comunidade: "Age de tal maneira que a máxima do teu querer possa ao mesmo tempo valer como princípio de uma legislação geral."[81]

Mas a distorção textual é moderada, como vemos. A nazificação de Kant não vai além de alguns borrifos de marcadores semânticos da língua nazista ou de exercícios de retórica estereotipada, tão solenes quanto ocos.[82]

Ao longo do seu texto, o autor, que prometia um Kant alinhado com o *Volkstum* e os mestres da época, antes se empenha em defender Kant contra os darwinistas sociais e o racionalismo contra a moda do irracionalismo,[83] em uma investida mal disfarçada contra os soldados filosóficos do III Reich, que, a exemplo de Krieck e Bäumler, invocam o *Blut* e exortam a queimar livros, celebrando o bom senso vitalista contra a abstração judaica.

Se os kantianos se mostram prudentes, é a um jurista e filósofo do direito que devemos o enterro de primeira classe do filósofo de Königsberg. Numa publicação coletiva de universitários examinando as *Questões fundamentais da nova ciência do direito* (1935), o artigo de Karl Larenz, professor em Kiel, intitulado "Personalidade jurídica e direito subjetivo: sobre a atual mutação dos conceitos fundamentais do direito",[84] propõe-se a mostrar a inutilidade do conceito de pessoa jurídica e dissolver a noção de "direito subjetivo". Larenz formaliza com rigor um dos temas, no sentido quase musical do termo, do discurso jurídico nazista: o direito natural é um direito objetivo, uma ordem da vida e do

---

81 *Ibid.*, p. 127.
82 A conclusão oferece um belo exemplo disso: "A ética sublime e abstrata de Kant, que desperta além de toda forma ou regra a ideia moral do mais profundo do homem, está destinada a conferir sentido e aprofundamento à concepção do mundo contemporâneo, que se tornou historicamente tão rica" (*ibid.*, p. 178).
83 "Hoje em dia não se tem mais coragem de falar bem da inteligência e da razão, o 'racionalismo' é considerado morto e as pessoas se empenham em ser irracionais e pouco razoáveis" (*ibid.*, p. 126).
84 Karl Larenz, "Rechtsperson und subjektives Recht. Zur Wandlung der Rechtsgrundbegriffe", em Georg Dahm, Ernst Huber, Karl Larenz, Wolfgang Siebert, *Grundfragen der neuen Rechtswissenschaft*, Berlim, Junker und Dünnhaupt, 1935, pp. 225-260.

mundo, e não um direito subjetivo, um direito vinculado ao indivíduo pelo simples fato do nascimento.

Quando certos filósofos e juristas entendem por *Naturrecht* o "direito natural de" (viver, sobreviver etc.) implicado pelo fato de nascer ("natureza" e "nascer" têm a mesma origem etimológica nas línguas latinas), se equivocam. O *Naturrecht* é a legislação natural, o *corpus* de normas não obrigatórias, mas necessárias, que fazem com que aquilo que vive morra, o que é forte se imponha, o que é fraco desapareça etc. O contrassenso a respeito da expressão *Naturrecht* se deve aos pensadores individualistas que fizeram do indivíduo o sujeito do direito, e antes de tudo desse direito de nascimento que é o direito natural subjetivo. Ora, esse contrassenso se impôs como discurso jurídico dominante:

> A dogmática até então dominante considera a pessoa como titular possível de direitos e deveres, postulando assim uma equação entre a personalidade e a capacidade jurídica. Ela considera como pacífico que cada homem, como tal, e sem levar em conta sua filiação nacional-racial ou qualquer outra condição, é uma pessoa e, portanto, é juridicamente capaz.

Esse subjetivismo ao mesmo tempo jurídico e epistemológico é um problema, pois se por um lado reforça a noção de direito(s), por outro enfraquece a de dever,[85] e também porque leva a um igualitarismo universal: "A dogmática dominante vê todos os homens como iguais como pessoas, vale dizer, em relação à capacidade de serem titulares de direitos." O princípio da igualdade, portanto, é ao mesmo tempo postulado e consequência desse subjetivismo jurídico: "É assim que a igualdade se revela como o *a priori* ideológico do conceito abstrato de pessoa jurídica."[86] Não é por acaso que Larenz usa a expressão *weltanschauliches Apriori*, em vez de falar de postulado (*Postulat*) ou condição (*Voraussetzung*).

É de fato Kant que é visado aqui, não como fonte de todos os males jurídicos ou como Pandora filosófica, mas como aquele que,

---

85 *Ibid.*, p. 230, onde Larenz desenvolve esse aspecto.
86 *Ibid.*, p. 227.

com sua obra, sistematizou com maior rigor e vigor os vínculos entre pessoa, direito natural e direito positivo. Se traçarmos uma história *naturrechtlichindividualistisch*[87] do conceito de pessoa, vamos encontrar imediatamente Kant: ela foi produzida por esse "individualismo subjetivo-ético do direito tardio (Kant, o jovem Fichte)"[88] segundo o qual "o objetivo do direito seria a proteção da liberdade do homem [...]. Nesses postulados, identificamos antes de mais nada o individualismo ético da filosofia do direito de Kant".[89] Larenz nos convida a um trabalho de capinagem conceitual, pois "as raízes intelectuais dessa noção de direito subjetivo ainda hoje dominante são as mesmas do conceito de pessoa", ou seja, mais uma vez, "Kant".[90] Para ser rigoroso, Larenz descarta Kant.

Com base nesse breve estudo, podemos concluir sem risco nenhum que houve mau uso de Kant por parte dos nazistas. Era útil, e mesmo indispensável, incorporar o pensador — não do Iluminismo, mas o pensador alemão — para proporcionar à mensagem nazista a legitimidade cultural e, no caso, ética com que tanto se preocupavam seus acólitos. Alguns incorporaram Kant com conhecimento de causa, sabendo que o perverteriam: é reveladora a maneira como Dietrich subverte o conceito de universalismo para torná-lo sinônimo de comunitarismo. Outros citaram Kant em seus escritos por ignorância e por hábito, conscientes apenas de que não podiam ignorar essa figura do panteão do "pensamento alemão", embora Kant, justamente, não se visse como "pensador alemão". E outros, por fim, se reapropriaram de um formalismo inspirado pela máxima kantiana, um formalismo bem conhecido dos funcionários e militares prussianos e alemães, mas no caso esvaziado de seu sentido pelo uso não universal que dele era feito: em Kant, o formalismo não pode ser reiteração imitativa ou psitacística de uma fórmula vazia, e sim, no momento da sua formulação, consciência e até meditação das condições da sua validade. Nele, formalismo e universalismo avançam par a par, indissociáveis do ponto de vista lógico e metafísico.

---

87 *Ibid.*
88 *Ibid.*, p. 228.
89 *Ibid.*
90 *Ibid.*, p. 230.

Para abordar um Kant mais verídico, portanto, devemos nos fiar menos no processo de 1961 e nas declarações de Eichmann do que em outro processo, que teve lugar diante do *Volksgerichtshof* em Munique, em 1943. No processo da Rosa Branca, era acusado o historiador da filosofia Kurt Huber,[91] que fora professor de Sophie Scholl na Universidade de Munique. Perante os juízes, ele justifica sua atividade de resistência citando Kant e seu imperativo categórico.[92] Processo contra processo, citação contra citação. Contra Eichmann, que confunde "legislação geral" com "legislação universal", a declaração do filósofo Kurt Huber lembra que Kant dificilmente poderia ser usado para dar sustentação aos discursos e justificar as práticas de um particularismo tão radical (pois racial) e sem concessões quanto o nazismo.

---

91 Kurt Huber (1893-1943), nomeado professor extraordinário (*ausserplanmässig*) de filosofia na Universidade de Munique em 1940, foi condenado à morte a 19 de abril de 1943 e executado no dia 13 de julho seguinte.
92 Gereon Wolters, "Der Faschismus und seine Denker. Zur Philosophie des Dritten Reiches", *Deutsche Zeitschrift für Philosophie*, Berlim, Akademie-Verlag, nº 47, 1999, pp. 223-251, p. 249. O autor também cita o professor Julius Ebbinghaus, que participava em Marburg de atividades de resistência ao regime nazista. Como fonte da força moral necessária para tal atitude, ele também cita Kant, em carta a Hans Jonas: "Sem Kant, eu não teria sido capaz."

PARTE III
A REFUNDAÇÃO NORMATIVA: UMA NOVA MORAL, UM NOVO DIREITO

6
O "povo", princípio e fim do direito[1]

Povo de "poetas e pensadores", povo de filósofos, os alemães estão fartos das abstrações e cansados dos universais: em nome da humanidade e da civilização, outros povos entraram em guerra contra eles, fizeram-nos passar fome durante a Primeira Guerra Mundial e desmembraram seu país em Versalhes; em nome do cidadão e da justiça, levaram combates ao Reno, dizimaram o exército prussiano e submeteram o país a uma longa ocupação francesa, entre 1792 e 1815. As ideias abstratas, gerais e generosas são nefastas para a Alemanha. Por trás da máscara de uma falsa universalidade, elas servem a interesses muito particulares, os interesses das potências do Oeste (Grã-Bretanha, França, Estados Unidos), encarniçadas — da Guerra dos Trinta Anos ao plano Young, passando pela Revolução Francesa — em seu objetivo de prejudicar essa potência continental, enraizada e substancial que é a Alemanha.

Entre as duas guerras, essa vulgata pode ser lida nos escritos de muitos juristas, filósofos, jornalistas e historiadores alemães. A decepção de Versalhes, das promessas de paz não cumpridas, é de tal ordem que até os mais convictos defensores da Constituição de 1919, da Sociedade

---
[1] Versão remanejada de um estudo publicado com o título "Le 'peuple', principe et fin du droit : sur le droit national-socialiste", *Le Débat*, nº 178, janeiro-fevereiro de 2014, pp. 150-159.

das Nações e do "lento caminho para o Oeste"² cultivam nesse período uma prudente discrição.

Para os *völkisch*, os etnonacionalistas que antes de 1914 formavam as fileiras das ligas pangermanistas e preconizavam a total colonização da Polônia, a derrota de 1918 e a "paz" de 1919 são ao mesmo tempo um trauma e uma confirmação: as ideias que defendiam antes da guerra tendem a se transformar numa *doxa*, um esquema explicativo que confere sentido às desgraças enfrentadas pela Alemanha. O estrangeiro é hostil, suas ideias são maléficas e a Alemanha, potência central, só pode e só deve contar com ela própria e os recursos do seu sangue, do seu solo e da sua *Kultur*.

Essa virada "particularista" ou etnicista diz respeito em primeiro lugar aos valores e normas. No terreno da moral, a partir de 1919, incontáveis publicações estimulam a buscar no sangue e na substância racial alemã a gramática de uma prática "gentilista" que — segundo explica, por exemplo, o grande especialista em eugenismo Fritz Lenz — defenda a *gens* e deixe de visar uma ilusória e perigosa *humanitas*.³

No terreno do direito, muitos juristas sustentam que a origem e o fim das normas jurídicas são o *Volk*, e só o *Volk*. Meio fora de hora, pois desde o início do século XX a Alemanha parece renunciar a todo particularismo: a partir de 1900, o Reich dispõe de um BGB⁴ que, por seus princípios (o indivíduo, a igualdade formal), suas principais disposições (a propriedade, o casamento...) e a própria forma (a codificação), não podia evocar mais claramente o Código Civil francês;⁵ e por sinal, em julho de 1919 a Constituição de Weimar transforma a Alemanha em uma república irmã das democracias liberais do Oeste, lembrando, pelo poderio do seu Parlamento e do seu presidente eleito por sufrágio universal, a França de 1848 e a III República de 1871-1877.

---

2 Heinrich August Winkler, *Histoire de l'Allemagne, XIXᵉXXᵉ siècle. Le long chemin vers l'Occident* (2000), traduzido para o francês por O. Demange, Fayard, 2005.
3 F. Lenz, *Die Rasse als Wertprinzip*, op. cit.
4 *Bürgerliches Gesetzbuch*, literalmente, "Código de leis civis".
5 Jörn Eckert, "Das Bürgerliche Gesetzbuch", *em* Étienne François, Hagen Schulze (dir.), *Deutsche Erinnerungsorte*, t. II, Munique, Beck, 2001, pp. 519-534.

É exatamente o que os juristas *völkisch* contestam — e é precisamente a inversão dessa situação que os nazistas transformam em programa da sua "renovação do direito" (*Erneuerung des Rechts*).

De onde vem o direito?

Os juristas nazistas tratam, antes de tudo, de refutar os discursos que explicam a proveniência do direito em termos de fundação racional ou procissão transcendente. Para eles, o direito não se baseia na razão. Essa perigosa ilusão é promovida desde o Renascimento pelas doutrinas do direito natural racional, esse jusnaturalismo moderno que pretende transformar uma abstração ("o homem" ou "o indivíduo") em fundamento das normas jurídicas. Segundo os jusnaturalistas, o homem seria dotado por nascimento, vale dizer, por natureza, de direitos inalienáveis. Eles podem variar em número e conteúdo (segurança, propriedade etc.), mas o princípio é sempre o mesmo: pelo simples fato de terem nascido, os homens são sujeitos de direitos idênticos e iguais. A literatura jurídica nazista não se cansa de denunciar as quimeras sobre as quais repousa essa doutrina: o universalismo de um "homem" que é objeto de zombaria desde que Joseph de Maistre lembrou que raramente podemos cruzar com ele na porta de casa, o igualitarismo dos direitos acessíveis a todos pelo simples nascimento e o individualismo radical de uma cultura jurídica que faz de todo bípede um ser eminentemente respeitável. A ideia segundo a qual o nascimento fundamentaria uma essência, e de que essa essência deve ser respeitada em todo "homem" (mesmo sendo um retardado mental ou um criminoso), é do ponto de vista nazista uma estupidez que provoca a ironia mais insistente:[6] "Homens realmente?", perguntam incansavelmente os documentários,

---

6 A ironia como expressão da ditadura do fato, no discurso nazista, mereceria um estudo específico, assim como no discurso de qualquer ideologia que pregue uma ordem necessária. Se "é a natureza" ou se "não há alternativa", quem pretende discutir ou imaginar outra coisa é duramente ridicularizado. Hitler gostava de dizer, em essência, que qualquer um pode ser pacifista, mas também pode se suicidar logo depois.

artigos e panfletos produzidos durante o III Reich sobre os hospícios psiquiátricos e seus pacientes.

Quanto ao fundamento transcendente (de que a norma jurídica seria expressão de uma vontade divina), ninguém mais leva a sério essa tese nem perde tempo tentando refutá-la: nem o fervoroso católico Carl Schmitt, pensador do decisionismo desde a década de 1920, incorre no ridículo de invocar Deus como fundamento da cidade dos homens. Em compensação, é no terreno da normatividade moral, dos princípios éticos, que o cristianismo (em suas versões protestante e católica) representa um inimigo considerado ativo, perene e perigoso: a relação cristã com o corpo e a natureza, as normas que regem a reprodução e a relação com o outro são alvo de numerosos ataques de ideólogos e etnicistas dos mais diferentes tipos.

Explícitas ou subentendidas, as refutações dessas duas tradições normativas importantes no Ocidente (o jusnaturalismo e o cristianismo) deixam a norma jurídica órfã. Em que baseá-la, ou melhor, onde enraizá-la? Para os juristas nazistas, trata-se menos de basear na razão que de narrar uma origem, menos de desenvolver uma lógica da norma que de expor uma genealogia. Para eles, o direito procede do *Volk* — entendendo-se que não se trata de uma dedução lógica, mas de uma procissão genealógica, de uma emanação ou secreção substancial, orgânica.

Para explicar a origem da norma, os juristas nazistas propõem uma narrativa histórica ambiciosa e de longo fôlego. Em sua preocupação de dotar os valores e imperativos novos de uma base sólida, eles pretendem encontrar o novo no antigo e revelar o arquétipo no arcaico. Todo jurista que se respeite deve ser um etnólogo, explica o historiador do direito Eberhard von Künssberg, professor na Universidade de Heidelberg.[7] Em um trabalho de 1936 sobre a *Etnologia jurídica*,[8] Künssberg afirma que "a ciência do direito e a etnologia têm em parte o mesmo objeto".[9] Repetindo a ladainha nazista segundo a qual "nas épocas mais antigas, não é possível distinguir os costumes do direito nem o uso popular do

---

[7] Renomado professor de história do direito e nacional-socialista fervoroso, apesar de casado com uma judia, ele era editor do *Deutsches Rechtswörterbuch*. Insurgiu-se contra as disposições das leis de Nuremberg de 1935.
[8] Freiherr Eberhard von Künssberg, *Rechtliche Volkskunde*, Halle, Niemeyer, 1936.
[9] *Ibid.*, p. 1.

uso jurídico",¹⁰ ele atribui aos juristas a missão de resgatar "o direito que está enraizado nos costumes do povo".¹¹ Desse modo, a etnologia jurídica estuda os "costumes jurídicos vivos" e se propõe a "reuni-los" para "codificar o direito do povo e defendê-lo contra o direito escrito, coagulado, estrangeiro".¹² Somente com essa condição a ciência do direito poderá se arvorar em "um estudo do direito vivo".¹³

A renovação do direito requer, portanto, que sejam resgatadas as normas mais antigas, mas arcaicas, mais esquecidas — imitando assim os pioneiros de uma disciplina que, no século XIX, foi capaz de colher na própria boca do povo os contos e lendas que expressavam a milenar sabedoria étnica e ética. Künssberg lembra que Jacob Grimm, compilador dos contos que levam seu nome, foi "um modelo importante das ciências jurídicas e da etnologia".¹⁴ Como Lutero, que foi ouvir a língua alemã "na boca do próprio povo", ou os irmãos Grimm, "os juristas devem se preocupar com as concepções jurídicas mais antigas do povo e ir resgatá-las justamente onde estão cobertas de entulho ou desfiguradas".¹⁵ Etnólogo e compilador de contos, o jurista também deve ser arqueólogo e restaurador: precisa escavar, descobrir e restituir a norma imemorial. Só assim a norma jurídica será, para retomar o vocabulário nazista, *volksnah*, "próxima do povo", *volksverbunden*, "ligada ao povo", ou seja, *lebensnah*, "próxima da vida".

Esse imperativo e esse ideal normativo são solidários de uma antropologia particular, própria do racismo nazista: a raça não muda, é sempre ela mesma em suas qualidades físicas e psíquicas, desde a origem. Se foi corrompida ou alienada por aportes externos, é possível realizar operações eugênicas restauradoras que separem o estrangeiro e restabeleçam a autenticidade biológica da raça. O mesmo ocorre no terreno cultural: a cultura da raça nórdica é uma expressão do seu sangue. As normas jurídicas mais arcaicas, que são as mais próximas do nascimento

---

10 *Ibid.*
11 *Ibid.*, p. 2.
12 *Ibid.*, p. 3.
13 *Ibid.*, p. 6.
14 *Ibid.*
15 *Ibid.*, p. 7.

do povo alemão, logo, de sua natureza, de sua essência, são as melhores, por serem as mais puras e menos alienadas. Nesse sentido, são as expressões mais imediatas de sua vida e de sua normatividade biológica: são, portanto, elas que melhor servem a essa vida. O jurista deve, então, ser o arqueólogo da norma, resgatando por baixo dos sedimentos acumulados e dos depósitos do tempo a norma tal como é, justa expressão de uma vida natural, momento feliz em que a lei dos homens era a transcrição fiel da lei da natureza. Se os germanos, por exemplo, praticavam a poligamia em tempos passados, cabe interessar-se por essa prática e se questionar, por outro lado, quanto à norma monogâmica, imperativo judeo-cristão que nada tem de inocente.[16]

Direito e biologia, norma e vida, autenticidade cultural e eugenia estão, portanto, ligados. Ninguém entendeu isso melhor que Heinrich Himmler, chefe da SS, que criou no *Ahnenerbe* (o centro de pesquisas da SS) um departamento de "história do direito indo-germânico-alemão", cujas atividades se traduzem em numerosos artigos na revista *Germanien* e várias coleções e séries editoriais.[17]

O exemplo do *Ahnenerbe* nos mostra claramente que as reflexões dos juristas sobre a norma não são arte pela arte nem um exercício de pura erudição. Para os altos dirigentes do regime, que no programa do NSDAP em 1920 declaravam querer restaurar "o direito comunitário alemão" tradicional (art. 19), resgatar a cultura normativa original da raça nórdica é uma questão política decisiva: só vivendo de acordo com suas próprias normas, aquelas que são benéficas à sua vida e ao seu desenvolvimento, é que a raça nórdica poderá alcançar a perfeição biológica e a eternidade da espécie — condições da sua sobrevivência pura e simples.

---

16 Cf. em especial Richard Walther Darré, *Neuordnung unseres Denkens*, Goslar, Blut und Boden, 1940, e Claudius Freiherr von Schwerin, "Zum Problem der germanischen Ehe", *Zeitschrift der Akademie für deutsches Recht*, 5, 1938, pp. 529-532. Cf. também o capítulo VIII deste livro.

17 Michael H. Katter, *Das "Ahnenerbe" der SS, 1935-1945. Ein Beitrag zur Kulturpolitik des Dritten Reiches*, Stuttgart, Deutsche Verlags-Anstalt, 1974.

O "bom senso popular" como nova fonte do direito

Como fazer para que o direito sirva à vida do povo? É preciso antes de tudo reabilitar o afeto (o "bom senso" ou "instinto", assim como toda forma de emoção, como a "justa raiva" ante um crime revoltante) como via de acesso à norma. O direito antigo, herdado da grande *Rezeption* do direito romano e eclesiástico, na Idade Média, e mais tarde do que foi importado pela Revolução Francesa, valorizava excessivamente a razão. O que importa, ante o raciocínio dos advogados e a exegese erudita dos juízes prisioneiros dos próprios códigos, é reabilitar o afeto: o direito é antes de tudo uma questão de sentimento, de vivência — em suma, de instinto. Assim como todo animal sabe o que é bom para ele, independentemente de qualquer intelecção, o animal germano-nórdico deve poder saber sem esforço de reflexão e sem meditação da consciência o que é necessário à sua vida e à dos seus. Esse conhecimento instintivo — literalmente imediato — do que é bom e do que convém fazer constitui um direito inconsciente, "não formalizado", como diz Karl Larenz, que o opõe ao direito redigido e coagulado dos códigos. Dissertando aqui sobre *O objeto e o método do pensamento racista do direito*,[18] Larenz frisa que só esse "direito não formalizado" é "adequado à evolução permanente das condições da vida", ao "fluxo do ser".[19]

Para se aproximar dessa sabedoria da raça, é necessário, em termos epistemológicos e disciplinares, romper sem hesitação com o "positivismo" jurídico que considera o direito como um sistema lógico de normas deduzidas umas das outras. A codificação e a matematização são obra dos judeus, povo da Lei, povo abstrato e sem raízes, que nunca encontrou outra pátria senão seus textos, seus decálogos, deuteronômios e outras proibições. Os germanos, por sua vez, têm a eternidade do seu solo e do seu sangue para se tranquilizar: não têm medo da evolução plástica permanente da vida, neles e ao seu redor, e enfrentam o futuro com

---

18 Karl Larenz, *Über Gegenstand und Methode des völkischen Rechtsdenkens*, Berlim, Junker und Dünnhaupt, 1938. Sobre o "direito não formalizado", cf. pp. 14-15.
19 *Ibid.*, pp. 12-13.

destemor. Sabem que a vida é mutável e se pautam num direito plasmático (pois inconsciente, saído do seu sangue) e plástico (pois dinâmico).

Em termos de procedimentos, em seguida, é necessário adotar métodos judiciários completamente diferentes: o juiz não pode mais ser "a boca da lei", como determinavam Montesquieu e o Iluminismo. O juiz precisa voltar a dizer plenamente o direito, baseando suas decisões na única fonte válida: o povo, sua cultura normativa, seus usos e máximas.

Para isso, poderá tomar como referência o programa do NSDAP, transformado em fonte do direito, assim como as ordens do *Führer*, pois quem melhor que o partido nazista e seu chefe para expressar as necessidades vitais do povo? Quem, melhor que eles, entendeu as leis da biologia e da história? Quem sabe melhor como o povo alemão pode sobreviver e prosperar? Assim, os juízes estarão autorizados a motivar suas sentenças remetendo ao programa do partido ou à "vontade do *Führer*" (*Führerwille*), expressa nos decretos e discursos do chefe.

A renovação do direito alemão, então, passa menos por uma nova produção normativa do que pela interpretação, por parte dos juízes, do *corpus* já existente de leis e decretos. E, por sinal, o que o historiador do direito Bernd Rüthers chamou de "interpretação infinita"[20] corresponde melhor ao espírito do direito nazista: o texto é sempre suspeito, pois, congelado e fixado, não acompanha o movimento da vida. Já a interpretação infinita permite adaptar permanentemente o direito às condições de existência do povo alemão. Professor de direito civil na Universidade de Leipzig, Hans-Otto de Boor não se escandaliza com essas invocações mágicas da "vida" e do "movimento", encontrando nelas, muito pelo contrário, méritos epistemológicos e práticos. Em um ensaio sobre *O método do direito inglês e a reforma do direito alemão*, de Boor esclarece que a renovação do direito tem por fim "restabelecer o vínculo entre o povo e o direito, vínculo que foi rompido".[21] Cabe, portanto, renunciar futuramente a toda "codificação", pois esta, entendida "como uma ordem jurídica perfeita, pensada, sem lacuna, da qual se poderia deduzir uma

---

20 Bernd Rüthers, *Die unbegrenzte Auslegung. Zum Wandel der Privatrechtsordnung im Nationalsozialismus* (1968), Tübingen, Mohr, 2005.
21 Hans-Otto de Boor, *Die Methode des englischen Rechts und die deutsche Rechtsreform*, Berlim, Vahlen, 1934, p. 1.

decisão para cada caso específico [...] afasta-se da vida viva [sic] do povo".²² O direito consuetudinário — logo, não escrito — e a prática inglesa da jurisprudência parecem ao nosso professor de direito e de processo civil um modelo a se seguir, pois essa "tradição é essencialmente germânica, e portanto decorre das fontes nas quais devemos voltar a nos abeberar",²³ as fontes da raça nórdica original.

Na criação pretoriana do direito, o juiz terá de se referir a uma terceira fonte. Além do programa do NSDAP e da vontade do *Führer*, ele precisará se inspirar no "bom senso popular". Estaríamos entrando no terreno do aproximativo, do arbitrário e do simplesmente bizarro? Em absoluto: o conteúdo do conceito é especificado exaustivamente em decisões judiciárias, mas também em artigos doutrinários, comentários de sentenças e até teses de doutorado. Em 1940, o juiz administrativo Robert Barth apresenta na faculdade de direito da Universidade de Hamburgo uma tese sobre *O bom senso popular no direito penal*. Apesar de reconhecer o caráter vago do conceito, o doutor *in spe*²⁴ se empenha em defini-la com precisão, de maneira rigorosa e lógica. Começa lembrando que se um dia o princípio e o fim do direito eram o indivíduo, agora, desde 1933, eles são a *Volksgemeinschaft*, a comunidade do povo, que é uma "comunidade do sangue".²⁵ Dessa "comunidade biológica [...] provêm caracteres espirituais idênticos, sentimentos morais e valores éticos comuns",²⁶ pois sabemos que toda cultura procede de uma biologia e que é o sangue que dá origem aos valores e imperativos morais de todo tipo.

O sangue secreta espírito, norma e valor. Por outro lado, não devemos esquecer, e os nazistas não se cansam de repeti-lo, que o indivíduo só existe por e para a *Volksgemeinschaft*. É "do povo [...] que cada *Volksgenosse*²⁷ particular extrai o sentido e a força de sua vida".²⁸ Na prática

---

22 *Ibid*.
23 *Ibid*., p. 2.
24 O "futuro doutor". [N. T.]
25 Robert Bartsch, "Das 'gesunde Volksempfinden' im Strafrecht", tese de doutorado, Universidade de Hamburgo, 1940, p. 12.
26 *Ibid*.
27 Optamos por deixar em alemão esta palavra que só pode ser traduzida por uma perífrase: "membro da comunidade popular/racial/biológica".
28 R. Bartsch, *Das "gesunde Volksempfinden" im Strafrecht, op. cit.*, p. 13.

policial ou judiciária, assim, não se terá qualquer consideração com o indivíduo se a comunidade do povo estiver sob ameaça. Para o autor, assim como para a totalidade dos juristas nazistas, existe uma situação de exceção jurídica permanente determinando que a raça, constantemente ameaçada, seja protegida sem descanso. No passado, uma "justiça formal" inepta impedia que fossem tomadas as medidas necessárias. Respeitavam-se ideias ultrapassadas como o princípio da legalidade (não pode haver pena sem lei) ou o da não-retroatividade, sutilezas formais que transformavam o juiz num glosador escolástico entravado pelas frases dos códigos. O direito, o verdadeiro direito, não pode ser reduzido à lei escrita. A partir de agora a "justiça material" cuida da substância biológica do *Volk*, protegendo-a. A missão do juiz é punir tudo aquilo que atente contra a vida da raça, ainda que o ato em questão não seja formalmente identificado como contrário a uma lei escrita existente:

> A violação do direito não se limita, na concepção nacional-socialista do direito penal, às contravenções exteriores às leis, mas consiste em uma ofensa à vida da comunidade racial, em qualquer ataque contra a comunidade do povo, em todo tipo de atentado aos fundamentos da vida da raça.[29]

Acontece que o povo sabe identificar o que pode atentar contra a sua vida. O juiz então vai recorrer ao bom senso popular, que, em alemão, é o *gesundes Volksempfinden*. Nesse "sentimento sadio do povo", temos de novo o *Volk*, único nomóteta[30] válido, o sentimento (*Empfinden*), e não a razão, e esse conceito de saúde (*gesund*) transformado pelos nazistas em imperativo e método político, sendo os dirigentes do Estado e a polícia muitas vezes definidos como médicos do corpo racial. Sem exagerar na insolência, o autor confia a tarefa de definir o conceito ao ministro da Justiça do Reich, Franz Gürtner, e a seu secretário de Estado, que passa a presidir o tribunal do povo, Roland Freisler, para quem o

---

29 *Ibid.*, p. 14.
30 Na Grécia Antiga, integrante da comissão de ex-juízes encarregados das revisões e inovações da legislação existente. [N. T.]

bom senso popular nada mais é que a faculdade de "formular bem os interesses do povo".³¹

Essa noção de "bom senso popular" autoriza a ideia de que o *Volk* é o único legislador, ainda que inconscientemente: ao viver o fato, o povo produz a norma, de tal maneira que o simples relato descritivo dos costumes do povo — a cargo dos etnólogos, dos *Volkskündler*, por exemplo — sempre é por si só prescritivo. O direito não tem por vocação impor ao povo normas abstratas ou estrangeiras, mas deduzir da vida do povo as normas que regem a sua vida. O trabalho do "legislador" (*Führer*, NSDAP, Reichstag...) consiste menos em imaginar normas do que em observar e transliterar. Verdadeiro escrivão do espírito do povo (*Volksgeist*), ele faz com que o que era inconsciente se torne consciente, o que era costume ou provérbio se transforme em regulamento ou lei, o que era fato passe a ser direito. Carl Schmitt refere-se ao direito como uma "ordem concreta"³² — uma ordem normativa deduzida do real —, ao passo que seu colega Karl Larenz expõe sem rodeios a seguinte equação: "O direito [...] significa [...] a ordem real da vida do povo."³³Em tais condições, o jurista tem uma tarefa bem delimitada: "Extrair da comunidade essa ordem imanente que lhe é específica [...] é a função do direito."³⁴

"O direito é aquilo que serve ao povo"

Esse novo direito é de natureza muito diferente dos sistemas normativos com os quais pretende romper. A primeira característica do direito nazista é, muito logicamente, um particularismo reivindicado e assumido. São numerosos os textos afirmando que, ao contrário do "bolchevismo", do cristianismo ou do fascismo, o nacional-socialismo por definição não tem vocação para a

---

31 *Ibid.*, p. 30.
32 Olivier Jouanjan, "'Pensée de l'ordre concret' et ordre du discours 'juridique' nazi: sur Carl Schmitt", em Yves-Charles Zarka (dir.), *Carl Schmitt ou le mythe du politique*, PUF, 2009, pp. 71-119.
33 K. Larenz, *Über Gegenstand und Methode des völkischen Rechtsdenkens, op. cit.*, p. 27.
34 *Ibid.*, p. 28.

universalidade, que ele vale única e exclusivamente pela e para a raça que lhe deu origem e o cultiva como condição de sua sobrevivência biológica. Como todas as criações culturais, as normas morais e jurídicas são produto de um sangue e só valem para ele: o que é bom para um ariano não é para um eslavo — a História vai se encarregar de demonstrá-lo — e o que é bom para um alemão pode ser nefasto para um francês. Como todo produto do espírito — vale dizer, do sangue —, a norma é local, pois é étnica.

Segundo o juiz Falk Ruttke, membro da SS e grande pensador das leis eugenistas de julho de 1933, cada nação e cada raça têm o seu *Rechtsstil*, seu estilo normativo e jurídico — especialmente os dois antagonistas históricos que são a raça germano-nórdica e seu inimigo judeu. Em uma mesa-redonda sobre "A judiaria nas ciências jurídicas"[35] promovida por Carl Schmitt em 1936, o advogado do NSDAP Hermann Schroer se estende em longa exposição sobre "a relação do judeu com a lei",[36] repetindo o que podemos encontrar em mil outros textos da época: que o judeu não só cria leis que faz passar por universais quando são do seu interesse como criou o próprio conceito de lei.

Ser disforme e incompleto, constrangido na realidade da vida, o judeu criou uma ficção normativa, um mundo de texto e papel que possa dirigir e governar, uma tinta que tem a finalidade de envenenar o sangue dos outros. Sabendo-se fraco e inferior, ele sempre se preocupou em inventar os mais variados tipos de ficções universalistas e compassivas que o protegessem da grande luta zoológica e darwiniana pela sobrevivência — o cristianismo, os "direitos do homem" e, sobretudo, o bolchevismo. Ser realizado e imediato, o homem nórdico, por sua vez, não precisa de uma tela normativa entre ele e o mundo, de nenhuma lei para protegê-lo do direito — o direito da natureza, o direito à vida do mais forte, que garante sua sobrevivência e consagra sua supremacia.

Estritamente particularista, o direito nazista é egoísta na sua desconfiança — o que os nazistas assumem perfeitamente durante a guerra, a partir de 1939. A relação das autoridades alemãs com as populações e os territórios

---

35 C. Schmitt (dir.), *Das Judentum in der Rechtswissenschaft*, op. cit.
36 Hermann Schroer, "Das Verhältnis des Juden zum Gesetz", em C. Schmitt (dir.), *Das Judentum in der Rechtswissenschaft*, op. cit., pp. 18-25.

ocupados — especialmente no Leste — evidencia a constante preocupação de transformar a sobrevivência biológica do povo alemão em imperativo absoluto, em detrimento da sobrevivência dos povos dominados. Predação é a palavra-chave dessa política, que visa garantir o abastecimento da única humanidade digna do nome, ainda que o resto da Europa tivesse de passar fome.[37] Práticas semelhantes são inconcebíveis sem o claro rompimento com o princípio de humanidade (no duplo sentido de universalidade e compaixão) evidenciado na refundação normativa nazista.

Fundada pela e para a raça, essa ordem normativa é, mais uma vez muito logicamente, holística e não individualista.

Juristas, ideólogos e etnicistas amaldiçoam os "cento e cinquenta anos de erros" (Rosenberg) e de infelicidade egoísta inaugurados pela Revolução Francesa. A ficção jusnaturalista de um indivíduo atômico, dotado de direitos por natureza, essência e nascimento, é uma aberração constantemente denunciada na Alemanha a partir de 1933. Como escreve, entre muitos outros, o constitucionalista Ernst Rudolf Huber,

> não existe um "indivíduo" que estaria habilitado a viver e cuidar dos próprios interesses espirituais e materiais, separado da comunidade racial e livre de todo vínculo político. Não existe liberdade pessoal, pré ou extraestatal, a ser respeitada pelo Estado no indivíduo. No lugar desse indivíduo isolado, vemos um membro da comunidade do povo, em seu posto, com sua função.[38]

Seria possível objetar que tudo isso é perfeitamente banal sob céus totalitários. No caso nazista, a coisa vai mais longe: não é apenas o "indivíduo" que é anulado em nome da "comunidade", mas o próprio conceito de "personalidade jurídica" (*Rechtsperson*). A personalidade jurídica, produto da húbris individualista, gozava de direitos absolutos pelo simples fato do nascimento. Para os juristas nazistas, não existem direitos absolutos, mas direitos eminentemente

---

37 Cf. o exemplo da Bielorrússia, analisado em Christian Gerlach, "Kalkulierte Morde. Die deutsche Wirtschafts- und Vernichtungspolitik in Weissrussland 1941 bis 1944", tese de doutorado, Hamburgo, Hamburger Edition, 1999.
38 Ernst Rudolf Huber, "Die Rechtsstellung des Volksgenossen", *Zeitschrift für die gesamte Staatswissenschaft*, 1936, pp. 438-475, p. 440.

relativos, por remeterem à raça: a *Rechtsperson* desaparece em benefício da *Rechtsstellung im Volk*, da posição jurídica no seio do povo. Desse modo, não se trata mais de estatuto (estático e absoluto), mas de situação (mutável e relativa). Em artigo de grande clareza, Karl Larenz descarta secamente o mundo antigo, o mundo do *jus naturale* e da Revolução Francesa:

> Não é como indivíduo, homem ou titular de uma razão abstrata e geral que eu tenho direitos e deveres, assim como a possibilidade de formar vínculos jurídicos, mas como membro de uma comunidade que forja pelo direito a sua forma de vida — como membro da comunidade racial. O *Volksgenosse* só é uma personalidade concreta na qualidade de ser vivo na comunidade.[39]

A situação jurídica é um fato racial — já está claro, pois todos os alógenos raciais são excluídos do perímetro do direito —, mas também de gênero e profissão. Em outras palavras, a *Rechtsstellung* é definida pela função do sujeito no seio da comunidade do povo: o sexo, que determina o papel na procriação e na subsistência da família, define uma função social e, consequentemente, os direitos e deveres ligados a essa função, assim como a profissão exercida.

Professor de Direito Civil na Universidade de Berlim, encarregado pelo Ministério da Justiça de trabalhar num *Volksgesetzbuch*, um código de lei do povo para substituir o amaldiçoado Código Civil, Justus Hedemann não esconde que

> o direito das pessoas será completamente revisto. Não vai se basear em conceitos abstratos como "capacidade jurídica" ou "menoridade jurídica", como fazia o Código Civil de 1896, mas partirá da situação concreta do *Volksgenosse* na comunidade do povo.[40]

O autor lembra que a mulher, por exemplo, não goza de um direito absoluto de trabalhar, como levava a crer uma recente época de decadência.

---

39 K. Larenz, "Rechtsperson und subjektives Recht", art. citado, pp. 225-260, p. 241.
40 Justus Wilhelm Hedemann, *Das Volksgesetzbuch der Deutschen. Ein Bericht*, Munique, Beck, 1941, p. 37.

Neste caso particular, como em todos os outros, é necessário avaliar a partir da natureza e da vocação biológica dos indivíduos: a situação jurídica da mulher é definida e constituída por sua função biológica de genitora da família e matriz da raça. Ela só será autorizada a trabalhar, portanto, em casos excepcionais (esterilidade, impedimento dos homens mobilizados na frente de guerra...). Esta disposição de direito privado deverá imitar a feliz iniciativa tomada pelo Estado, que em sua reforma do estatuto da função pública impediu que dela participassem os judeus, já em 1933, evidentemente, mas também as mulheres em 1937.

O que se aplica ao sexo e à raça se aplica também às profissões: assim como um judeu não é um ariano e uma mulher não é um homem, um policial não é um professor, um camponês não é um concessionário de automóveis. Em seus numerosos ensaios e artigos de teoria do direito, Roland Freisler ataca a abstração mortífera do antigo direito, que pensava abstratamente em termos de "pessoas", "coisas" e conceitos genéricos aos quais se pespegava um sufixo "dade", como em "propriedade". Freisler questiona a patologia judaica que consiste em estabelecer uma equivalência entre o ariano e o negro através do conceito de "pessoa", ou equiparar uma tampa de caneta à colheita do feno debaixo da mesma noção de "coisa". O vínculo entre essas duas abstrações, ab-solutas (no sentido etimológico da palavra), é ele próprio um vínculo abstrato, o vínculo da "propriedade" que consiste na faculdade de usar, abusar e fazer frutificar a sua coisa. Ora, diz Freisler, esses conceitos e essa relação são uma loucura. O exemplo que ele costuma invocar é o do camponês: pelo direito antigo, ele possui sua colheita e, portanto, pode fazer dela o que bem quiser — por exemplo, queimá-la, se tiver vontade. Com esse exemplo forte, Freisler mostra o absurdo de um sistema jurídico individualista e abstrato: "A comunidade do povo participa de tudo [...]. Essa participação é moral e cultural, tanto quanto política: a instituição cultural da propriedade tem, portanto, uma finalidade bem precisa",[41] que é servir ao *Volk* garantindo sua sobrevivência, ou pelo menos protegendo sua existência.

---

41 R. Freisler, *Grundlegende Denkformen des Rechts im Wandel unserer Rechtserneuerung, op. cit.*, p. 26.

Assim como a propriedade não é um direito absoluto, assim também o camponês não é um indivíduo desvinculado do seu *Volk*: ele tem como função alimentá-lo. A destruição de uma colheita, portanto, passa a ser um crime:

> Botar fogo na própria granja e destruir sua colheita é permitido pela nossa ordem jurídica atual [...]. Considerando que isto constituía uma atividade prejudicial ao povo, nosso direito penal de guerra a proibiu [...]. Não se pode fazer o que bem se quiser com aquilo que se possui.[42]

A função social do camponês é, portanto, constitutiva de uma "situação jurídica" (*Rechtsstellung*) definida por direitos e deveres precisos, que não são os mesmos do professor, do contador ou do soldado. E no fim das contas todos — qualquer que seja a função atribuída pelo sexo, a conformação física ou a profissão — estão a serviço da comunidade do povo, e o direito está aí para assegurá-lo.

É o que resume uma máxima forjada por Hans Frank, ex-advogado do NSDAP, a partir de 1933 "*Führer* do direito no Reich" (*Reichsrechtsführer*) e futuro governador geral da Polônia: "O direito é aquilo que serve ao povo" (*Recht ist, was dem Volke nützt*). Incansavelmente repetida e citada, a máxima qualifica uma concepção nazista do direito marcada pelo holismo (o indivíduo só adquire sentido e existência na e pela comunidade), o particularismo (a norma só vale pela e para a raça nórdica) e por um utilitarismo assumido, reivindicado: o direito é um instrumento a serviço da vida e do desenvolvimento da raça. Melhor ainda, mais que um instrumento, ele é uma arma legitimamente usada pelo povo alemão em uma guerra biológica que lhe foi declarada há milênios.

---

42 *Ibid.*, p. 25.

7

A ordem internacional: o "combate" contra o Tratado de Versalhes[43]

A palavra *Diktat*, de origem francesa, exprime por si só a rejeição, pela maioria dos alemães na época, de um tratado de paz que lhes foi imposto e cujas condições eram particularmente duras para o país: rejeição porque um tratado deve ser consentido, e não ditado, tanto mais que o termo alemão (*Vertrag*) é a transposição de um vocábulo de direito civil (*contrato*) para o terreno do direito internacional. Exatamente como um contrato, um tratado é expressão de um consentimento mútuo, livre e esclarecido das duas partes, e não resultado de uma ameaça unilateral. Mas a palavra *Diktat* não resume sozinha as críticas direcionadas ao Tratado de Versalhes.

Cabe esclarecer logo de entrada que essas críticas não partiam exclusivamente dos nazistas: em toda a Europa, muitos lastimaram a maneira como o tratado foi elaborado, as condições em que foi assinado e o conteúdo de suas disposições. Quem mais se notabilizou nesse sentido foi John Maynard Keynes, que num ensaio de extrema severidade afirma já no título (*As consequências econômicas da paz*, 1919) que nem só as

---

43 Versão remanejada de um estudo publicado com o título "Les juristes nazis face au traité de Versailles (1919-1945)", *Relations internationales*, nº 149, janeiro-março de 2012, pp. 73-88.

guerras têm consequências, mas que certas formas de paz, muito semelhantes à guerra, podem acarretá-las também.

Integrante da delegação do Reino Unido na Conferência de Paz de Versalhes, na qualidade de assessor econômico, Keynes estava em posição privilegiada para observar as partes em entendimento, suas estratégias e defesas. Ele é, então, um dos primeiros a denunciar a derrota de Wilson, idealista de boa vontade, mas ignorante das realidades europeias, frente ao sonso Clemenceau, velho pontífice maquiavélico, astuto quando se trata de fazer valer os interesses da França e arrancar dos vencedores a humilhação do vencido: Clemenceau, o homem do passado, acerta as contas de 1871 em vez de preparar o futuro.

Keynes não é o único a criticar o tratado: na França, a direita protesta pela pena de Jacques Bainville (*As consequências políticas da paz*), que o considera brando demais, ao passo que a esquerda humanista se contorce de indignação pela voz de Anatole France, por considerá-lo duro demais. As críticas a Versalhes são universais no espaço e no tempo: muitos historiadores julgam com severidade o tratado de 28 de junho de 1919, embora alguns, considerando o contexto e a dinâmica interna das negociações, tendam a reavaliá-lo.[44]

Na Alemanha do entreguerras, a literatura sobre o Tratado de Versalhes é mais que abundante, além de multiforme: artigos e ensaios jurídicos, manuais escolares, panfletos, artigos de imprensa, romances e memórias põem em palavras o que outros vetores expressam pela imagem (cartazes, cartões-postais, ilustrações pedagógicas etc.) e pelo filme (atualidades cinematográficas, ficções). Nessa massa documental, escolhemos um setor em particular: o da literatura jurídica — e, mais especificamente ainda, a produção dos juristas nazistas.

Por "juristas" entendemos aqui muito convencionalmente os profissionais do direito: professores universitários, advogados, magistrados. Já o qualificativo "nazista" é tomado em sentido amplo: membros do partido nazista, companheiros de militância, admiradores mais ou

---

[44] Cf. especialmente Margaret MacMillan, *Les Artisans de la paix. Comment Lloyd George, Clemenceau et Wilson ont changé la face du monde* (2001), traduzido para o francês por A. Zavriew, JC Lattès, 2006.

menos oportunistas da obra do *Führer* que, depois de 1933, tendem a se multiplicar notadamente entre os juristas, cuja cultura política lhes torna o nacional-socialismo próximo ou simpático, e que formam um meio tão compatível com o novo poder quanto o dos oficiais do exército alemão, por exemplo.

Socialmente conservador, o meio dos juristas alemães é politicamente reacionário depois de 1919: os mestres e os graduados na profissão se formaram num regime antigo (o Império), do qual se sentem nostálgicos. A constituição de Weimar em geral não lhes agrada: enquanto os professores demonstram na cátedra a sua inépcia, os juízes tratam de acomodar seus princípios nos tribunais, condenando os malfeitores de esquerda mais severamente que os de direita quando tratam de casos de violência política.[45] Certamente existem juristas de esquerda, mas são tão raros que se tornam objeto de estudos universitários sobre a cultura e a coragem de intelectuais e profissionais atuando tão manifestamente na contracorrente do seu meio e da sua época.[46]

A maioria dos juristas alemães recebe 1933 com benevolência e colabora com seriedade para a política nazista, por meio de uma jurisprudência ortodoxa[47] e uma produção científica de acordo com os princípios do NSDAP.[48] No meio dos especialistas em direito internacional, a adesão é tanto mais entusiasmada porque os nazistas não fazem mistério de sua vontade de desconstruir ponto por ponto a ordem internacional decorrente dos tratados de 1919-1920: é o que proclamam os dois primeiros artigos do programa de fevereiro de 1920,[49] e a decisão

---

45 Cf. Johann Chapoutot, *Le Meurtre de Weimar*, PUF, 2010; reed. "Quadrige", 2015.
46 Disso dá testemunho o seminário criado na École des hautes études en sciences sociales (EHESS), em 1998, por Gérard Raulet e Manfred Gangl, do qual resultou o trabalho dirigido por Carlos Miguel Herrera, *Juristes de gauche sous la République de Weimar*, Kimé, 2002. Também é proveitosa a leitura da tese de Nathalie Le Bouëdec, *Gustav Radbruch, juriste de gauche sous la République de Weimar*, Presses de l'université de Laval, 2011.
47 Cf. B. Rüthers, *Die unbegrenzte Auslegung*, op. cit.
48 Cf. especialmente Michael Stolleis, *Recht im Unrecht. Studien zur Rechstgeschichte des Nationalsozialismus*, Frankfurt, Suhrkamp, 1994.
49 Os artigos 1 e 2 do programa de 24 de fevereiro de 1920 exigem a formação de uma "Grande Alemanha" com base no "direito dos povos de dispor de si mesmos" (logo, a

de deixar a Sociedade das Nações tomada por Hitler já em outubro de 1933 o confirma espetacularmente.

Os juristas saúdam essas iniciativas, assim como as seguintes, e escrevem ainda mais ardorosamente seus arrazoados em defesa da nova política alemã, associados a atos de acusação implacável com a ordem internacional saída de Versalhes. É importante voltar a lê-los, não apenas para constatar os argumentos utilizados pelos nazistas em sua perfeita boa-fé anti-Versalhes como para se iniciar na nova concepção das relações internacionais e do direito elaborada pelos juristas nazistas.

Desmantelar a Alemanha

Pela ordem cronológica, senão lógica, a primeira crítica feita ao Tratado de Versalhes é uma crítica genética, que visa sua gênese, ou melhor, sua pré-história: a paz desonrosa (*Schandfrieden*) vem de longe; foi gerada pela história francesa a longo prazo. Resumindo, 1919 decorre diretamente de 1648[50]. Este argumento é desenvolvido em múltiplos ensaios e artigos por Friedrich Grimm, doutor em direito e, até 1933, advogado do partido nazista e suas organizações. Juntamente com alguns outros (Roland Freisler, Hans Frank, Walter Luetgebrune...), ele fazia parte antes de 1933 do pequeno grupo de juristas empenhados na defesa dos SA acusados de terem arrebentado um número excessivo de mandíbulas comunistas e social-democratas.

À parte o trabalho como advogado, Grimm tem uma paixão — a França — e uma obsessão — sua história. Francófono, francófilo e fino conhecedor da cultura francesa, ele integraria a partir de 1940 a equipe do embaixador Abetz em Paris. Nas décadas de 1920 e 1930, fixa-se na denúncia de Versalhes e das reparações de guerra e não se cansa de

---

Anschluss e a concentração nacional em nome do princípio wilsoniano) e a "volta à igualdade de direitos" (*Gleichberechtigung*) da Alemanha em relação às outras nações, pela revogação dos tratados de Versalhes (no caso da Alemanha) e de Saint-Germain-en-Laye (no da Áustria).
50 Quando o Tratado da Vestfália põe fim à Guerra dos Trinta Anos. [N.T.]

apregoar uma ideia simples que, na sua opinião, esclarece e explica tudo: Clemenceau é a reencarnação de Richelieu, pois os objetivos de guerra da França não mudaram desde o século XVII.

Para ele, por mais que se sucedam diferentes regimes, a linha não varia: a França quer a qualquer custo impedir a unificação da Alemanha. Foi a obra (póstuma) de Richelieu, depois da Guerra dos Trinta Anos, que deixou a seu sucessor uma França vitoriosa e capaz de impor nas negociações da Vestfália a destruição de fato, senão de direito, do Sacro Império Romano Germânico: o esfacelamento do Império em mais de trezentos Estados soberanos é a obra-prima de Richelieu, e a partir de 1648, o princípio e o fim da política externa francesa.

A tese não é nenhum hápax nem uma fantasia extravagante da lavra exclusiva de Grimm: a ideia de que a Alemanha seria visada por várias "Guerras dos Trinta Anos" pode ser encontrada nas formações ideológicas da SA e da SS, nos manuais escolares e em declarações públicas e privadas dos altos dirigentes do partido e do Estado. Por outro lado, a comparação entre 1648 e 1919 também é feita por outros juristas, como o internacionalista Carl Bilfinger, segundo quem, em Versalhes, "a Alemanha veria restabelecida, *mutatis mutandis*, sua condição posterior à paz da Vestfália",[51] que havia "mutilado" e "dividido"[52] o Sacro Império Romano Germânico.

A paz de 1648, além disso, transformara os territórios alemães, pelo sistema de garantias, em entidades abertas sem integridade jurídica, terras "desnacionalizadas e internacionalizadas"[53], abertas aos quatro ventos da ingerência estrangeira, exatamente como, depois de 1919, a Alemanha se vira privada de sua soberania (limitação do exército, reparações) e era obrigada a integrar ao direito interno disposições de direito internacional (como a proibição da *Anschluss*, transformada em princípio constitucional): desse modo, não apenas o território alemão fica aberto e desprovido de proteções; o direito alemão também é subvertido por disposições estrangeiras.

---

51 Carl Bilfinger, "Völkerrecht und Staatsrecht in der deutschen Verfassungsgeschichte", em Ernst-Rudolf Huber (dir.), *Idee und Ordnung des Reiches. Gemeinschaftsarbeit deutscher Staatsrechtslehrer*, Hamburgo, Hanseatische Verlagsanstalt, 1942, pp. 1-47, p. 25.
52 *Ibid.*, p. 6.
53 *Ibid.*, p. 8.

Grimm não é, portanto, o único a sustentar que Clemenceau, tal como os Napoleões (I e III) anteriormente, não passa do executor testamentário do cardeal-ministro: o que determina a política francesa em relação à Alemanha é, segundo Grimm, o *"Testamento de Richelieu"*,[54] título de um ensaio enérgico, mordaz e não destituído de ênfase por ele publicado em 1940: "O Richelieu eterno, a eterna paz da Vestfália, eis aí, há séculos, e ainda hoje, o trágico destino do povo alemão!"[55] Esse princípio é de tal maneira determinante na política externa — mas também na política interna — da França que Grimm propõe uma leitura original do fracasso de Clemenceau na eleição presidencial de 1920:[56] deputados e senadores "não podiam perdoá-lo por não ter sido capaz de aplicar o testamento de Richelieu tal como o entendiam",[57] ou seja, com a máxima severidade.

Grimm afirma que Clemenceau não foi longe o suficiente na linha francesa, pois não conseguiu destruir completamente a unidade alemã: é verdade que amputou o território da Alemanha, destruiu seu exército e mutilou a população, mas o Estado permaneceu. E de fato as elites francesas se pautavam em 1919 por uma máxima inspirada na célebre frase de Catão: *Ceterum Censeo Germaniam esse delendam*, formulação denunciada por Grimm em sua edição-tradução das *Consequências políticas da paz* de Jacques Bainville (1940).[58] Mais ainda que o velho Clemenceau — que queria se vingar de 1871, o que parece perfeitamente humano —, Grimm incrimina aquele que a seus olhos é o verdadeiro herdeiro de Richelieu: Raymond Poincaré.

---

54 Friedrich Grimm, *Das Testament Richelieus*, Berlim, Eher-Zentralverlag der NSDAP, 1940.
55 *Ibid.*, p. 118.
56 Convencido da impossibilidade de obter número suficiente de votos no Congresso (de Versalhes!), Clemenceau desistiu de apresentar sua candidatura. O presidente da Câmara, Paul Deschanel, é que seria eleito para suceder a Raymond Poincaré.
57 F. Grimm, *Das Testament Richelieus*, *op. cit.*, p. 90.
58 ID. (ed.), *Frankreichs Kriegsziel — "Les Conséquences politiques de la paix"*, *de Jacques Bainville*, Hamburgo, Hanseatische Verlagsanstalt, 1940, p. 14. Bainville critica tão bem o fracasso de Versalhes no sentido de destruir a Alemanha que Grimm o traduz e prefacia, chegando a recomendar a inclusão do livro no currículo escolar. Cf. ID., "Der Rechtskampf des nationalsozialistischen Deutschlands gegen Versailles", *Deutsches Recht*, 1939, pp. 1540-1544, p. 1541.

Presidente da República durante toda a guerra, "Poincaré de Nancy", "Poincaré, o Guerreiro" seria logo depois o presidente do Conselho de Ministros incumbido de enviar as tropas francesas e belgas para ocupar a Renânia e se apropriar do equivalente *in natura* do pagamento das reparações de guerra. O trauma de 1923 está na origem de muitos engajamentos nazistas, entre os quais o do próprio Friedrich Grimm, que descreve o dirigente loreno como um "jurista formalista"[59] apegado à letra dos textos e portanto hostil ao espírito da vida. Poincaré tem "um dossiê no lugar do coração":[60] jurista detalhista e bitolado, ele defende em todas as suas minúcias um direito formal que é a antítese do direito vivo. Até Richelieu e Clemenceau entenderam que o direito deve acompanhar a vida, e acontece que a unidade alemã, a convergência dos sangues alemães num Estado comum, é um fato da vida, um acontecimento biológico e político necessário.

Poincaré se opõe, em 1919 e em 1923, pois não é um jurista da vida, mas da morte: ele "conhecia muito bem seus dossiês, a lição que tinha aprendido com Richelieu, mas não era capaz de discernir os problemas em sua evolução".[61] Ás do parágrafo, campeão das argúcias jurídicas, Poincaré é capaz de justificar 1923 com 1919, mas, "jurista formalista", congela sua prática política observando um catecismo petrificado: Richelieu, que era inteligente, de fato legou aos sucessores uma máxima reguladora, mas nem por isso a teria transformado em dogma. Teria entendido, depois de 1871, que a unificação alemã era um fato necessário e que a França tinha de se adaptar para preservar sua vida e seus interesses próprios.[62] Com "Poincaré, o Escolar", os mortos enterram os vivos e a tinta dita sua lei ao sangue: a política francesa não abraça a vida da Europa e dos seus povos, reduzida a esclerose e poeira de arquivos.

Grimm faz coro, assim, com os que consideram a França uma nação em processo de envelhecimento, alheia ao movimento e às evoluções da vida, identificando nela um país de velhos e juristas prisioneiros de seus princípios:

---

59 ID., *Das Testament Richelieus, op. cit.*, p. 93.
60 *Ibid.*, p. 91.
61 *Ibid.*
62 *Ibid.*, p. 120. Grimm não duvida um só momento que o grande estadista Richelieu teria sido capaz inclusive de se aliar à Alemanha unificada para servir aos interesses da França.

> É nefasto que ideias se transformem em máximas rígidas, em seguida invocadas por governantes alheios à vida como "leis eternas" de sua ação [...]. A França é governada por homens do passado. Em nenhum outro país os velhos têm tal influência nas decisões políticas contemporâneas.[63]

A esclerose francesa é, portanto, dupla — biológica e jurídica, geracional e administrativa:

> Para qualquer eventualidade, a política da França tem a sua fórmula, o seu caso, tratado em arquivos empoeirados. No Quai d'Orsay, há sempre um arquivo "Alemanha" com o nome de Richelieu. É o que se costuma chamar de continuidade do serviço público e do Estado. Tudo correta e elegantemente redigido, e esses arquivos, assim como seus parágrafos, ainda hoje exercem sua tirania. Essa política é alheia a todo progresso, alheia à vida pulsando no sangue.[64]

O sangue contra a poeira, a vida contra o parágrafo, a inteligência contra o arquivo: com essas oposições de imagens e palavras, Grimm resume a oposição criticada pelos juristas nazistas (o que também se aplica em direito civil, direito penal e direito constitucional) entre os "formalistas" ou "positivistas", apegados à aplicação estrita de uma letra morta e coagulada, e aqueles que, como eles, entenderam que só a vida é legisladora. A biologia e a natureza como geradoras de normas: também em matéria de direito internacional, esse princípio vai se revelar carregado de consequências.

---

63 *Ibid.*, p. 119.
64 *Ibid.*

"Traição" e "pistola na têmpora"

A crítica genética do Tratado de Versalhes é acompanhada de uma crítica mais propriamente jurídica: não é denunciada apenas sua pré-história (francesa e vestfaliana), mas também sua história: a história da conferência de 1919 e das condições da assinatura.

Os juristas nazistas — e eles não estão sozinhos — são unânimes na afirmação de que a Alemanha, tendo solicitado com boa-fé as condições de um armistício, foi passada para trás. O governo alemão aceitou depor armas e cessar as hostilidades ao obter do governo dos Estados Unidos da América a garantia de que a paz seria concluída com base nos Quatorze Pontos do presidente Wilson. Aos olhos dos alemães, uma troca de notas entre o governo de Max de Bade e Robert Lansing, o secretário de Estado americano, equivale a um compromisso da parte dos Aliados.

Alexander von Freytagh-Loringhoven, professor de direito internacional em Breslau, que nunca se exime de especificar seu título de barão (*Freiherr*) no alto de cada publicação, qualifica como "pré-tratado" (*Vorvertrag*) a nota enviada por Lansing ao governo alemão no dia 5 de novembro de 1918: "Esse pré-tratado garantia à Alemanha uma paz com base no programa do presidente Wilson. Foi confiando nele que a Alemanha depôs armas."[65] A posterior renegação dessa promessa significa a "nulidade do tratado [de paz]".[66]

Freytagh-Loringhoven resume secamente, numa publicação circunstancial, o que seus colegas defendem em extensas páginas e argumentações. Em 1936, o professor Herbert Wissmann publica um ensaio sobre os *Problemas colocados pela revisão do Diktat de Versalhes*,[67] título que aparentemente confirma que o termo *Diktat* foi consagrado na literatura científica. Wissmann também fala, sem justificar o uso da expressão, de "pré-tratado de paz" (*Vorfriedensvertrag*) ao se referir à nota de Lansing. Acontece que o termo também é uma tomada de posição

---

[65] Alexander von Freytagh-Loringhoven, *Kriegsausbruch und Kriegsschuld 1939*, Essen, Essener Verlagsanstalt, 1940, p. 20.
[66] *Ibid*.
[67] Herbert Wissmann, *Revisionsprobleme des Diktats von Versailles*, Berlim, Verlag für Staatswissenschaften und Geschichte, 1936.

discutível quanto à natureza da nota, que não passa, justamente, de uma nota expondo a posição dos Estados Unidos, e não é um documento comprometendo os negociadores, muito menos um "pré-tratado" contendo em germe as disposições do futuro tratado.

Para Wissmann, a nota de 5 de novembro de 1918 "é um pré-tratado [...] que contém os fundamentos jurídicos do tratado que faltava concluir",[68] pois "o programa wilsoniano foi transformado em fundamento da paz, em documento de direito internacional" e constituía "plenamente [...] um pré-tratado de direito internacional"[69] porque, no fundo, essa nota é o único documento aprovado pelo governo alemão. Para escorar sua tese, Wissmann cita ao longo de quatro páginas uma bibliografia atualizada em 1936 dos artigos e obras de todos os especialistas da disciplina, que veem na nota um "pré-tratado vinculando juridicamente"[70] os Aliados — prova de que o autor se limita a expor um consenso dos especialistas de direito internacional alemães.

Acontece que a nota reafirma o princípio de uma diplomacia pública e garante aos vencidos uma igual associação às negociações de paz, em pé de igualdade com os vencedores. Além disso, o princípio wilsoniano do "direito dos povos de dispor de si mesmos" se aplica naturalmente aos territórios e populações germanófonos. Pela mais elementar honestidade, não se pode deixar de reconhecer que este princípio é violado pelo Tratado de Versalhes e depois pelo de Saint-Germain, que proíbem a *Anschluss* e atribuem territórios germanófonos aos Estados que acabam de ser (re)criados — Polônia, Tchecoslováquia, Lituânia, Letônia e Estônia — para dotar as nacionalidades europeias de espaços econômica e estrategicamente viáveis.

O caso austríaco é analisado em inúmeras publicações e considerações antes de 1938. O jurista Kurt Trampler, de Munique, autor entre 1933 e 1938 de vários ensaios sobre a situação jurídica e estratégica da Baviera e da Áustria, reconstrui meticulosamente a troca de notas entre Berlim e Washington, lembrando que em várias oportunidades a

---

68 *Ibid.*, p. 4.
69 *Ibid.*, pp. 6-7.
70 *Ibid.*, pp. 7-11.

Áustria manifestou expressamente o desejo de se unir à Alemanha para formar um só Estado:

> Com essa nota [de Lansing], um pré-tratado juridicamente válido foi estabelecido, vinculando os signatários da paz futura e fazendo de toda divergência do tratado com o pré-tratado uma violação do direito.[71]

Está aí o verdadeiro tratado, e todo o resto não passa de *Diktat*.[72]

Baseada num embuste, na violação de uma promessa, a paz de 1919 é, portanto, uma paz desonesta. Ela fere a honra dos vencidos, como sustenta o professor Heinrich Rogge[73] em um ensaio de 1935:[74] uma paz só pode ser considerada honesta e honrosa se, e somente se, respeitar a honra dos beligerantes. Ora, Versalhes os enganou e excluiu da comunidade das nações, proibindo-os de participar das negociações.

Viciada em seu princípio, a paz de Versalhes também o é em sua conclusão, pois os plenipotenciários alemães — que de plenipotenciários só têm o nome — não tiveram alternativa senão assinar ou expor a Alemanha a uma retomada das hostilidades. Segundo Hitler, foi "sob a ameaça de uma pistola"[75] que os alemães se viram obrigados a assinar o tratado de 28 de junho de 1919. E não é outra coisa o que dizem os juristas: Versalhes não passa de um ato de guerra, pura e simplesmente. Heinrich Rogge vai mais longe, argumentando que, "ao privar os vencidos de seus direitos", os tratados dos subúrbios parisienses simplesmente rompem os vínculos entre nações que formam a "comunidade de direito internacional".

Versalhes, portanto, não é um tratado de paz, mas um "tratado de guerra" (*Kriegsvertrag*), da pior espécie de guerra, a que desconhece até a honra e a existência do inimigo. Um dos fundamentos do direito

---

71 Kurt Trampler, *Deutschösterreich 1918/19. Ein Kampf um Selbstbestimmung*, Berlim, Heymann, 1935, p. 6.
72 *Ibid.*, p. 7.
73 Professor de direito internacional na Universidade de Friburgo-em-Brisgau, ele publicou, além da obra citada, um trabalho intitulado *Das Revisionsproblem* (1937).
74 Heinrich Rogge, *Hitlers Friedenspolitik und das Völkerrecht*, Berlim, Schlieffen, 1935.
75 Adolf Hitler, discurso de 12 de setembro de 1938, Nuremberg.

da guerra, lembra Rogge, é a máxima latina *etiam hosti fides servanda*, segundo a qual é preciso ser honesto em relação ao próprio inimigo. Ao desprezar esse princípio, os Aliados atiram a Alemanha no não-direito mais absoluto e praticam uma arte dos tratados equivalente à sua arte da guerra: desleal e viciosa.[76] Ao desconhecer a *fides*, eles romperam os últimos vínculos entre as nações beligerantes, destruindo até a possibilidade de um diálogo e de uma comunidade internacional.

Estática do direito e dinâmica da vida

Invocar a "sacralidade dos tratados" em nome de semelhante "paz" é portanto do mais obsceno cinismo: pelas condições de sua elaboração e assinatura, o Tratado de Versalhes é contrário aos princípios e usos do direito internacional, assim como aos fundamentos mais elementares da moral. Na revista *Völkerbund und Völkerrecht*, dirigida por Freytagh-Loringhoven, um juiz, Theodor Berthau, questiona: como argumentar com a "sacralidade" de um tratado que viola os princípios mais "sagrados"?[77] Pergunta puramente retórica. As disposições do Tratado de Versalhes são invalidadas como direito com base numa dupla oposição: entre o direito e o fato, entre o estático e o dinâmico.

Nenhum dos juristas consultados aqui se permite o prazer de citar — nem mesmo ironicamente — Jean-Jacques Rousseau e sua famosa frase do *Contrato social* segundo a qual o fato não fundamenta o direito. E, no entanto, é exatamente este o sentido da desqualificação do Tratado de Versalhes a que procedem: em alemão, como já vimos, a palavra *Vertrag* significa ao mesmo tempo *contrato* (de direito civil) e *tratado* (de direito

---

76 Em artigo de setembro de 1940, Rogge sustenta que a França pratica formas de guerra (guerrilha, emboscada, engajamento de franco-atiradores) que a Alemanha recusa. Como sempre, "a Alemanha introduziu nessa guerra o selo da ética cavalheiresca e da honra", pois "onde a Alemanha imprime sua marca à arte do combate, a guerra é subordinada à ética da moderação, da disciplina e do autocontrole". Cf. Heinrich Rogge, "Der deutsche Kriegsbegriff", *Zeitschrift der Akademie für deutsches Recht*, 1940, pp. 277-279.
77 Theodor Berthau, "Über die Heiligkeit des Vertrages von Versailles", *Völkerbund und Völkerrecht*, 1936-1937, pp. 91-97, p. 94.

internacional). A equiparação dos termos acentua o caráter bilateral do tratado, cuja validade decorre exclusivamente do consentimento livre e esclarecido das duas partes, e não da violência, da "pistola sacada à queima-roupa" incansavelmente denunciada por Hitler.

Autêntica via de fato, o Tratado de Versalhes limita-se além do mais a registrar uma situação de fato, ignorando não apenas os princípios elementares do direito, mas também a natureza do próprio direito, que jamais é deduzido exclusivamente do fato. O Tratado de Versalhes reduz-se a constatar a situação de inferioridade, a fraqueza dos vencidos, inscrevendo-a no mármore de uma convenção obrigatória. Os redatores do tratado foram escrivães do instante e secretários de uma relação de força, congelaram um momento, uma simples conjuntura, na eternidade do direito, de princípios "sagrados" insuscetíveis de alteração.

Carl Schmitt — brilhante constitucionalista e internacionalista que sonha chegar a jurista chefe do III Reich[78] — se insurge com brio contra essa sacralização da simples factualidade, essa consagração da conjuntura:

> Por que então a história universal deveria de uma hora para outra parar no dia 28 de junho de 1919, e por que isto seria da esfera do direito? [...] Não existe direito vivo sem uma possibilidade efetiva de revisão [...]. No caso, o tratado não passa de instrumento de perpetuação de um momento preciso, pior ainda, um momento de profunda injustiça.[79]

É verdade que o tratado, em seu artigo 19, autoriza a revisão de suas disposições, mas concretamente essa revisão se revela impossível, como explica, em seu famoso manual sobre a Sociedade das Nações, o professor Otto Göppert:

> "A revisão é a guerra", declarou Aristide Briand em discurso de 1930. Não seria possível exprimir mais claramente que o

---

78 Cf. Andreas Koenen, *Der Fall Carl Schmitt. Sein Aufstieg zum "Kronjuristen des Dritten Reiches"*, Darmstadt, Wissenschaftliche Buchgesellschaft, 1995.
79 Carl Schmitt, *Nationalsozialismus und Völkerrecht*, Berlim, Junker und Dünnhaupt, 1934, pp. 19-20.

artigo 19 só existe, por assim dizer, na concepção francesa das coisas [...]. O resultado, portanto, é que o artigo 19, nas circunstâncias atuais, é perfeitamente inaplicável.[80]

O que é um direito que não pode ser reformado senão uma norma que congela a vida na morte? O morto se apropria do vivo, lamentam os juristas nazistas, lembrando que a vida se caracteriza pela "elasticidade" e que "o mundo não é estático".[81]

Carl Schmitt lembra muito bem que só se pode invocar a máxima *Pacta sunt servanda* ("É preciso aplicar os tratados") se sua aplicação for temperada com um toque adicional de latim: o respeito devido aos tratados é indissociável da *clausula rebus sic stantibus*,[82] "cláusula" que subordina a aplicação dos tratados a eventuais mudanças de contexto. Um pacto é aplicado tal como existe "se as coisas permanecem como são", significado literal da mencionada locução latina. Se, pelo contrário, a configuração geopolítica e o contexto demográfico, econômico etc. mudam, os tratados devem ser revistos para serem aplicáveis.

Todos os juristas denunciam esse fato com base num *cui bono* muito simples: se não é possível rever os tratados, é porque o crime beneficia os vencedores, os poderosos de 1919. Carl Schmitt vai muito mais longe: os juristas dominantes, tanto em direito internacional quanto nos diferentes direitos nacionais a partir do século XX, são "positivistas", eruditos que deduzem as normas de outras normas em vez de induzi-las da vida. Contra esse "pensamento da ordem concreta" defendido por Schmitt, contra esse método sadio que consiste em induzir as normas das "ordens concretas" e das realidades vivas, os "positivistas" ignoram a vida e se refugiam na abstração.

Em matéria constitucional, Schmitt abomina Hans Kelsen e sua pirâmide de normas, ou seja, a concepção — autorreferencial — do direito como um sistema de normas deduzidas de uma norma original (*Grundnorm*), lógica dedutiva desqualificada por Schmitt como tipicamente judaica. Kelsen e seus discípulos também causaram estragos em direito

---

80 Otto Göppert, *Der Völkerbund — Organisation und Tätigkeit des Völkerbundes*, Stuttgart, Kohlhammer, 1938, p. 439.
81 *Ibid.*, p. 443.
82 Carl Schmitt, *Nationalsozialismus und Völkerrecht, op. cit.*, p. 11.

internacional, pois "a Escola de Viena [...] construiu a comunidade de direito internacional [...] como um sistema de normas" baseado na "norma fundamental *Pacta sunt servanda*".[83] Esse domínio dos juristas abstratos "se explica completa e exclusivamente pelo domínio de uma ideologia específica, adoradora do imperialismo versalhês e de sua cultura política, feita de pacifismo e liberalismo democrático".[84]

Abstração, universalismo, pacifismo, liberalismo e democracia: por trás do positivismo da Escola de Viena está o judeu, universalista por natureza (ele é nômade) e por interesse (quer a igualdade de direitos onde quer que se instale), e ser de abstração, pois excessivamente constrangido no real para habitar e pensar o concreto da vida.[85] O direito internacional derivado de Versalhes é, portanto, contrário à vida em geral, mas também, mais especificamente, atentatório à vida do povo alemão — o que não espanta muito Schmitt, pois é criação de "positivistas" judeus.

A oposição das noções de "fato" e "direito" é portanto solidária de outra antítese, que opõe a "rigidez" do direito internacional à "elasticidade" da vida: um direito "estático" não é direito, pois todo direito acompanha e regula a "dinâmica" da vida. Aderindo de bom grado às críticas vitalistas da abstração intelectual, que se banalizaram desde o fim do século XIX, os nazistas desqualificam por princípio tudo que é considerado contrário à vida — porém, mais ainda, tudo que ameaça a vida do povo alemão.

Por princípio, como repete o "*Führer* dos juristas do Reich" (*Reichsrechtsführer*) Hans Frank, "é justo" ou "é de direito aquilo que serve ao povo alemão" ou o que "beneficia o povo alemão" (*Recht ist, was dem Volke dient/frönt*). Essa máxima clara e discriminante permite analisar as normas segundo sua nocividade ou seu caráter benéfico, e assim praticar uma avaliação dos valores sobre fundamentos biológicos: o princípio e o fim do direito são a vida da raça, o que vale tanto em direito interno como em direito internacional.

Desse ponto de vista, as disposições do Tratado de Versalhes não dizem respeito ao direito, muito pelo contrário: não é a vida do povo

---

83 *Ibid.*
84 *Ibid.*
85 Cf. C. Schmitt (dir.), *Das Judentum in der Recht-wissenschaft, op. cit.*

alemão, mas sua morte, o princípio regulador do direito internacional pós-Versalhes. O professor Arthur Wegner recorre a um registro declaradamente biológico e medicinal em sua *História do direito internacional*,[86] ao afirmar que a proibição da *Anschluss* em Versalhes e Saint-Germain representa um "atentado à integridade da substância do povo alemão".[87]

Ao separar a Áustria, já agora privada do seu Império, do "espaço vital econômico" alemão, os Aliados condenam a Áustria, que por si mesma "mal está apta a viver",[88] ao "aniquilamento" (*Vernichtung*).[89] Os Aliados agem em conhecimento de causa, pois seu objetivo, além do simples desaparecimento da Alemanha como potência, é nada mais nada menos que o extermínio do povo alemão, ou seja, seu desaparecimento biológico. Uma frase atribuída a Clemenceau, apócrifa mas popularizada na Alemanha, segundo a qual haveria "vinte milhões de alemães sobrando" (mais ou menos a diferença populacional entre a Alemanha e a França), é citada com frequência para escorar essa ideia: o "assassinato jurídico" cometido na funesta farsa de Versalhes não se limita a matar a própria ideia de direito, mas visa "o extermínio material e cultural do povo alemão",[90] como afirma sem rodeios o coronel Schwertfeger, doutor em direito internacional que se tornou uma das referências na disciplina.

Mais policiado, porém não menos incisivo, Carl Schmitt se opõe ao dedutivismo positivista adotando seu próprio vocabulário: os kelsenianos deduzem os *Rechte* (direitos) dos *Grundrechte* (direitos fundamentais)? Pois bem, escreve Schmitt, "nós partimos do mais evidente dos direitos fundamentais, o simples direito de existir",[91] claramente ameaçado pela paz de 1919.

Um aluno de Carl Schmitt, Heinrich Korte, eleva o tom em 1942, transcrevendo em termos nazistas essa convicção da maioria dos juristas

---

86 Arthur Wegner, *Geschichte des Völkerrechts*, Stuttgart, Kohlhammer, 1936.
87 *Ibid.*, p. 316.
88 *Ibid.*, p. 318. A palavra empregada é *lebensfähig*, usada pelos nazistas para determinar quem está destinado a sobreviver ou a desaparecer no grande combate pela vida do darwinismo social. Quem é *lebensunfähig* está condenado a desaparecer: o termo é decisivo nas campanhas de promoção da eutanásia.
89 *Ibid.*, p. 317.
90 Bernhard Schwertfeger, prefácio a H. Wissmann, *Revisionsprobleme...*, *op. cit.*, pp. v et vi.
91 C. Schmitt, *Nationalsozialismus und Völkerrecht*, *op. cit.*, p. 8.

alemães: Versalhes criou "uma ordem destruidora, que visava aniquilar a própria existência da Alemanha".[92] Deixar a Sociedade das Nações foi uma "decisão vital"[93] do novo governo alemão, opondo-se à "política externa rígida, à legitimidade estática"[94] das potências ocidentais. O "combate empreendido para exterminar a Alemanha"[95] foi moldado na "segurança ansiosa do *status quo*", em um "pensamento estático" da petrificação de uma relação de força, expressão jurídica de uma angústia em relação à vida traduzida em termos arquitetônicos pela "linha Maginot".[96] Os objetivos da atual guerra são, "por parte das potências do Oeste, o aniquilamento (*Vernichtung*) da Alemanha, e, da outra parte, o restabelecimento e a preservação dos direitos alemães à vida (*deutsche Lebensrechte*), negados pelas potências ocidentais no Tratado de Versalhes".[97]

Nos textos aqui citados, como em todas as críticas a Versalhes, não faltam palavras compostas em *Leben*: *Lebensraum, Lebensinteresse, Lebensrecht, Lebenskampf* etc. É contra a vida, contra a própria existência biológica do povo alemão que os Aliados atentam. Ao combater ponto por ponto a ordem internacional decorrente dos tratados de 1919-1920, o governo alemão restabelece assim a fidelidade à própria definição do direito: o direito serve à vida, e suas normas não passam de transcrições jurídicas das leis da natureza. Viktor Bruns, professor de direito internacional na Universidade de Berlim, observa que

> não são a vontade humana nem os regulamentos humanos que dão forma ao mundo, mas a natureza que é a lei dos homens e o limite do seu poder [...]. A arte de governar [...] devia proibir a assinatura de qualquer tratado que fosse de encontro ao direito à vida do seu próprio povo.[98]

---

92 Heinrich Korte, *Lebensrecht und völkerrechtliche Ordnung*, Berlim, Duncker und Humblot, 1942, p. 48.
93 *Ibid.*, p. 51.
94 *Ibid.*, p. 54.
95 *Ibid.*, p. 58.
96 *Ibid.*, p. 59.
97 *Ibid.*, p. 67.
98 Victor Bruns, *Völkerrecht und Politik*, Berlim, Junker und Dünnhaupt, 1934, p. 24.

O direito do povo alemão à vida

Se a ordem internacional decorrente dos tratados firmados em 1919-1920 nos subúrbios de Paris é claramente nefasta à vida do povo alemão, seria possível conceber um direito internacional reconciliado com a essência do direito — ou seja, que respeite o direito dos povos à vida?

Norbert Gürke, professor de direito internacional em Munique e depois em Viena, é o primeiro a dedicar um ensaio inteiro à questão,[99] em 1935. Já no título ele se questiona quanto à compatibilidade entre o "povo" (*Volk*) e o "direito internacional" (*Völkerrecht*). Para responder à pergunta, Gürke começa por afastar lamentáveis ambiguidades: se todo mundo concorda, desde 1918, que "os povos têm o direito de dispor de si mesmos" e "todo povo tem direito à existência",[100] é necessário de qualquer maneira se entender quanto ao significado da palavra "povo".

O autor observa que os democratas, os católicos e os marxistas não concebem o povo "como uma entidade cultural-natural", ao contrário do nacional-socialismo, que entende por "povo" uma entidade biologicamente coerente, natural e juridicamente fechada. No sentido nazista do termo, o povo é, na grande feira de valores de um mundo democrata e relativista, "o mais alto valor político",[101] o único valor firme ao qual é possível se apegar para orientar a ação de um Estado.

Seguindo as concepções nazistas, Gürke explica que o Estado não passa de um instrumento forjado para garantir a vida do povo e que o direito internacional não nasce de grandes princípios vagos, mas das trocas concretas entre esses Estados: "O direito internacional não é produto da 'humanidade', mas dos interesses comuns dos Estados."[102] Decorre daí que pensar uma "ordem jurídica mundial" como uma "ordem produzida pela humanidade" é uma ilusão, e que "o direito internacional permanece circunscrito à parte da humanidade desejosa e capaz de conferir a sua existência à forma de um Estado",[103] logo, aos *Kulturvölker* — em geral

---

99 Norbert Gürke, *Volk und Völkerrecht*, Tübingen, Mohr, 1935.
100 *Ibid.*, p. 1.
101 *Ibid.*, p. 15.
102 *Ibid.*, p. 29.
103 *Ibid.*

europeus e brancos —, que dominam os *Naturvölker* — habitualmente africanos, asiáticos e não-brancos.

A demonstração de Gürke se baseia num estrito particularismo: a fruição do direito limita-se aos povos dotados de Estados e não se estende à "humanidade", conceito vago e realidade inexistente.

Particularismo e colonialismo parecem estar associados e constituir os dois pilares desse novo direito internacional que os juristas nazistas se preocupam em opor ao antigo. É o que diz explicitamente Heinrich Korte, que no mencionado ensaio de 1942 pretende conciliar, como indica o título, o "direito à vida" à "ordem do direito internacional".[104] Em seu livro, afirmando claramente querer "basear o direito internacional no direito vital",[105] e portanto conciliar os princípios do nacional-socialismo com os do direito internacional, Korte revela a natureza da ação alemã desde 1939:

> A Alemanha instaura uma nova legalidade natural, a legalidade do espaço vital, permitindo a um povo política e biologicamente forte dirigir e acionar as forças dos pequenos Estados numa colaboração criadora.[106]

Essa ação é antes de tudo criadora de novas normas e consagra um novo direito internacional, entendido como "manifestação desses interesses comuns, dos interesses vitais de vários Estados". Trata-se, portanto, de um "direito internacional particular"[107], contra as pretensões universalistas de Versalhes e Genebra (Sociedades das Nações). A cada um seu espaço e sua normatividade próprios: que os britânicos cuidem dos seus interesses em seu vasto império marítimo e deixem a Alemanha garantir as condições de vida do seu povo no continente. Fazendo isto, a Alemanha não se empenha em algo "artificial", como a Grã-Bretanha, que vai buscar víveres e escravos em todas as direções; ela age em conformidade

---

104 H. Korte, *Lebensrecht und völkerrechtliche Ordnung, op. cit.*
105 *Ibid.*, p. 3.
106 *Ibid.*, p. 77.
107 *Ibid.*, p. 78.

com as leis naturais do espaço vital,[108] construindo um império unificado e territorialmente coerente.

Ao "dar as costas ao pensamento universalista", o Reich obedece à "lei da dinâmica da evolução natural",[109] a mesma que ordena estender seu espaço vital para acompanhar seu crescimento demográfico. O novo "direito internacional" (*Völkerrecht*), o direito de 1942, é portanto antitético ao "direito internacional da Sociedade das Nações" (*Völkerbundsrecht*): um é dinâmico, o outro é estático; um é particularista, o outro é universalista; em suma: um é um direito natural, de acordo com as leis da natureza, o outro é antinatural. Contra o "direito natural" do Iluminismo e de Wilson (que postula a igualdade e se baseia na universalidade), o nacional-socialismo retorna a um "direito natural" verdadeiro, que é "direito da natureza", pois não ambiciona nada além de "aplicar as leis da natureza"[110]. Essa "legislação natural" estabelece que

> o direito de um povo à vida decorre das leis da vida, segundo as quais só a vitalidade de uma raça, de um povo, de uma nação decide, com a ajuda de um Estado, quanto à sua existência: o direito de viver é portanto um direito natural, interesse vital de um povo e da sua existência nacional, que ele afirma e reforça em seu combate pela vida.[111]

Por fim, a crítica do direito internacional (*Völkerrecht*) decorrente dos tratados de 1919-1920 conduz à definição de um *VolksRecht*, do direito de um único povo de conquistar seu espaço vital, pois a natureza, única instância legisladora, determina que o povo dominante disponha de um espaço proporcional à sua importância quantitativa e qualitativa e à sua aptidão para impô-la na grande luta (socialmente) darwinista das raças. Por oposição ao *Völkerrecht*, o *Volks-Recht* é o direito de um único *Volk*, do único *Volk* que existe e tem valor; ou seja, aquele que é homogêneo racialmente, ao contrário dos outros povos, agregados de

---

108 *Ibid.*, p. 74.
109 *Ibid.*, p. 88.
110 *Ibid.*, p. 120.
111 *Ibid.*, pp. 118-119.

elementos díspares, "povos" políticos, no sentido da Revolução Francesa, e não biológicos, no sentido da natureza e da teoria das raças.

Sabemos a quais realidades concretas corresponde essa definição de um "direito internacional particular" (conquista, sujeição, colonização e genocídio), no exato momento — em 1942 — em que é publicado o ensaio de Korte. Poderia ser motivo de espanto, e mesmo de indignação, ver um jurista acompanhar, senão justificar, práticas tão manifestamente contrárias às conquistas e aos usos do direito internacional e do direito da guerra.

Mas entendemos melhor ao lembrar que a grande maioria dos juristas alemães interpretou a paz de Versalhes como um ato de guerra, que ainda por cima viola os princípios fundamentais do direito, do direito internacional e das simples trocas entre as nações: a prática, assumida pelos Aliados, da mentira, da má-fé, de uma constante hostilidade, simplesmente rompeu e desestabilizou a comunidade de sentido que fundamenta o diálogo entre as nações. Privada de sua soberania, do próprio estatuto de pessoa jurídica dotada de direitos e suscetível de atuar como parceira, a Alemanha ainda é objeto de uma política pensada e inédita de destruição não apenas política, mas também, argumentam os juristas nazistas, biológica, pois é simplesmente o aniquilamento da Alemanha como povo que é visado por Versalhes.

Diante de uma normatividade internacional tão manifestamente partidária, portanto, os juristas nazistas adotam e reivindicam uma posição decididamente particularista. Segundo eles, Versalhes representa uma fraude à segunda potência: um ato de guerra que se faz passar por tratado de paz, baseado em princípios supostamente universalistas, que na realidade servem aos interesses estritamente particulares dos vitoriosos. O que são, com efeito, as pretensões universalistas dos Aliados senão a máscara ou o cavalo de Troia de uma democracia liberal impregnada de influência judaica e que transforma em princípio e fim uma quimera (o gênero humano), em detrimento da única realidade política tangível, o *Volk*? Para os juristas nazistas, o embuste e a trapaça são patentes, além de nefastos para a Alemanha: em nome de um gênero humano inexistente, se sabota e enfraquece uma raça gloriosa, generosa e boa, que quer apenas existir e é levada a se defender, ante a hostilidade do mundo.

Do ponto de vista teórico, os juristas nazistas também se orgulham, aliviados, de poder propor ao povo alemão e a seu governo um princípio seguro e firme, um critério digno de crédito para conduzir a ação política: na "guerra dos deuses" inaugurada pela modernidade (secularização — fim das verdades reveladas — e pluralismo democrático), nessa feira de ideais diversos e concorrentes propostos por católicos, marxistas, socialistas, estrangeiros..., existe uma pedra de toque adamantina: o *Volk* e sua vida e sobrevivência.

Uma vez postulado este princípio, naturalmente advêm as consequências teóricas, e o discurso jurídico pode tranquilamente expor uma argumentação justificando práticas inéditas: o particularismo normativo (uma norma só tem valor se servir ao *Volk*) acarreta um solipsismo prático (geoestratégico, militar) solidário de uma forma de autismo intelectual que leva a ignorar qualquer outra realidade que não seja o povo alemão e seus interesses vitais.

Sejamos claros: não se trata aqui de afirmar que os artigos e ensaios mencionados em nossa demonstração constituem a matriz de uma realidade genocida, nem que os soldados da Wehrmacht seguravam Schmitt em uma mão e o lança-chamas na outra ao incendiar uma aldeia russa. Em vez disso, tomamos esses textos como marcadores, testemunhos de um espírito próprio da cultura nazista que de fato irriga as práticas de violência, acompanhando-as mais que as provocando, envolvendo-as numa aura de legitimação que facilita e torna menos árduo passar à ação. Sabemos[112] que os oficiais que comandam os Einsatzgruppen[113] muitas vezes se formaram em direito e que a formação ideológica das organizações do partido (SS), mas também das tropas regulares (Wehrmacht), difunde de cima para baixo, por capilaridade, esses argumentos de legitimação.[114]

---

112 Christian Ingrao, *Croire et détruire. Les intellectuels dans la machine de guerre SS*, Fayard, 2010.
113 "Grupos operacionais" ou unidades especiais de extermínio da SS, encarregados de manter o controle nos territórios ocupados pelo regime nazista, especialmente no Leste europeu. [N. T.]
114 Cf. Omer Bartov, *L'Armée d'Hitler. La Wehrmacht, les nazis et la guerre* (1991), traduzido para o francês por J.-P. Ricard, Hachette Littératures, 1999.

Com este estudo, constatamos que a crítica nazista de uma normatividade existente (o Tratado de Versalhes e o direito internacional dele decorrente) é indissociável da promoção de uma nova normatividade, pois os juristas nazistas não se limitam a se opor: eles propõem. Essa tarefa de desconstrução-construção é um trabalho sério, amplo e difundido por escritos de diversas naturezas, um trabalho de longo curso, que não é — ou não é apenas —, como muitas vezes se acredita e durante muito tempo se afirmou, uma tarefa cinicamente oportunista (justificar o injustificável). Ele visa uma aculturação de longo prazo do povo alemão, para legitimar os atos do novo governo e justificar aos olhos dos alemães algo que, segundo os nazistas, é profundamente justo. O que vale tanto para as relações internacionais como para a eutanásia, pois o projeto político e normativo nazista repousa, tanto interna como externamente, nos mesmos princípios: só a natureza é legisladora; o direito é aquilo que serve ao povo alemão; a Alemanha age sempre em estado de legítima defesa e combate tudo aquilo que, na grande luta das raças, ameaça seu direito à vida.

8
A ordem sexual: reprodução, monogamia e poligamia no III Reich[115]

Assim como a França das *Cruzes de madeira*,[116] a Alemanha é perseguida depois de 1918 por pesadelos oligantrópicos: para amplos círculos conservadores e nacionalistas alemães, a pior consequência da Primeira Guerra Mundial não é a derrota, nem mesmo o Tratado de Versalhes, mas a sangria demográfica de quatro a cinco anos de combates, bloqueio, fome e, depois, a gripe espanhola. Uma guerra é um confronto que pode ser repetido, um tratado pode ser renegociado. A estrutura da pirâmide etária, pelo contrário, é afetada por uma inércia sobre a qual o nervosismo da decisão política ou militar não tem ascendência: para muitos, é na verdade este o verdadeiro passivo das batalhas de Flandres e de Somme e das trincheiras.

---

115 Versão remanejada de um estudo publicado com o título "Reproduction et révolution normative: mariage, monogamie et biologie sous le IIIᵉ Reich", *Revue de l'Institut français d'histoire en Allemagne*, nº 4, 2012, pp. 261-289.
116 Romance de Roland Dorgèles, publicado em 1919, sobre sua experiência na Primeira Guerra Mundial. O título se refere às cruzes que assinalavam nos campos de batalha os corpos enterrados dos soldados mortos. [N. T.]

O pânico ante o despovoamento e a queda da natalidade não afeta apenas os alemães: a França aprova em 1920 uma legislação severa contra o aborto, e não desistiria de encontrar uma chave para a natalidade, da casa própria barata ao código da família de 1939, passando por diferentes leis sociais. Mas essas preocupações demográficas são temperadas pela vitória e a posse de um imenso império colonial, o segundo maior do mundo. Se por um lado, como escreveria Giraudoux em 1939, "o francês vem se tornando raro no nosso campo", os vencedores da Primeira Guerra Mundial têm a seu lado seu império e seus aliados.

Uma extinção biológica do povo alemão?

Na Alemanha, a percepção da hemorragia não só é agravada pela derrota como assume um particular aspecto apocalíptico num país transtornado por mutações sociais e culturais maciças e rápidas: a Alemanha passa por um fim do mundo multiplicado por cinco (militar, político e diplomático e, depois, financeiro e econômico), do qual a expressão biológica mais intensa e mais trágica parece ser a anemia demográfica. Enquanto causam sensação no público os livros de Oswald Spengler, professor de biologia num colégio de Hamburgo, multiplicam-se os artigos, brochuras e ensaios sobre o aspecto demográfico da catástrofe alemã de 1914-1919 ou de 1914-1923.

Como se poderia esperar, tudo que define o modo de vida urbano moderno é alvo de ataques: a emancipação das mulheres, o celibato, a redução do número de filhos por casal, a contracepção, mas também a homossexualidade, que, graças aos filmes e publicações de médicos militantes como Magnus Hirschfeld, se apresenta como outra normalidade perfeitamente legítima.

A extrema direita *völkisch*, a mesma que pretende situar no centro de suas preocupações o *Volk* como organismo biológico, participa dessa angústia natalista e demográfica. Refutando o pessimismo metodológico de um Spengler, para quem, ao que parece, a senescência e a finitude de um povo são fenômenos necessários e fatais, os nazistas desenvolvem um discurso ao mesmo tempo mais angustiado (e angustiante) e mais voluntarista — sendo o caráter trovejante dessa vontade proporcional ao pessimismo da constatação demográfica.

Em brochura publicada em 1934 com o título "Povo em perigo",[117] um dos dois editores responsáveis pelas publicações nazistas, Lehmann, de Munique, oferece ao público um levantamento propriamente apocalíptico; nele, a catástrofe demográfica é sobredeterminada por um vivo sentimento obsessivo, que apresenta uma Alemanha moribunda, cercada por um mundo cheio de saúde e minada internamente pelo aumento exponencial da população de degenerados, associais e fracassados. São mobilizados todos os recursos da ilustração gráfica, do diagrama implacável ao infográfico assustador, ampliando descomedidamente um rosto eslavo patibular ao lado de uma bela cabeça ariana, que desaparece da folha. Na Europa de 1810, havia cinquenta e nove milhões de germanos frente a sessenta e cinco milhões de eslavos; as projeções para 1960 são aterradoras: apenas cento e sessenta milhões de nórdicos contra trezentos e três milhões de eslavos.[118] Outra ilustração mostra a Pariser Platz, diante da Porta de Brandeburgo, se esvaziando aos poucos: quatro milhões de habitantes em Berlim em 1925, cem mil em 2075,[119] em virtude dos conhecidos males da vida urbana contemporânea — acima de tudo, contracepção, aborto e homossexualidade. O comentário frisa sentenciosa e dolorosamente essas mensagens: "Somos um povo agonizante",[120] esvaziado de sua substância pela ausência de renovação demográfica e pelo crescimento das populações de doentes, criminosos, alógenos e, no exterior, eslavos.

Em um posfácio de tom firme, o dr. Arthur Gütt, médico, membro da SS e assessor do Ministério do Interior em questões de "higiene racial", repete a constatação e vitupera contra as normas morais, segundo ele responsáveis pela inédita degradação biológica do povo alemão: a "lei da natureza" elimina os fracos e fracassados e determina que "seja mantido

---

117 Otto Helmut (dir.), *Volk in Gefahr. Der Geburtenrückgang und seine Folgen für Deustchlands Zukunft*, Munique, Lehmann, 1934.
118 *Ibid.*, p. 35.
119 *Ibid.*, p. 21.
120 *Ibid.*, p. 6.

em vida o povo alemão",[121] custe o que custar. Uma moral corrompida determinou que se cuidasse dos degenerados e se tolerasse a ausência de filhos: a "seleção natural" foi neutralizada por essa "ideologia do último milênio, que nos impôs o imperativo moral de assistir tudo aquilo que é doente e fraco".[122]

É exatamente o contrário que determina uma ética derivada das leis da natureza, que gera "deveres em relação à família alemã, ao povo alemão e ao futuro da Alemanha".[123] Os idosos, assim, "só têm direito à assistência" se e unicamente se "contribuírem para a fertilidade alemã" e souberem "dar ao povo alemão uma eterna juventude".[124]

Como vemos, Arthur Gütt sustenta que "tudo deve estar subordinado a esse fim da nossa política racial", tudo, "inclusive os imperativos que regem nossa sexualidade e nossas famílias", que não devem mais ter algo a ver com essas "doutrinas ultrapassadas e falsas"[125] herdadas do cristianismo.

De 1936 a 1945, o mesmo editor, Lehmann, publica uma série de monografias intitulada "Biologia política — Cadernos para uma ciência e uma política biológicas", cujos títulos informam sobre a "guerra dos nascimentos", convocam para a "guerra contra a morte infantil" ou descrevem povos "à beira do abismo".[126] A argumentação é sempre idêntica, retomando tudo aquilo que a brochura de 1934 já arrolava exaustivamente.

A originalidade dessa abundante literatura demográfica nazista é dupla. Para começar, ela diz respeito a toda a história: assim como o conceito de raça e a leitura racista da história ajudam a entender o real contemporâneo e a totalidade do devir humano, essa angústia da oligantropia é projetada na totalidade das épocas. Se as civilizações grega e romana (nórdicas) desapareceram, por exemplo, foi em grande parte por razões de desmoronamento demográfico, decorrente da hemorragia de guerras fratricidas e de uma desnatalidade causada pela decadência

---

121 *Ibid.*, p. 52.
122 *Ibid.*, p. 54.
123 *Ibid.*, p. 53.
124 *Ibid.*
125 *Ibid.*, p. 57.
126 Friedrich Burgdörfer, *Völker am Abgrund*, Munique, Lehmann, 1936.

dos costumes.[127] Da mesma forma, a Guerra dos Trinta Anos revela a hostilidade de um mundo coligado contra a Alemanha e conspirando para o seu desaparecimento biológico, leitura que os nazistas consideram plenamente confirmada pela Primeira Guerra Mundial.

Essa etiologia da morte dos povos e a constatação da urgência contemporânea levam à formulação de um catálogo de medidas clássicas e esperadas a partir de 1933.

O ruidoso estímulo ao aumento da família alemã é acompanhado de uma banal luta contra o aborto, a homossexualidade e o trabalho das mulheres (exceto em tempo de guerra). A habitual coleção de medidas do dispositivo natalista se faz presente nos *slogans*, e em seguida nas disposições regulamentares e legislativas do III Reich: as medidas de estímulo (subsídios) e sanções (fiscais e penais) contra a ausência de fecundidade são bem conhecidas e podem ser encontradas em outros países europeus nessa época.

Mas o discurso nazista desenvolve uma radicalidade crítica e programática incomum: trata-se de destruir os fundamentos de uma cultura, de uma normatividade nociva e nefasta, para instaurar uma política biológica, uma *naturgesetzliche Politik*, ou seja, literalmente, uma política que respeite a natureza como única lei e tenha a natureza como única lei, vale dizer, único princípio e único fim.

A *Naturgesetzlichkeit* — o respeito da natureza como única instância legisladora — caracteriza sob muitos aspectos, senão essencialmente, a totalidade do discurso normativo nazista. No que diz respeito ao casamento, constatamos que, paralelamente ao já mencionado arsenal de medidas, verifica-se um singular ataque contra a própria instituição conjugal, não apenas em suas consequências jurídicas, mas também em seu princípio. Esse ataque se desenrola em três etapas sucessivas, visando, em uma ordem cronológica que também corresponde a uma gradação lógica: o estatuto dos filhos ilegítimos (fora do casamento), as condições de exercício do direito de divórcio e a própria norma monogâmica.

---

127 Cf. *supra*, cap. I e IV.

Filho natural, filho da natureza[128]

A primeira das três frentes abertas contra o casamento diz respeito às consequências jurídicas dessa instituição social: a diferença de estatuto entre os filhos de uma união ratificada pelo casamento e os que nascem fora do casamento. O Código Civil alemão de 1900, o *Bürgerliches Gesetzbuch*, consagra a desigualdade legal entre os filhos legítimos (*eheliche Kinder*, filhos nascidos num casamento) e os ilegítimos (*uneheliche Kinder*, filhos fora do casamento). A luta contra essa desigualdade de estatuto é para os nazistas uma questão de princípio, tanto quanto de pura contabilidade demográfica.

Do ponto de vista demográfico, para começar, seria inconcebível desonrar ou punir jovens mães solteiras que dão filhos à Alemanha. Se a sociedade e a cultura cristãs condenam essa reprodução fora do casamento, é por esquecerem as necessidades naturais da preservação da raça ou, pior ainda, por hostilidade a ela.

Teórico racista durante muito tempo apreciado por Himmler, o agrônomo Richard Walther Darré, chefe do Escritório Central da Raça e da Colonização da SS (RuSHA) e da corporação dos camponeses do Reich, levanta a questão de princípio e declara guerra a uma moralidade social inepta e de vontade fraca:

> Se considerarmos a questão do filho ilegítimo do ponto de vista da melhora racial, o problema é completamente diferente, pois é o valor hereditário que prima, ou seja, a proveniência racial — e só numa segunda etapa [vem] a questão da concepção no casamento ou fora dele.[129]

---

128 A palavra alemã para designar filho "natural" ou "ilegítimo" é *ausserehelich*, ou seja, literalmente, "extraconjugal". O emprego do termo "natural" — francês e não alemão — nos permite aqui um jogo de palavras que expressa bem esse argumento nazista de que um filho "natural" é uma bênção da natureza, a ser valorizada e venerada. O que é "ilegítimo" não é o filho "natural", mas toda condenação social ou moral da sua chegada.
129 Richard Walther Darré, *Neuadel aus Blut und Boden*, Munique, Lehmann, 1930, p. 172.

Dez anos depois, Darré volta à questão, lamentando que na Alemanha nazista "muitas vezes ainda perguntem em que condições matrimoniais o filho nasceu, em vez de se interessarem pelo valor racial da criança". Segundo Darré, entre os germanos o casamento tinha por princípio e fim o desenvolvimento da vida da raça, e não a realização de dois indivíduos. Aos olhos de Richard Darré, foi o Código Civil de 1900 com sua "ideologia liberal que derrubou a hierarquia de valores (*umgewertet*)".

Para enfrentar essa primeira *Umwertung*, essa inversão de valores, é necessário endireitar as coisas. A segunda *Umwertung* será então uma revolução que permitirá o retorno aos valores essenciais da raça: o que importa antes de tudo é que nasçam filhos e que o "casamento" esteja de novo "a serviço da reprodução das gerações".[130] Para pôr fim aos debates da época, Darré propõe um critério seguro, um critério de responsabilidade biológica:

> O conceito de um filho pelo qual seríamos responsáveis perante nossos antepassados fornece um critério seguro para formular uma posição clara no alvoroço em torno do filho ilegítimo. Permite também lançar as bases de uma moralidade alemã de acordo com a raça e responsável perante ela.[131]

Ahnenverantwortung: o ato de procriação só pode comparecer perante o tribunal da raça e dos antepassados (*Ahnen*), e não ser julgado segundo as normas dessa ou daquela Igreja ou moral burguesa míope e filisteia.

O direito germânico assim entendido é um direito plenamente natural, no sentido de que transcreve os mandamentos da natureza e serve aos seus fins, opondo-se a tudo que seja antinatural: o cristianismo, o direito civil e os preconceitos burgueses. Nas páginas da revista *Deutsches Recht*, assim, um jurista se interessa pelo "conceito de *Sippe* [família, clã] no direito germânico". Lembra que, em sentido inverso ao do artigo 1589 do BGB (Bürgerliches Gesetzbuch), o Código Civil alemão, que não atribui ao filho natural nenhum vínculo com a família do pai,

---

130 ID., *Neuordnung unseres Denkens, op. cit.*, p. 36.
131 *Ibid.*, p. 43.

> a lei norueguesa de 10 de abril de 1915 restabeleceu os direitos das concepções sociais dos antigos germanos, na medida em que decidiu que "o filho ilegítimo tem [...] o mesmo estatuto jurídico em relação o pai que em relação à mãe".[132]

Os noruegueses foram capazes de restabelecer as normas "dos antepassados [germânicos que] tinham um pensamento jurídico mais justo e mais de acordo com a biologia".[133] O direito civil norueguês está de acordo com a tradição germânica, mas também com as conquistas mais recentes da ciência da raça:

> A justificação dessa norma é que o vínculo de sangue natural com o pai e a mãe é idêntico, e transmite a mesma hereditariedade ao filho, de tal maneira que a ciência da hereditariedade determina que concluamos juridicamente pelo parentesco substancial e biológico imediato do filho e dos dois pais.[134]

Para fazer frente à aculturação judeo-cristã gerada pela evangelização e à alienação liberal-burguesa da Revolução Francesa, é invocada a dupla autoridade do arcaísmo e da modernidade: é necessário agir com urgência novamente, como os antepassados mais distantes, por fidelidade à essência da raça, mas também porque seus usos são confirmados e consagrados pela ciência mais avançada, a ciência moderna que hoje permite conhecer com certeza a natureza e suas leis. Como toda norma jurídica, o direito civil só é legítimo na medida em que for deduzido, ou traduzido, das leis da natureza, limitando-se o direito positivo a ser uma transliteração das normas naturais.

O que está em jogo nesse debate em torno do filho ilegítimo e do seu estatuto é nada mais nada menos que o valor do casamento como instituição social. O fato de as Igrejas atribuírem ao casamento um valor sacralizado não pode ser levado em conta: o que importa é o valor

---

132 R. Haff, "Der Sippengedanke im deutschen Recht", *Deutsches Recht*, 1935, pp. 84-86, p. 85.
133 *Ibid.*
134 *Ibid.*

biológico desse ato jurídico. O direito não pode nem deve entrar em contradição com a natureza. Se servir para entravá-la, será necessário reformá-lo. Como escreve um redator do jornal *Das Schwarze Korps*, da SS:

> O casamento é um instrumento de que a natureza se serve para projetar a raça na eternidade. A natureza não dá a menor importância ao direito, ela quer [...] um ato biológico. Tudo mais não passa de obra humana, certamente necessária, mas artificial. Todo aquele que se questiona quanto ao significado profundo do casamento, portanto, só pode partir da ciência e da vontade da natureza.[135]

Essa concepção do direito, tratando além do mais de um tema sensível como os costumes sociais e a moral burguesa, não parece assim tão evidente, e as Igrejas protestam ante as pretensões nazistas de conferir ao filho ilegítimo uma posição equivalente à do filho de um casal casado. Em artigo publicado na revista *Deutsches Recht*, o doutor em direito e oficial SS Kurt Schmidt-Klevenow, membro do Escritório Central da Raça e da Colonização da SS (RuSHA), menciona as "reservas de nossos inimigos ideológicos, particularmente as Igrejas", esclarecendo que "o nacional-socialismo não se dispõe a entrar em acordo com esta ou aquela proposição dogmática liberal-burguesa ou clerical". O nazismo, que é uma "raciologia aplicada", visa

> integrar o filho ilegítimo na comunidade racial, arrancando-o de uma vez por todas do pântano da cultura liberal-burguesa ou clerical. A pretensa moral burguesa ou religiosa em geral tem apresentado o filho ilegítimo como ser de segunda categoria pelo simples motivo de ter nascido fora do casamento.[136]

Seguindo a boa ortodoxia nazista, o autor esclarece que

---

135 *Das Schwarze Korps*, 28 de outubro de 1937, citado em Josef Ackermann, *Heinrich Himmler als Ideologe*, Göttingen, Musterschmidt, 1970, p. 128.
136 Kurt Schmidt-Klevenow, "Das uneheliche Kind in der Volksgemeinschaft", *Deutsches Recht*, 1937, pp. 148-152.

> todo direito deve se basear biologicamente no sangue, na fé em uma legislação eterna da natureza. Quanto mais um direito se aproximar da ordem natural, melhor será. Só assim ele pode desempenhar seu papel e ilustrar as leis sagradas da natureza e da vida.[137]

A frente de batalha nazista é, portanto, dupla: trata-se ao mesmo tempo de combater os preconceitos constitutivos de uma moral vitoriana cega e tola e enfrentar a cultura cristã da qual derivaram as normas burguesas.

Em ato de obrigatória reverência — e de concessão retoricamente útil —, o autor não pode se eximir de uma enfática homenagem à família alemã, que, segundo jura, o nacional-socialismo não pretende destruir. É que não falta quem esteja preocupado com essa eventualidade, como as vozes divergentes que manifestam suas dúvidas e reticências até nas páginas das publicações nazistas. É o caso de Friedrich Lenz, que apesar de ser médico eugenista, colega próximo de Arthur Gütt e autor, juntamente com Erwin Baur e Eugen Fischer, do manual de referência em matéria de *Rassenhygiene*, vitupera nas páginas de *Volk und Rasse*[138] contra os "filhos ilegítimos" e qualquer ameaça de dissolução da família, especialmente o conceito de "casamento biológico"[139] forjado por certos colegas. Esse artigo causa indignação em Heinrich Himmler, que proíbe o autor de voltar a publicar textos da mesma natureza.[140]

Isto porque o Reichsführer-SS tem tomado iniciativas elogiadas por Schmidt-Klevenow: "As consequências lógicas [dessa concepção do direito] são a necessidade de uma seleção e nosso dever de proporcionar melhores condições de vida aos filhos ilegítimos sadios e de valor. Nessa medida é que o Reichsführer-SS se mostrou à altura das famílias e seus filhos, ao criar o *Lebensborn*", instituição determinada "pela necessidade" natural.[141]

---

137 *Ibid.*, p. 150.
138 Friedrich Lenz, "Zur Frage der unehelichen Kinder", *Volk und Rasse*, março de 1937, pp. 91-95.
139 *Ibid.*, p. 93.
140 J. Ackermann, *Heinrich Himmler als Ideologe*, op. cit., p. 130.
141 K. Schmidt-Klevenow, "Das uneheliche Kind in der Volksgemeinschaft", art. citado, p. 151.

Militante da "reavaliação dos valores" herdados do cristianismo, Himmler criou em 1936 uma instituição inédita: a associação "Fonte da Vida" (*Lebensborn e. V.*), destinada a receber jovens mães solteiras de boa raça em seus asilos, para lhes oferecer todo apoio necessário para dar à luz e criar os filhos nas melhores condições.[142] Em resposta àqueles que franzem a sobrancelha ou torcem o nariz no clero protestante ou católico ou nas congregações de outras confissões, Himmler declara que, no *Lebensborn*,

> praticamos um amor concreto ao próximo. É o que deveriam entender esses senhores pastores e padres que bradam do alto de seus púlpitos contra as mães solteiras, sem saber o mal que infligem a essas pobres mulheres ao voltar toda a sociedade contra elas.[143]

Esse "amor concreto ao próximo" faz parte de uma moralidade superior, que transcende e invalida a moral cristã, tão hostil à reprodução da raça: "concreto", ele se opõe a princípios abstratos, desencarnados e desencarnantes, para permitir a reprodução e a produção de substância biológica de boa raça.

Vemos assim que, na questão do filho ilegítimo, se expõe uma concepção radicalmente diferente do direito: segundo os nazistas, o direito deve ser pura e simples transcrição do fato natural; o direito alemão deve ser revolucionário e revolucionado, vale dizer, deve voltar ao ponto de partida germânico, à proximidade germânica com a natureza: Darré opõe à primeira "inversão de valores" (*Umwertung*) uma segunda inversão, que permitirá restabelecer a legitimidade da norma, transformando-a novamente na transliteração dos decretos da natureza.

---

142 Onze estabelecimentos em 1945, entre os quais oito asilos para mães e três para crianças sob a tutela da SS. No total, onze mil crianças nasceram nos *Lebensborn* entre 1936 e 1945. Cf. J. Ackermann, *Heinrich Himmler als Ideologe*, op. cit., p. 129.

143 Heinrich Himmler, citado em Volker Koop, *"Dem Führer ein Kind schenken" — Die SS-Organisation Lebensborn e.V.*, Colônia, Böhlau, 2007, p. 42.

Pela dissolução da união estéril

O segundo combate dos ideólogos, raciólogos e juristas nazistas visa as condições de dissolução do casamento. Se, como diz o jornal *Das Schwartze Corps*, a única finalidade do casamento é a procriação de filhos numerosos, cabe flexibilizar a legislação do divórcio para permitir a separação de casais inférteis. Essa flexibilização é alcançada pela lei de 1937 de reforma do casamento, sendo objeto de uma justificação biológica.

Como explica Franz Wieacker, professor em Kiel, nas páginas do *Deutsches Recht*, "a nova visão de mundo confere novamente à família e ao casamento o caráter de um trabalho,[144] de uma função no seio de um conjunto que os transcende".[145] Claro que, ao se refletir sobre uma reforma do direito matrimonial, não se trata de subverter essa bela e nobre instituição, autorizando o divórcio *ad libitum*. Mas, em vez disso, cabe pôr fim às limitações clericais e às heranças religiosas: "Não haverá divórcio arbitrário, mas nenhuma instituição matrimonial transcendente deve impedir a dissolução de casamentos doentes em proveito da comunidade do povo."[146]

Seu colega Karl Larenz, professor em Kiel, concorda: "O legislador deve ter a coragem de reconhecer que um casamento desesperadamente arruinado na verdade não é mais um casamento [...]. Um vínculo que deixou de ser um vínculo deveria ser formalmente declarado rompido"[147] — mais uma vez, aqui, o direito aparentemente deve se limitar a registrar um fato. É o caso de casamentos em que não há mais amor e confiança e nos quais, acima de tudo, a procriação de filhos se tornou impossível.

Nos debates preparatórios da reforma do casamento, o jurista Ferdinand Mössmer preconiza a integração do "conceito de comunidade" a toda reflexão sobre "casamento e divórcio".[148] A comunidade — o

---

144 Serviço, tarefa ou trabalho. A palavra alemã empregada aqui é *Dienst*.
145 Franz Wieacker, "Geschichtliche Ausgangspunkte der Ehereform", *Deutsches Recht*, 1937, pp. 178-184.
146 *Ibid.*, p. 179.
147 Karl Larenz, "Grundsätzliches zum Ehescheidungsrecht", *Deutsches Recht*, 1937, pp. 184-188.
148 Ferdinand Mössmer, "Der Gemeinschaftsgedanke im Recht der Eheschliessung und Ehescheidung", *Deutsches Recht*, 1935, pp. 86-88.

autor não o diz, mas vale a pena lembrar — não é nem a sociedade nem uma *civitas* transcendente garantida pelo sagrado. Em uma sociedade — grupo humano baseado na livre contratualização dos indivíduos —, é imaginável um casamento livremente contratável e dissolúvel.

Em sentido inverso, numa *civitas* religiosa, constituída por postulados e categorias forjados pela Igreja, o casamento é um sacramento tão indissolúvel e eterno quanto o vínculo entre o Criador e suas criaturas. A comunidade (*Gemeinschaft*) nazista não é nada disso: nem livre (no sentido rousseauísta e revolucionário) nem (falsamente) sagrada, ela é orgânica. Como organismo biológico, baseia-se na mútua participação de todos na mesma substância e tem como finalidade a reprodução dessa substância pela procriação de filhos.

Desse modo, e com todo o rigor jurídico, o casamento só pode ser entendido como

> uma comunidade de vida (*Lebensgemeinschaft*) entre duas pessoas sadias da mesma raça e de sexos diferentes, para qualquer finalidade de preservação e estímulo do bem comum, por meio de uma coabitação harmoniosa que vise produzir filhos sadios de boa raça, assim como educá-los para que se tornem membros válidos da comunidade do povo.[149]

Esta definição não poderia estar mais afastada da concepção liberal do casamento esboçada por Kant e consagrada pelo BGB em 1900: nos termos de Kant, o casamento é um contrato que rege o uso das partes genitais de cada um e, nos termos do direito civil, um ato bilateral passível de revogação. É, aqui, um meio tendo em vista um fim: procriação e produção de uma substância biológica sadia.

Nas medidas de prevenção, faz-se necessária, portanto, uma profilaxia dos casamentos indesejáveis, como dispõem as leis de 1933 e 1935, proibindo a união e a reprodução de elementos sadios com elementos de hereditariedade corrompida (leis de 14 de julho e 24 de novembro de 1933) ou com judeus (leis de Nuremberg). Nas medidas de correção, o debate — desejável

---

149 *Ibid.*, p. 86.

— sobre o divórcio e sua flexibilização é parasitado por um tabu e um erro. O tabu é imposto pelo "direito do casamento católico", que nele vê um sacramento indissolúvel. O erro, por outro lado, é o do "liberalismo", que encontra sua plena realização na "legislação do casamento soviético": o casamento não passaria de uma "questão de direito privado", sujeita a "nenhuma outra condição de dissolução senão a simples denúncia unilateral".[150] Esta concepção "liberal-soviética" é inaceitável: os cônjuges devem ter consciência de que estão sujeitos a um dever (em relação à comunidade, à raça) que está acima deles. Pelas mesmas razões, contudo, um casamento que não sirva mais à comunidade racial deve poder ser dissolvido, sem que pesem sobre o divórcio os preconceitos, pretensões e proibições herdados de uma concepção clerical e sacramental.

A atual "limitação rígida das causas de divórcio exclusivamente à falta constatada"[151] impede cônjuges convencidos da inviabilidade de sua união de se divorciar e os leva a contornar a lei mentindo diante do juiz, para que este conceda o divórcio por falta. Seria preferível flexibilizar essa legislação para que os cônjuges possam se divorciar, "em particular quando seu casamento permaneceu estéril".[152] Esta flexibilização de modo algum abre a porta para deflagrações familiares em série, pois os juízes estarão atentos: naturalmente, "casamentos que ainda oferecessem alguma perspectiva de reprodução fecunda deveriam ser mantidos, ao contrário das uniões que, irremediavelmente destruídas, deveriam ser dissolvidas".[153]

Ante tais argumentos, tão fortemente fundamentados numa concepção biológica da comunidade política e na finalidade reprodutiva de toda união, os hesitantes e reticentes pouco têm a opor: as Igrejas defendem o dogma, que, no entanto, é repudiado por seu caráter antinatural, e mesmo sua hostilidade à raça e seu desenvolvimento. Quanto aos conservadores, só podem opor uma ladainha repetitiva e argumentos tautológicos ao vagalhão dos raciocínios biológicos e ao caráter apodítico da necessidade natural.

---

150 Ibid.
151 Ibid., p. 87.
152 Ibid.
153 Ibid.

O discurso nazista, segundo o qual as instituições sociais devem servir às finalidades da natureza, se caracteriza por uma radicalidade que sacode as ultrapassadas ideias burguesas e os preconceitos sociais herdados, que se limitam a contestá-lo com vãs lamúrias sem reais argumentos, repetindo que é necessário defender a família tradicional porque sempre foi assim. A concepção nazista provoca resistências, mas consegue se impor não só na letra das normas jurídicas mas também na realidade das práticas sociais, como evidencia o sucesso dos *Lebensborn* como centros de acolhimento de mães solteiras.

Se no fundo o combate pela igualdade de estatuto para o filho ilegítimo contesta a obrigação de uma reprodução sexuada no contexto de uma união ratificada pela lei, o debate pela flexibilização das condições de divórcio constitui uma segunda frente a desvalorizar o casamento monogâmico e único como estrutura e lugar imperativo, ou mesmo principal, da reprodução. Está aberto, portanto, o caminho para a contestação do próprio princípio monogâmico.

Abolir a monogamia?

No *Völkischer Beobachter* com data de 24-26 de dezembro de 1939, Rudolf Hess publica uma carta aberta supostamente dirigida a uma jovem mulher grávida, noiva de um homem mobilizado na Wehrmacht e, segundo se especifica, recentemente morto na frente de combates da Polônia. Noiva e não casada, essa mulher vai trazer ao mundo um filho ilegítimo, o que a deixa desesperada, levando-a a se abrir com Hess.

A comovente iniciativa da noiva de um herói, uma mulher cuja falta é eclipsada pelo sacrifício do pai de seu filho, permite aos elementos de vanguarda da hierarquia nazista propor uma ideia que, no contexto de uma guerra que acaba de começar, tende a se banalizar, tendo se limitado até então aos elementos mais radicais do racismo mais sólido e "revolucionário" no interior da SS.

O artigo assinado por Hess é notavelmente construído: o "representante do *Führer*" começa manifestando profunda simpatia por uma jovem cujo filho se propõe a reconhecer, tornando-se seu "padrinho".[154] Segundo Hess, nem se discute que, em nome da boa solidariedade nacional-socialista, "a senhora e seu filho serão tratados e ajudados da mesma maneira que seriam se o casamento já tivesse sido celebrado"[155] — mais uma vez, o fato natural (a concepção) equivale a um ato jurídico.

No fundo, Hess poderia ter ficado por aí: o erro do casal foi redimido pela morte do pai, e a história comovente poderia ter consolidado o próprio princípio do casamento. Acontece que nem de longe se trata de culpa ou falta no artigo; muito pelo contrário. Se por um lado, para recorrer a uma precaução retórica, "o movimento nacional-socialista vê na família a célula fundamental do povo", por outro não deixa de ser verdade que

> em momentos excepcionais [...], devem ser tomadas medidas específicas, divergindo das regras habituais, especialmente em tempo de guerra, quando morrem tantos homens jovens e toda nova vida assume particular importância para a nação.

O estado de exceção criado pela guerra suspende assim os "velhos hábitos veneráveis" e apaga as "fronteiras dos usos e costumes burgueses, que sem dúvida são necessários" em épocas normais. Como se pode imaginar, os adjetivos "veneráveis" e "burgueses" não são empregados exatamente em sentido positivo... Expressão de um velho mundo mesquinho e exangue, as regras de ontem são suspensas pela guerra, mas não só: são também condenadas, por obsolescência. O fato de esse esforço de emancipação das normas herdadas nada ter de fácil é reconhecido por Hess, que muito habilmente finge se colocar no lugar da jovem e do leitor dessa carta aberta:

> Acredite, também não me foi fácil libertar-me das tradições que sempre foram evidentes para mim. Como nacional-socialista, contudo, posso lhe dizer o seguinte: a lei suprema,

---

154 Rudolf Hess, "Der höchste Dienst der Frau für Deutschland — Rudolf Hess an eine unverheiratete Mutter", *Völkischer Beobachter*, 24-26 de dezembro de 1939, p. 11.
155 *Ibid.*

em tempo de guerra ou de paz, é a preservação da raça. Todas as outras leis, usos e concepções devem se submeter a essa lei superior.

Como vemos, Hess escreve "em tempo de guerra ou de paz". Isso quer dizer que os dias do casamento estão contados? Como norma, como condição obrigatória de uma reprodução sexuada legítima, indubitavelmente:

> Em tempo de guerra, o ato de matar assume um novo significado, pois serve à preservação da nação. Nossa relação com as mães solteiras e os filhos nascidos fora do casamento deve passar por uma evolução semelhante, e pelos mesmos motivos, seja em tempo de guerra ou de paz. De que adiantaria que um povo vencesse se tivesse de desaparecer por causa dos sacrifícios aceitos em nome da vitória?

Se foi necessário aprender a matar para defender a nação, liberando-se das proibições herdadas que normalmente impedem de matar alguém, também é necessário aprender a dar à luz fora das estruturas normativas herdadas de um passado superado. Aqui, a guerra não conta mais: Hess fala de uma revolução normativa definitiva, levando em conta o fato de que

> o bem da comunidade, a vida da raça está acima de todos os princípios imaginados pelos homens, acima das normas morais que, embora sejam expressão de um costume, nem por isso passam a ser consideradas como a moral em si, acima, enfim, de todos os preconceitos.

As tradições sociais — e as instituições jurídicas que são suas guardiãs — são rebaixadas à condição de simples "costumes", inferiores à "moral em si", conjunto de normas que têm como finalidade a vida e o desenvolvimento da raça.

Esse artigo de Rudolf Hess, publicado no fim de dezembro de 1939, surge oportunamente dois meses depois de uma iniciativa de Heinrich

Himmler, que havia provocado comentários indignados e reações hostis no meio conservador dos oficiais da Wehrmacht.

Não é a primeira vez que Himmler interfere no terreno da conjugalidade de seus homens: já a 31 de dezembro de 1931 ele sujeita qualquer casamento de um membro da SS à aprovação do Escritório Central da Raça e da Colonização (RuSHA), com base na raça da eleita. Nada mais lógico: como a SS se apresentava como a elite racial do futuro Reich, era imperativo que a seleção racial mais rigorosa orientasse seu recrutamento, assim como o casamento de seus homens.

Em 28 de outubro de 1939, Himmler baixa uma ordem que não visa a qualidade do "material humano" SS, mas sua quantidade. A *Zeugungsbefehl* (ordem de reprodução), prevendo as perdas humanas da guerra em curso e por vir, ordena que os soldados da Waffen-SS engravidem o mais rápido possível suas esposas, "pois o mais belo presente de uma viúva de guerra sempre é o filho do homem que amou". Os que ainda não são casados também recebem ordem de fecundar qualquer mulher alemã disponível:

> Além dos limites impostos por leis e costumes burgueses talvez necessários sob certos aspectos, o fato de se tornar mãe de um soldado de partida para a frente vai se tornar um dever superior, inclusive fora do casamento, para mulheres jovens e mocinhas de bom sangue, não por leviandade, mas pelas razões morais mais sérias e profundas.

É por dever que se combate e se mata. E é também por dever que se procria.

Esse "dever sagrado" é ditado pela morte, que já golpeia, mas também pelas tarefas de colonização que aguardam a raça nórdico-germânica em espaços de inédita extensão. Os filhos dessa sexualidade militante e militar desfrutarão da tutela "de representantes do Reichsführer-SS" e terão à disposição todos os recursos materiais necessários para sua educação "até a maioridade", no contexto dos asilos do Lebensborn, especifica Himmler em circular complementar à SS e à polícia alemã no dia 30 de janeiro de 1940.

Nesse segundo texto, Himmler reage aos "mal-entendidos" provocados por sua ordem de 28 de outubro de 1939: não é o caso de homens da polícia e da SS "se aproximarem da mulher de um companheiro" que partiu para o combate! A honra militar e o simples bom senso o proíbem, assim como determinam a mobilização de toda mulher disponível nesse combate dos nascimentos, "questão vital para o nosso povo". O Reichsführer lembra mais uma vez que, no caso dos homens e mulheres não casados, se trata de um dever "sagrado, superior a toda leviandade e brincadeira".

Ao escrever essas linhas para legitimar a prática de uma sexualidade não apenas pré-conjugal, mas claramente extraconjugal, Himmler pode se basear numa ideia já disseminada e aceita no círculo mais alto da hierarquia nazista: procriar, seja de que maneira for, é um dever de toda mulher. Melhor que isso: trata-se do equivalente exato, para a mulher, do dever militar que incumbe aos homens. Como declara Hitler às mulheres alemãs num discurso de 1934 em Nuremberg:

> Tudo aquilo que o homem aceita como sacrifícios na luta empreendida pelo seu povo a mulher aceita em seu combate pela preservação das famílias do seu povo. A coragem demonstrada pelo homem no campo de batalha também é demonstrada pela mulher com sua constante dedicação, seu amor paciente e o que ela suporta. Cada filho que ela traz ao mundo é uma batalha que vence pela existência do seu povo, contra a ameaça do nada.[156]

Aquilo que em tempo de paz é uma analogia positiva destinada a valorizar o grande aprisionamento das mulheres no espaço privado deve ser entendido no sentido mais literal em tempo de guerra: as mulheres combatem com a única arma ao alcance da sua natureza fraca, o ventre.

Solteiro até o dia de seu suicídio, Hitler aprova em caráter privado todas as afrontas à obrigação de uma sexualidade monogâmica e conjugal constatadas nas fileiras da SS. Apesar de reagir vigorosamente

---

156 "Der *Führer* an die Deutschen Frauen", Nuremberg, 8 de setembro de 1934.

quando Goebbels abandona a mulher por uma atriz tcheca, pois o escândalo é prejudicial ao regime e fere Magda Goebbels, mãe fértil de cinco filhos alemães, Hitler "se congratula, justamente, de que uma tropa de elite como a *Leibstandarte* considere seu dever de trazer filhos ao mundo como um dever da raça".

Essas declarações do *Führer* se seguem a um *satisfecit* que Himmler acaba de se conceder: "Tendo em vista as perdas que a SS sofreu nas fileiras de seus homens jovens ainda solteiros, estou satisfeito por ter dado essa ordem [de reprodução]. Dessa maneira, o sangue desses homens pelo menos é conservado num filho." Estimulado pelo clima reinante à mesa, um conviva da *Wolfschanze* conta uma piada que tem circulado sobre o significado de três das muitas siglas que desde 1933 se multiplicam no Reich:

> Sabem qual o significado de BDM, WHW e NSV?[157] *Bin Deutsche Mutter, Wie Hitler Will, Nun Suche Vater* (Sou uma mãe alemã, como quer Hitler, agora estou procurando um pai!).[158]

O estenógrafo registra que o *Führer* ri com gosto da tirada de humor popular, assim como os outros comensais.

O casamento e o conjunto das normas e representações que o cercam visivelmente desagradam a Hitler, indignado com a mediocridade burguesa que lhes serve de fonte e fundamento. Demonstrando irritação com os "tartufos",[159] Hitler se manifesta contra a "moral mentirosa"[160] que leva oficiais a deixar o exército depois de terem relações extraconjugais.[161] Nada disso lhe parece muito sadio ou natural: a vocação natural

---

157 *Bund Deutscher Mädel* (Associação das Jovens Nazistas), *Winterhilfswerk* (Obra Assistencial de Inverno) e *Nationalsozialistische Volkswohlfahrt* (Associação de Ajuda Mútua Nacional-Socialista).

158 Adolf Hitler, declarações privadas, 23 de abril de 1942, em Henry Picker (ed.), *Hitlers Tischgespräche im Führerhauptquartier, 1941-42* (1951), Stuttgart, Seewald, 1976, p. 235.

159 *Ibid.*, 15 de maio de 1942, p. 289.

160 *Ibid.*, 14 de abril de 1942, p. 297.

161 Como foi o caso de Reinhard Heydrich, afastado da Marinha por ter rompido o noivado. Cf. Robert Gerwarth, *Reinhard Heydrich. Biographie*, Munique, Siedler, 2011,

da mulher não é casar, mas procriar, pois, prossegue ele, retomando a vulgata medicinal razoavelmente misógina da época, "uma moça que não tem filhos se torna histérica e doente".[162] O que vale em escala individual também vale no nível da comunidade como um todo: "O que foi desejado pela natureza [não é o] casamento [mas] a satisfação da grande aspiração à vida [que consiste em] impor o próprio direito à vida."[163]

A partir daí, já não é muito grande o passo a ser dado em direção ao princípio da poligamia; preocupado e mesmo aterrorizado com a hemorragia provocada pelos combates, Hitler lembra mais uma vez o precedente do século XVII: "Depois da Guerra dos Trinta Anos, a poligamia voltou a ser autorizada: foi graças ao filho ilegítimo que a nação se reconstituiu."[164]

Assim é que se aclimatam no mais alto nível da hierarquia nazista, no contexto de uma guerra dura e custosa em homens, ideias formuladas já na década de 1920 nos círculos mais vanguardistas do racismo *völkisch* e nazista, hostis ao casamento monogâmico — instituição suspeita, estranha à raça nórdico-germânica e certamente inventada para esgotar e secar seu fluxo reprodutivo.

Em sua obra mestra, *O campesinato como fonte de vida da raça nórdica* (1929), Richard Darré afirma que os germanos eram polígamos. O ramo meridional da raça nórdica, emigrado para a Grécia, praticava uma poliginia atestada por Plutarco, segundo quem "um espartano podia pedir a outro que dormisse com sua esposa", assim como "homens idosos podiam levar sua jovem esposa a um homem jovem para lhe pedir um filho, e não o consideravam vergonhoso".[165] O mesmo se dá na "Suécia, pátria original da raça nórdica, onde encontramos testemunhos tardios de poliginia".[166]

O próprio Carlos "massacrador de saxões", o Carlos Magno evangelizador e carrasco da Saxônia, era "polígamo", e seu comportamento "em

---

pp. 52-59.
162 A. Hitler, declarações privadas, 1º de março de 1942, *op. cit.*, p. 118.
163 *Ibid.*
164 *Ibid.*, p. 117.
165 Richard Walther Darré, *Das Bauerntum als Lebensquell der nordischen Rasse*, Munique, Lehmann, 1929; 8ª ed., 1940, p. 351.
166 *Ibid.*, p. 399.

nada é contrário ao espírito nórdico",[167] pois os reis francos agiam da mesma maneira. Quanto aos romanos, César "pretendia introduzir juridicamente a poligamia em Roma, para permitir maior reprodução"[168] depois do desastre demográfico da guerra civil que marcou o fim da República.

Para Darré, é evidente que a instituição social do casamento deve ter como único fim a reprodução máxima e a proliferação da raça. Qualquer artefato (social) que vá de encontro a essa lei natural deve ser abolido. Ora, constata o autor, o casamento monogâmico tornou-se um dogma, pois "a cristianização e a aculturação romana tardia modificaram a cultura jurídica dos germanos, o que acarretou uma evolução dos conceitos jurídicos num sentido antigermânico".[169]

Imposto à raça germânica com e pelo cristianismo, o casamento monogâmico é uma instituição nefasta para a vida da raça, uma antinatureza solidária das muitas outras características de uma cultura importada e hostil à vida, como evidencia a relação cristã com o corpo:

> Desde as origens, toda negação do corpo foi estranha à raça nórdica. Só na Antiguidade, quando a sombra monstruosa de uma ascese hostil à beleza se levantou no Oriente para provocar um eclipse da cultura, é que a deformação dos conceitos morais começou a impor a ideia de um corpo pecaminoso.[170]

O cristianismo como antinatureza alienou a raça desnaturando-a, afastando-a de uma concepção sadia e natural da sexualidade: a relação sexual do homem germânico deve ser livre e servir à reprodução mais abundante da raça.

A obstinada denúncia de um cristianismo que desnaturou a raça, afastando-a do seu nascimento e impedindo-a de obedecer a seus valores elementares, é uma das constantes dos textos de Alfred Rosenberg, que muito logicamente também toma partido pela poligamia, não sem as concessões retóricas de hábito:

---

167 *Ibid.*
168 *Ibid.*, p. 400.
169 ID., *Neuadel aus Blut und Boden*, op. cit., p. 133.
170 ID., *Das Bauerntum als Lebensquell*, op. cit., p. 445.

> É verdade que se deve proteger o casamento monogâmico, mas [...] sem uma poligamia temporária, jamais as migrações germânicas dos séculos passados teriam podido ocorrer, e, assim, jamais a cultura ocidental poderia ter desabrochado.[171]

O contexto demográfico herdado da Primeira Guerra Mundial torna a questão novamente atual: "Será que esses milhões de mulheres, chamadas com compaixão de 'solteironas', privadas de seu direito à vida, deveriam arrastar assim sua pobre existência?". Apesar da oposição dos clérigos, que abençoam casamentos entre judeus convertidos e cristãos, "a preservação de uma substância ameaçada de morte é o essencial, ao qual tudo deve ser subordinado — o que exige a produção de um sangue alemão bom e sadio".[172] Para concluir esse trecho intitulado "casamento biológico e casamento cristão",[173] Rosenberg frisa que

> os critérios válidos em tempo de paz podem se tornar perigosos e conduzir a uma catástrofe em tempos marcados por um combate de vida e morte. O futuro Reich alemão terá de avaliar [bewerten] toda essa questão de um novo ponto de vista e criar formas de vida adequadas.[174]

Como seria de esperar, é também a posição do convicto anticristão Heinrich Himmler, que atribui à alienação cristã grande parte dos males que acometem a raça germânica. Para ele, o casamento monogâmico é "uma obra satânica da Igreja Católica",[175] um instrumento para enfraquecer a raça, fazendo-a definhar. O que não surpreende, quando se sabe que o cristianismo é uma criação dos judeus para destruir uma raça ariana que não conseguem vencer em combate aberto.[176] Os próprios judeus sabem

---

171 A. Rosenberg, *Der Mythus des 20. Jahrhunderts*, op. cit., p. 594.
172 *Ibid.*, p. 595.
173 *Ibid.*
174 *Ibid.*
175 Heinrich Himmler a seu massagista Felix Kersten, citado em V. Koop, "Dem *Führer* ein Kind schenken", op. cit., p. 41.
176 Cf. J. Chapoutot, *Le National-socialisme et l'Antiquité*, op. cit.

perfeitamente que o combate biológico é vencido na batalha da natalidade: "Nosso povo vencerá se dispuser de suficiente sangue nórdico, se esse sangue proliferar, do contrário, vai cair e definhar. Neste caso, será o fim da nossa raça e de sua cultura."[177]

O que o Reichsführer-SS pensa e defende é reproduzido pelas publicações da sua organização. É o caso do artigo publicado em 1944 no *SS-Leitheft*, lembrando, num contexto militar e demográfico pavoroso, que "a guerra total é conduzida [...] com mulheres e crianças".[178] Em tais condições, "estão em questão a vida e a morte de nosso povo e de nossa raça. O caráter total de nosso combate nos leva a uma radical revolução de nossas concepções". Que se danem o casamento e a obrigação de uma reprodução conjugal, ainda mais porque estão faltando homens. Assim como os homens estão sujeitos ao "dever de combater", assim também as mulheres têm "o dever de se reproduzir": "o combate biológico conduzido por nosso povo determinará que se vá além das concepções excessivamente pudicas da honra feminina". As mulheres que se esquivam ao que deixou de ser uma falta ou erro para se tornar um dever biológico

> deverão ser avaliadas do ponto de vista social e moral como merecem. Não têm mais valor que aquele que se esconde ou, pior ainda, o soldado desertor. A guerra total, portanto, também levará a uma revolução contra os conceitos morais hipócritas da época burguesa.[179]

Essa promoção da poligamia rapidamente é constatada entre os juristas, que expõem os projetos de reforma do direito defendidos pelo NSDAP. É o caso do advogado e doutor em direito Helmut Nicolai, que publica pela editora do partido nazista a sua *Doutrina do direito racial. Princípios de uma filosofia do direito nacional-socialista* (1932). Para ele, a regulação da sexualidade por uma união ratificada pela comunidade tem como

---

177 Heinrich Himmler, discurso de 2 de setembro de 1938, citado em V. Koop, "Dem *Führer* ein Kind schenken", *op. cit.*, p. 47.
178 Ludwig Eckstein, "Die biologische Seite des totalen Krieges", *SS-Leitheft*, nº 2, 1944, pp. 19-23.
179 *Ibid.*, p. 21.

única finalidade, além da multiplicação dos nascimentos, o controle da linhagem. Se as mulheres são obrigadas a guardar fidelidade, é por ser necessário saber se o filho nascido efetivamente é de boa raça. Desse modo, faz sentido que

> o direito [germânico] não reconhecia o adultério do homem quando ele tomava uma escrava, mas apenas o adultério feminino [...], pois se as mulheres adúlteras se tornassem a regra, ninguém mais poderia saber de quem são os filhos.[180]

A justificação da poligamia, assim, aparece com todas as letras na literatura jurídica do partido nazista a partir de 1932. Esses textos militantes são apoiados pela literatura científica: o mais famoso historiador do direito germânico no entre-guerras, Claudius von Schwerin, publica em 1938 um artigo sobre "O problema do casamento germânico" nas páginas da *Zeitschrift der Akademie für deutsches Recht*.[181] O cientista começa observando que a oposição entre monogamia e poligamia é anacrônica, pois as duas realidades coexistiam antes da vitória final do cristianismo e de sua "doutrina moral",[182] a mesma que dita os julgamentos axiológicos dos quais os costumes germânicos costumam ser objeto.

Para Schwerin, é evidente que a poligamia era uma prática germânica disseminada e aprovada, mais precisamente na forma de uma poliginia masculina: essa prática não visava rebaixar a mulher e ferir indivíduos, mas servir à raça, permitindo a reprodução do número máximo de filhos. A relação assimétrica da poliginia deve ser compreendida e avaliada não nos termos individualistas e jusnaturalistas da cultura contemporânea dominante, mas sim nos termos holísticos da comunidade germânica:

> Todo aquele que examinar o casamento do ponto de vista da raça imediatamente entenderá [...] que não há aí nenhum

---

180 H. Nicolai, *Die rassengesetzliche Rechtslehre, op. cit.*, p. 13.
181 C. F. von Schwerin, "Zum Problem der germanischen Ehe", *art. citado*, pp. 529-532.
182 *Ibid.*, p. 530.

desprezo pela mulher, mas sua natural subsunção aos interesses da raça.[183]

Não se deve, prossegue o autor, ver "no casamento uma simples relação exclusiva entre cônjuges, mas uma comunidade de vida e de destino que [...] não deve ser considerada do ponto de vista dos cônjuges, mas do ponto de vista do lar e da raça".[184] O casamento não é um contrato entre indivíduos, mas a instituição que perpetua uma comunidade racial: "[O] casamento não é formado pelos cônjuges, mas pela raça, para o desenvolvimento da raça."[185] A concepção cristã do casamento como sacramento é descartada: o que é sagrado é a vida da raça e a proliferação de seus membros. Toda instituição artificial que entrave essa finalidade natural deve ser abolida.

Essas posições, muito avançadas, não são unânimes na corporação dos juristas, na qual as ideias conservadoras mantêm seu peso e influência. Responsável, entre outras coisas, pelos trabalhos preparatórios de uma reformulação do Código Civil, o professor de direito Justus Hedemann esclarece em 1941 que "ninguém quer atentar contra a monogamia [...] a pretexto de que a poligamia permite maior índice de natalidade",[186] ao mesmo tempo reconhecendo que essas ideias existem e são debatidas, e que embora deva ser protegido pelo direito, o casamento está subordinado a uma finalidade que lhe é exterior, "o fim superior da multiplicação e da preservação da raça".[187]

Outras publicações evidenciam as resistências culturais a qualquer questionamento do casamento monogâmico, argumentando que, para lutar contra a queda da natalidade, é preciso defender a família como "célula fundamental" da organização racial. Essas publicações, contudo, limitam-se a desenvolver uma argumentação desgastada demais para ser eficaz, sendo tolamente dogmática e não dinâmica: segundo esses

---

183 *Ibid.*, p. 531.
184 Ibid., p. 532.
185 Ibid., p. 531.
186 J. W. Hedemann, *Das Volksgesetzbuch der Deutschen, op. cit.*, p. 12.
187 *Ibid.*, p. 30.

autores, é necessário voltar a um lar monogâmico e familiar de quatro ou cinco filhos para perpetuar a raça e compensar as perdas da guerra...

Nada muito ofensivo que pudesse convencer e entusiasmar a alta hierarquia do regime. Em compensação, a crítica à monogamia é sedutora: ela combate os pressupostos cristãos derivados de uma cultura estrangeira e nefasta, de uma normatividade elaborada por judeus e inoculada como veneno na humanidade germânica; se beneficia da ruptura revolucionária com normas burguesas obsoletas; e é uma revolução no sentido próprio do termo, sentido esse retomado e apreciado pelos produtores do discurso nazista: rompendo com mil e quinhentos anos de alienação cristã, ela volta à inspiração primordial de uma raça germânica que conhecia a natureza e suas leis, e sabia agir de acordo com elas. Na hierarquia nazista, como vimos, a sexualidade fora do casamento é estimulada, com a condição de que sirva a uma finalidade reprodutiva. Ante as perdas de homens em uma guerra que se eterniza, passa-se a refletir sobre, além da tolerância de fato, uma legalização da poligamia.

As críticas e vozes divergentes são convidadas a se calar. O próprio Hans Günther, grande raciólogo, arauto do racismo nordicista mais exigente, é reduzido ao silêncio pelo NSDAP, que em 1944 proíbe a publicação de seu ensaio sobre *Os Filhos ilegítimos considerados do ponto de vista racial*.[188] Günther se propõe a defender a monogamia como garantia de estabilidade das características hereditárias e contra qualquer tipo de mistura e perda na repartição dos genes. Em suma: um casamento monogâmico e exclusivo entre dois indivíduos de boa raça é para ele o meio de garantir uma reprodução ideal do ponto de vista quantitativo (desde que o casal se esforce), mas também (e sobretudo) qualitativo, posição que já defende em seu ensaio de 1941 sobre *A escolha dos cônjuges. Condição da felicidade conjugal e do aperfeiçoamento hereditário*.[189] Frente aos ataques contra a monogamia, Günther quer reagir, mas em 1944 já não pode, pois foi

---

188 Cf. Hans-Christian Harten, Uwe Neirich, Matthias Schwerendt (dir.), *Rassenhygiene als Erziehungsideologie des Dritten Reiches. Bio-bibliographisches Handbuch*, Berlim, Akademie-Verlag, 2006, pp. 143-144.
189 Hans F. K. Günther, *Gattenwahl zu ehelichem Glück und erblicher Ertüchtigung*, Munique, Lehmann, 1941.

reduzido ao silêncio, como acontecera com Fritz Lenz em 1937: toda divergência ou crítica sobre a questão deixou de ser tolerada.

A hierarquia nazista está atenta, pois há urgência, uma urgência de tal ordem que a poligamia reprodutiva é praticada no círculo mais próximo de Hitler. Heinrich Himmler, por exemplo, tem dois lares: o primeiro, de um casamento que ele tem como precoce, com uma mulher que considera velha — responsabilizando por isto o catolicismo bávaro[190] —, coexiste com a relação quase oficial que mantém com sua ex-secretária, acomodada em instalações da SS em Hohenlychen (Brandeburgo). As visitas dominicais de Himmler à amante e seus dois filhos naturais, apesar de discretas, não são um mistério para ninguém entre os dirigentes do partido e do Estado, e mesmo em toda a SS.

O mesmo no caso da poligamia assumida de Martin Bormann, o secretário particular de Hitler, cujo poder, derivado da proximidade com o chefe, aumenta consideravelmente entre 1940 e 1945. Se sabemos que a Sra. Himmler sofria com a vida dupla do marido, também sabemos que Gerda Bormann estimulava o marido a procriar fora do domicílio conjugal. A correspondência de janeiro e fevereiro de 1944 entre os dois mostra claramente que a relação extraconjugal é considerada, no alto da hierarquia nazista, como a prática de um racismo natalista lógico. Em suas cartas, Martin e Gerda Bormann se tratam por "mamãe" e "papai": estaríamos diante de um velho casal resignado depois de uma longa vida em comum e de nascimentos em série? Ou de um sinal de que eles se consideram antes de tudo como reprodutores a serviço do *Führer* e do Reich?

Quando o marido lhe declara sua ligação com a atriz Manja Behrens, Gerda Bormann responde: "É uma pena que belas jovens como essas não tenham o direito de ser mães",[191] por causa de uma guerra que as priva dos noivos. É uma sorte, portanto, que Martin se encarregue de fecundá-la: "No caso de M., você poderá mudar essa situação, mas terá

---

190 Peter Longerich, *Heinrich Himmler. Biographie*, Frankfurt, Pantheon, 2010, pp. 116 e 377-378.
191 Hugh Trevor-Roper (ed.), *The Bormann Letters. The Private Correspondence between Martin Bormann and his Wife from January 1943 to April 1945*, Londres, Weidenfeld and Nicolson, 1954, p. 41.

de cuidar para que M. tenha um filho num ano e eu, no ano seguinte, para ter sempre uma mulher disponível."[192]

Gerda Bormann organiza um plano reprodutivo plurianual visando a produção máxima de filhos mediante uso alternado do ventre feminino "disponível". Mas ela sabe que Manja Behrens ainda faz parte do mundo antigo. Educada no cristianismo, a amante do seu marido certamente terá dificuldade de obedecer a essa lógica de reprodução poligâmica bienal. Será necessário iniciá-la em ideias menos nefastas para a raça que o cristianismo: "Dê-lhe bons livros, porém discretamente, para que ela chegue no seu próprio ritmo às conclusões justas."[193]

Num empenho pedagógico e de aculturação, Gerda Bormann também se preocupa com a legislação. O contexto demográfico é de tal ordem que se torna necessário agir, escreve, no terreno da lei:

> São tão poucos os homens válidos que vão sobreviver a essa guerra que é assustador: quantas mulheres não são condenadas a ficarem sozinhas porque seu companheiro foi morto numa batalha — será uma fatalidade? Nós também precisamos dos filhos dessas mulheres![194]

A sangria demográfica das duas guerras mundiais lembra — mais uma vez — a do século XVII. Desse modo, "seria bom que fosse promulgada uma lei no fim dessa guerra, como no fim da Guerra dos Trinta Anos, permitindo que homens sadios e válidos tenham duas esposas".[195] O comentário de Martin Bormann à margem esclarece: "O *Führer* tem exatamente a mesma opinião."[196]

Em momento de grande inspiração normativa, Gerda Bormann lança o conceito de *Volksnotehe*, expressão que poderíamos traduzir como "casamento de exceção racial" ou "união de desajuste racial". Encontramos em suas palavras um eco dos debates da década de 1930 sobre o

---

192 *Ibid.*, p. 42.
193 *Ibid.*, p. 43.
194 *Ibid.*, p. 45.
195 *Ibid.*
196 *Ibid.*

estatuto do filho ilegítimo e da mãe solteira. Preocupada em proteger as mulheres, Gerda Bormann especifica que as novas medidas legislativas ou regulamentares não deveriam ser "pretexto para homens pouco escrupulosos que nelas vissem uma oportunidade de ter relações sexuais a torto e a direito, a pretexto de ter filhos".[197] Para evitá-lo, "em hipótese alguma as mães dessas crianças devem ter um estatuto inferior ao das mulheres legalmente casadas".[198]

Tomadas essas precauções, não haveria limite para a multiplicação de uniões: "Cada homem sadio de corpo e de espírito e membro válido da comunidade do povo deveria poder contrair uma união adicional, ou mais."[199] Gerda Bormann desenvolve suas ideias sobre a guarda compartilhada, a vida em comum e a pensão alimentar. Tudo é previsto, até o texto de um formulário a ser preenchido para contrair uniões dessa natureza: "Eu..., declaro que, com o consentimento de minha esposa..., desejo contrair uma *Volksnotehe* com... Essa união terá o mesmo valor perante a lei que o meu primeiro casamento."[200]

Essa surpreendente correspondência — que o próprio casal Bormann reconhece[201] — não passa de reverberação de ideias agitadas pelo *Führer* nesse mesmo momento. Em memorando datado de 29 de janeiro de 1944 e intitulado "Garantir o futuro de nosso povo",[202] Martin Bormann observa que, "na noite de 27 para 28 de janeiro de 1944, o *Führer* conversou conosco sobre o problema do futuro da nossa raça". Segundo Hitler,

> a situação da nossa raça será catastrófica depois da guerra, pois nosso povo enfrenta uma segunda hemorragia terrível em menos de trinta anos. Com toda certeza vamos vencer a guerra, mas a perderemos do ponto de vista racial se não

---

197 *Ibid.*, p. 49.
198 *Ibid.*
199 *Ibid.*, p. 50.
200 *Ibid.*
201 "Não deixa de ser estranho que um marido escreva a sua mulher que está apaixonado por outra mulher", Gerda a Martin Bormann, *ibid.*, p. 46.
202 Jochen von Lang, *Der Sekretär. Martin Bormann, der Mann, der Hitler beherrschte*, Stuttgart, Deutsche Verlags-Anstalt, 1977, pp. 478-482.

revolucionarmos nossas concepções herdadas e as atitudes que daí decorrem.

Como tantas outras vezes, Hitler lembra as consequências demográficas e contrasseletivas de toda guerra, evocando a oligantropia que se seguiu às guerras de 1618-1648:

> A Guerra dos Trinta Anos nos mostra as consequências políticas terríveis que uma guerra pode ter. No início, o povo alemão era constituído por dezoito milhões de pessoas, e no fim, por apenas três milhões e meio. O resultado dessa hemorragia ainda hoje não foi totalmente compensado, pois com isso perdemos o domínio mundial a que o povo alemão estava destinado no início da Guerra dos Trinta Anos.

No contexto estratégico do inverno de 1944, tão preocupante para a Alemanha nazista, um ano depois de Stalingrado, Hitler exagera em proporções propriamente fantásticas a sangria já tão abundante da Guerra dos Trinta Anos: os historiadores estimam — e já então estimavam — a perda populacional em 50%, e não em 85%, como faz aqui o *Führer*.[203] A julgar pelo que diz, o desequilíbrio demográfico entre homens e mulheres será catastrófico depois da guerra: "[T]rês ou quatro milhões de mulheres, que nunca terão homens!" Essas mulheres não poderão "conceber filhos exclusivamente por ação do Espírito Santo, e sim graças aos homens que restarão".

Será necessário, portanto, não só estabelecer um contexto normativo que permita essa reprodução de urgência como cuidar de esclarecer a população:

> Nesse terreno tão delicado, os decretos do Estado são impotentes por si sós [...]. É indispensável proceder a um trabalho de pedagogia. [Seria necessário] dar instruções precisas aos

---

203 Cf. Henry Bogdan, *La Guerre de Trente Ans*, Perrin, 1997; reed. Tempus, 2006, pp. 270-279.

escritores e artistas contemporâneos: teremos de proibir romances, novelas e peças de teatro que falem de dramas conjugais [...] ou filmes que tratem o filho extraconjugal como filho de valor inferior, como filho ilegítimo.

O mesmo se aplica aos "padres ou pastores [...] que tomem a palavra contra essas necessidades raciais e que serão severamente punidos".

O imperativo quantitativo, tornado tão urgente pela hemorragia demográfica da guerra, não deve levar a esquecer a finalidade eugênica da reprodução: o direito à poligamia reprodutiva só será concedido aos homens "dignos, fortes, sadios física e psicologicamente" — no caso, aos melhores soldados, aos heróis de guerra. Um ano antes desse monólogo de Hitler, Himmler confidencia aos mais próximos que seu chefe está pensando em conceder o privilégio da poligamia exclusivamente aos detentores das mais altas condecorações,[204] o que mostra que a preocupação demográfica (quantitativa) é indissociável do projeto eugenista (qualitativo). Em janeiro de 1944, contudo, sem dúvida em razão da permanente degradação da situação militar, essas restrições são esquecidas: se na primavera de 1943 Hitler só admitia que o privilégio da poligamia fosse concedido aos titulares da Cruz de Ferro de primeira classe, a essa altura já se trata apenas de um vago critério de saúde e boa forma física...

Num contexto de grande angústia demográfica causada pelas perdas inéditas da Primeira Guerra Mundial e agravada pelas da Segunda Guerra Mundial, ideólogos e altos dirigentes nazistas passaram a imaginar uma revolução das normas que regem a procriação. Na medida em que o imperativo é a criação de substância biológica de boa raça o mais abundante possível, todo obstáculo a essa finalidade deve ser derrubado: uma instituição social como o casamento não passa de um artefato cultural que não pode entrar em contradição com os decretos naturais — ainda mais quando essa instituição monogâmica tem origem nos costumes e mandamentos veterotestamentais de um povo do deserto cuja cultura desnaturou a raça germânica.

---

204 Conversa de Heinrich Himmler com Felix Kersten, 4 de maio de 1943, citado em V. Koop, "Dem *Führer* ein Kind schenken", *op. cit.*, p. 41.

Revolucionária no sentido próprio — ou seja, no sentido pré-revolucionário do termo —, a reflexão normativa nazista quer resgatar a natureza e o nascimento da raça, soterrada sob os sedimentos de séculos de aculturação e desnaturação judeo-cristãs. Assim como o "não matarás" não é uma lei de Deus, mas uma lei dos judeus, o casamento torna-se objeto de uma crítica cultural acentuada por um contexto demográfico cada vez mais preocupante, com o desenrolar das derrotas militares nazistas.

Para permitir uma reconstituição da substância racial depois da guerra, é de fato a natureza que terá de legislar, e não a Igreja, os Dez Mandamentos, o direito civil ou os preconceitos da moral vitoriana: em matéria de procriação, assim como de combate ou assassinato, os nazistas, muito coerentemente, consagram a biologia — ou pelo menos o que entendem por "biologia" ou *Naturgesetzlichkeit* — como única lei.

PARTE IV
NO OLHO DO NAZISMO

9
"Pela liberdade do meu sangue e da minha raça": o caso Eichmann revisitado[1]

Um grande pássaro constrangido e pálido numa jaula de vidro. Com a cabeça raspada, os óculos de lentes grossas e uma aparente timidez, é uma caricatura de funcionário de escritório que vemos entrar na sala do tribunal de Jerusalém no dia 11 de abril de 1961. Adolf Eichmann senta-se e levanta obedecendo a ordens, chama o juiz Landau de *Herr Präsident* e acompanha atentamente os debates, quando não está organizando cuidadosamente seus papéis numa grande pasta depositada ortogonalmente sobre sua mesa.

O choque da imagem é real, tanto em 1961 como cinquenta anos depois: enquanto a opinião pública israelense e mundial espera um monstro, o próprio exemplo do *Herrenmensch*[2] com cabeça de caveira, é um apagado burocrata que se apresenta, um homem cinzento e desajeitado, o típico funcionário médio, sem carisma nem interesse. Entre os presentes, uma filósofa fica impressionada com a aparição: Hannah

---
1 Versão remanejada de um estudo publicado com o título "Eichmann, bureaucrate insignifiant ou soldat de l'idéologie nazie?", *Revue d'Allemagne*, vol. XLIII, 2011, pp. 455-464.
2 Conceito nazista de integrante da raça superior. [N. T.]

Arendt assiste a algumas audiências em junho e volta para os Estados Unidos para escrever seus artigos para a *New Yorker*, com base nas atas do processo, reunindo-os posteriormente num trabalho que fixaria por décadas a imagem de Eichmann.

Seu *Eichmann em Jerusalém: um relato sobre a banalidade do mal* descreve um homem que faz o mal porque não se dá conta realmente do que está fazendo. Arendt viu em Eichmann — ou naquilo que ele permitia ver — a confirmação de sua leitura do mundo contemporâneo. Como Heidegger, seu ex-professor e amigo, ela interpreta os fenômenos sociais do tempo presente (desenvolvimento das burocracias públicas e privadas, do capitalismo destruidor do mundo e dos homens, da técnica) como obra de uma humanidade que não pensa; que calcula, é verdade, os meios dos seus fins (como fazer?), mas nunca se questiona sobre esses fins propriamente (por que fazê-lo?) — uma humanidade, portanto, que faz sem realmente saber o que está fazendo.

Eichmann transforma-se em uma inesperada validação empírica dessa tese: o grande crime da história humana, que exigiu a mobilização de meios logísticos e industriais consideráveis, normalmente voltados para a produção e a troca comercial, que exigiu um planejamento e uma coordenação racional sem falhas, foi cometido por homens como Eichmann, o supremo chefe de estação ferroviária da Shoah. Eles não eram maus, eram indiferentes. Zelosos e aferrados a métodos e procedimentos, alheios a todo pensamento, eles executam, dispõem, organizam, sem se questionar quanto às finalidades últimas de sua ação, ou seja, o assassinato de milhões de indivíduos: qualquer um é capaz de reconhecer numa figura assim um diretor de recursos humanos ou um empregado de prefeitura que decide o destino de um indivíduo com uma calculadora ou um carimbo e pratica planos sociais e expulsões com perfeita falta de empatia, a total "falta de imaginação" apontada pela filósofa.

A abordagem de Arendt reflete uma intenção salutar: contra a tendência a demonizar os criminosos nazistas, ela convida a humanizá-los de novo. Bárbaros atrasados, selvagens sanguinários, loucos furiosos ou anticristos genocidas, e de qualquer maneira muito diferentes dos homens comuns: essas são imagens que excluem os carrascos da humanidade, para execrá-los ou melhor exaltá-los. Nada disso contribui para a inteligência histórica do fenômeno, pois o caráter não humano atribuído a seu crime os isola radicalmente de nós e nos exime de um questionamento quanto às condições que tornaram possível o crime — os criminosos nazistas não nos dizem respeito, pois não pertencem à humanidade comum.

Arendt quer reintegrar Eichmann e seus semelhantes à humanidade, para que essa não possa se eximir de pensar, justamente, questionando-se sobre o que transforma homens normais, banais, em criminosos de massa. A hipótese não é muito lisonjeira para seus contemporâneos: os processos de educação e socialização típicos do mundo contemporâneo (preeminência do cálculo sobre o pensamento, das ciências e da técnica sobre os conhecimentos literários, divisão do trabalho e prioridade do lucro...) produzem Eichmanns em potencial: eis então Eichmann situado no centro da modernidade, transformado em sintoma e mesmo em paradigma da sua época (a nossa) e de suas potencialidades.

Essa tese paradoxal quase se transformou em uma *doxa*, escorada em trabalhos científicos como os de Zygmunt Bauman[3] e amparada em filmes de ficção como *La Question humaine*,[4] que desenvolvem a analogia entre o crime industrial nazista e um capitalismo criminoso, o capitalismo do planejamento social, das demissões e da reificação do humano, identificado como "recurso" e subordinado aos imperativos do lucro. Todas essas reflexões são legítimas e estimulantes, mas só de longe, muito de longe dizem respeito a Eichmann, cuja imagem ficou congelada depois do poderoso texto de Arendt: documentários de televisão e filmes como *Un spécialiste*[5] utilizam as bobinas do processo de Jerusalém e as montam, mostram e interpretam para rever o que Arendt viu, multiplicando ao infinito, para sucessivas gerações, a imagem do criminoso arquivista. Mas justamente, trata-se apenas de uma imagem.

Adolf Eichmann parece ter sido o esperto encenador da própria banalidade, um ator e tanto, que soube jogar com estereótipos batidos e pôr uma exagerada autoimagem de pequeno e inofensivo executor de tarefas

---

3 Zygmunt Bauman, *Modernité et holocauste*, La Fabrique, 2004.
4 Nicolas Klotz, *La Question humaine*, com Mathieu Amalric e Michael Lonsdale, 2007, 144 minutos.
5 Rony Brauman e Eyal Sivan, *Un spécialiste*, 1999, 123 minutos.

a serviço da própria defesa. Não se pode excluir a possibilidade de que o choque do sequestro por parte do Mossad, da prisão, do interrogatório e do processo, além do medo de um possível resultado fatal, tenha alterado o caráter de Eichmann no momento em que é julgado. Mas o homem tímido, reservado e obsequioso que comparece diante dos juízes e das câmeras não corresponde muito, se é que realmente mudou, ao homem seguro de si e às vezes furioso descrito pelas testemunhas e os antigos *Kameraden*.

Eichmann não é um introvertido patético, mas um oficial seguro de si que, na época do pleno orgulho, desfruta do seu poder: na excelente biografia que lhe dedicou,[6] David Cesarani recorda muitos episódios que mostram um Eichmann imperioso, desdenhoso, colérico, carreirista e vaidoso, com pressa de galgar os degraus da hierarquia e servir a uma causa nazista na qual *acredita*. Exilado na Argentina, ele mantém sempre o tom imperativo e não esquece de se vangloriar dos atos e responsabilidades passados, provavelmente para compensar o fracasso de sua conversão, um rebaixamento social que não afetou a grande maioria dos antigos colegas.

Levar ao pé da letra e da imagem o que Eichmann diz e oferece como espetáculo durante os interrogatórios e seu processo é, portanto, um erro de perspectiva e de método, pois em Jerusalém o acusado está com a vida em jogo e se defende como pode. Diante da acusação, o mais simples é se apresentar como peça de uma engrenagem, simples executor subalterno, e de modo algum como cérebro; como funcionário obediente, de modo algum como um iniciador; como um elemento de ligação que foi muito mais acionado do que agiu propriamente. Não se pode falar de convicção ou motivação: Eichmann obedeceu.

O acusado joga admiravelmente com os estereótipos que lhe interessam. Para começar, a aparência de alto funcionário envergonhado nada tem a ver com um genocida fanático e cruel, e nesse primeiro processo televisionado da história a aparência conta. Eichmann também explora constantemente os lugares-comuns cultivados pelos alemães, as ideias feitas sobre o militarismo prussiano, a obediência cega, os *Jawohl!* berrados com bater de tacões. Sabe que esses preconceitos estão bem

---

6 David Cesarani, *Adolf Eichmann. Comment un homme ordinaire devient un meurtrier de masse* (2004), traduzido para o francês por O. Ruchet, Tallandier, 2010.

aninhados nas expectativas do público e se apresenta como sua validação arquetípica, para tentar uma saída diferente da pena de morte.

Eichmann sustenta que antes era uma máquina de receber e executar ordens, mas que agora já aprendeu a lição e não vão apanhá-lo de novo. Assim, declara no interrogatório preparatório a cargo do policial israelense Avner Less, ao qual se dirige invariavelmente como *Herr Hauptmann*, como se quisesse insistir em seu *habitus* de eterno subordinado:

> Eu obedecia, mais nada. Não importava o que me ordenassem, eu obedecia. Obedecia, é verdade, ora, eu obedecia [...]. Um juramento é um juramento.[7] Na época, eu obedecia cegamente ao meu juramento. Hoje, acabou, não faria mais um juramento [...]. Eu recusaria, por razões morais. Pois já tive essa experiência, do juramento.[8]

É esta a linha adotada por Eichmann, sem variação, ao longo de seu processo, explorando os preconceitos do auditório e tentando encarnar da melhor maneira possível um modelo de *Unteroffizier* alemão: "A vida inteira, me acostumei a obedecer sempre, desde o berço até o dia 8 de maio de 1945." Ele não reconhece qualquer motivação ideológica ativa: foi exclusivamente a cultura autoritária em que vivia que fez dele um objeto passivo de algo maior que ele mesmo. Sua ideologia, portanto, não é um motivo, afirma, mas, pelo contrário, um álibi, ou pelo menos um fator atenuante. Assim, a certa altura do processo, ele responde ao juiz Halévi:

> É uma questão de comportamento humano... E com certeza também está ligado à época, creio, à época, à educação, quer dizer, à educação ideológica, à formação autoritária e todas essas coisas.[9]

---

[7] Eichmann se refere aqui ao juramento de obediência incondicional imposto a todos que entrassem na SS.

[8] Jochen von Lang, *Das Eichmann-Protokoll. Tonbandaufzeichnungen der isrealischen Verhöre*, Berlim, Severin und Siedler, 1982, p. 180.

[9] Rony Brauman e Eyal Sivan, *Éloge de la désobéissance. À propos d'"Un spécialiste". Adolf Eichmann*, Le Pommier, 2006, p. 157.

Eichmann não se detém em "todas essas coisas", o que é uma pena, pois quando o policial israelense Avner Less o lembra durante o interrogatório preliminar de afirmações que ele fez em 1945, no momento da derrocada, dizendo que "mergulharia rindo em seu túmulo, pois a ideia de que tinha na consciência cinco milhões de mortos o alegrava extraordinariamente",[10] Eichmann entra em pânico e dá uma resposta hesitante, resfolegante e pouco convincente: "Mas não, não, não mesmo, Herr Hauptmann."[11]

Claro como água: Eichmann nega qualquer implicação ideológica, toda participação convicta em sua tarefa de encarregado da logística da Shoah, qualquer tipo de adesão a um projeto. Ele leu *Mein Kampf*?, pergunta Less: "Não inteiro, e nunca com muita atenção."[12] De qualquer maneira, não é antissemita, o que o interessava no nazismo era "o trabalho e o pão, o fim da escravidão" da Alemanha.[13] Mas ao falar de "escravidão" Eichmann retoma sem distanciamento crítico o termo nazista (*Knechtschaft*) que designa a situação internacional de uma Alemanha submetida ao *Diktat* de Versalhes, estrangulada pelas reparações de guerra e privada da igualdade de direitos (*Gleichberechtigung*) por causa de seu estatuto de eterna derrotada. Apesar do autocontrole que se impõe, o antigo membro da SS ainda está impregnado da língua nazista, como por exemplo quando se refere ao "Reichsführer-SS, quer dizer, me refiro a Himmler — eu sempre acabo repetindo a velha designação de 'Reichsführer', embora há muito tempo a reprove".[14]

Judeu alemão, conhecendo bem o nazismo, Avner Less não se deixa enganar. Bem informado sobre o que era a cultura nazista, impregnada de angústia e esperança escatológica, ele interpela Eichmann brutalmente:

> LESS O senhor deve ter considerado, então, que para salvar o povo alemão era necessário exterminar os judeus.

---

10 J. von Lang, *Das Eichmann-Protokoll, op. cit.*, p. 151. Avner Less cita aqui um relato do SS-Hauptsturmführer Dieter Wisliceny, assistente de Eichmann e testemunha no processo de Nuremberg, que seria executado em 1948.
11 *Ibid.*, p. 151.
12 *Ibid.*, p. 37.
13 *Ibid.*, p. 41.
14 *Ibid.*, p. 92.

EICHMANN Herr Hauptmann, ninguém nunca teve ideias dessa natureza, nunca, imagine. Nós recebemos ordens, e essas ordens foram executadas. Quando recebo uma ordem, não tenho de interpretá-la, e se dou uma ordem, é proibido justificar essa ordem. Eu recebo uma ordem e obedeço.[15]

Eichmann se refugia em sua explicação favorita, tecendo variações em torno da ideia de ordem e do princípio de subordinação. Levando ao extremo a interpretação do papel, chega a dizer que teria obedecido se o tivessem intimado a matar o próprio pai.[16] O horizonte mental de Eichmann limita-se, segundo quer fazer crer, à viseira de seu boné: "Tudo que sabíamos era obedecer às ordens; estávamos presos ao juramento."[17] Desobedecer às ordens seria impossível: a única alternativa teria sido "sacar a pistola e se suicidar".[18]

Assim se apresenta Eichmann aos encarregados dos interrogatórios, aos juízes e ao público: jogando com os lugares-comuns, ele atende a um horizonte de expectativas oposto ao do monstro nazista, alegando que não passava de um oficial tacanho, de senso crítico anestesiado por uma educação autoritária e a virtude imposta de um juramento de obediência. O clichê do alemão que obedece, mistura de suboficial estúpido e funcionário prussiano rígido, dá credibilidade a essa defesa e lhe permite compor sua *imagem*.

Mas não é menos verdade que essas declarações e essa atitude se inserem num contexto de constrangimento, no qual está em jogo a cabeça de Eichmann. Em outros contextos, aparece um personagem muito diferente. David Cesarani se detém, por exemplo, nas anotações nas margens dos livros lidos por Adolf Eichmann durante o exílio na Argentina, que revelam que ele "continuava sendo uma nazista impenitente", chamando um alemão antinazista de "estrume" e proclamando que "não espantava" que com semelhantes "porcos […] tenhamos perdido a guerra".[19]

---

15 *Ibid.*, p. 144.
16 *Ibid.*
17 *Ibid.*, p. 145.
18 *Ibid.*, pp. 145 e 180.
19 D. Cesarani, *Adolf Eichmann, op. cit.*, p. 278.

Cesarani cita outra fonte, que no entanto não chega a explorar nem comentar: conversas entre Eichmann e Willem Sassen, ex-voluntário holandês da Waffen-SS que lhe foi apresentado por seu amigo Otto Skorzeny. Sassen queria colher depoimentos de responsáveis pela Shoah, para publicar um livro sobre a "Solução final", na expectativa de ganhar muito dinheiro. Dezenas de horas de entrevistas são gravadas em Buenos Aires, entre 1956 e 1957, em sessenta e sete fitas magnéticas, transcritas em seiscentas e noventa e cinco páginas.[20]

Os historiadores não se interessaram muito por essas fitas, com raras exceções,[21] embora elas ofereçam amplo acesso ao universo mental do SS Eichmann. Mais recentemente, a rede alemã ARD lhes dedicou um telefilme notável, com Ulrich Tukur no papel de Sassen e um desconcertante Herbert Knaup no de Eichmann.[22]

Ouvindo as fitas, constatamos que, sentindo-se seguro em ambiente amistoso, Eichmann se revela completamente diferente do homem que está com a vida em jogo em Jerusalém: diante de uma taça de vinho entre antigos Kameraden, em geral na residência de Willem Sassen, Eichmann se abre e solta o verbo, sem se ater a nenhum papel. Existem pontos em comum entre o que diz em Jerusalém e em Buenos Aires: nos dois casos, ele reconhece que ficou perturbado com o confronto com a realidade física do crime.

Em conversa com Avner Less, ele confessa sua sensibilidade quando vê sangue e o mal-estar quando assiste a assassinatos, dizendo: "Aquilo [me] deixou no chão."[23] Não é outra coisa o que diz aos cúmplices na Argentina: ao supervisionar uma operação externa de matança, ele fica

---

20 As fitas e a transcrição das entrevistas de Sassen foram entregues ao Arquivo Federal Alemão (filial de Koblenz) por uma editora suíça que as havia comprado da família Eichmann. Podem ser encontradas na cota N1497 — Nachlass Eichmann. Cf. Bettina Stangneth, "'Nein. Das habe ich nicht gesagt'. Eine kurze Geschichte der Argentinien--Papiere", *Einsicht — Bulletin des Fritz-Bauer-Instituts*, primavera de 2011, pp. 18-25. Cf. também ID., *Eichmann vor Jerusalem. Das unbehelligte Leben eines Massenmörders*, Hamburgo, Arche, 2011.

21 Cf. Irmtrud Wojak, *Eichmanns Memoiren. Ein kritischer Essay*, Frankfurt, Campus, 2001.

22 Raymond Ley, *Eichmanns Ende*, com Ulrich Tukur e Herbert Knaup, 2010, 89 minutos.

23 J. von Lang, *Das Eichmann-Protokoll, op. cit.*, p. 72.

abalado com o assassinato de uma criança cujos fragmentos de matéria cerebral respingam no seu sobretudo. Busca refúgio então em seu carro e se embriaga: "Eu bebi. Precisava me embebedar. Pensei nos meus filhos. Na época, só tinha dois. E pensei no absurdo da vida."[24]

A experiência imediata do assassinato, mas certamente também o cansaço decorrente da missão, provocam empatia: a criança judia abatida diante dos seus olhos o faz lembrar-se dos filhos. Eichmann diria a Avner Less que não tinha nada contra os judeus como *pessoas*, e que podia se comover com seu destino individual. Se na escala microscópica do indivíduo ele é capaz de demonstrar empatia e ceder à compaixão provocada pela identificação, na escala macroscópica do povo e das massas numerosas se entrega com convicção à missão genocida: e é de fato um convicto assassino em massa que as entrevistas com Sassen revelam, um criminoso ideológico que abraça plenamente os fins e as justificações nazistas.

Assim, Eichmann declara em 1957, reiterando o que, segundo Dieter Wisliceny, dissera aos subordinados em 1945: "Eu morreria feliz levando comigo cinco milhões de inimigos do Reich."[25] Quando Sassen pergunta por que ele fala de "inimigos do Reich", Eichmann responde sem realmente responder, tão evidente lhe parece a equiparação entre os termos "judeu" e "inimigo": "Sim, é o que eu digo, 'inimigos do Reich'. As palavras 'inimigos do Reich' para mim eram como a palavra 'diabo' para um padre ou um pastor."[26]

Interessante e até vertiginosa, pelo que revela dos fundamentos ou das matrizes culturais do nazismo, a comparação entre judeu e diabo e entre SS e padre mereceria um comentário mais aprofundado, mas fiquemos com a palavra "inimigo", parecendo indicar que Eichmann não *assassina*, mas *combate*; que a SS não é uma associação de *assassinos*, mas um exército formado por *soldados*. O membro da SS que assassina uma criança seria então um combatente regular? Objetivamente, o observador externo protesta, mas subjetivamente Eichmann insiste e prossegue: cinco milhões de mortos é muito pouco, pois ainda restam judeus. A missão não foi cumprida:

---

24 Entrevistas com Sassen, outubro de 1957, fita 40.
25 Entrevistas com Sassen, abril de 1957, fita 2.
26 *Ibid.*

> Se, dos dez milhões e trezentos mil judeus contados por Korherr[27], nós tivéssemos matado dez milhões e trezentos mil, eu estaria satisfeito e diria hoje: "Bravo, destruímos um inimigo."[28]

Só o assassinato de todos os judeus recenseados pelos estatísticos da SS teria deixado Eichmann satisfeito, dando-lhe a sensação da "missão" (*Aufgabe*) cumprida: "Teríamos cumprido nossa missão em relação ao nosso sangue e ao nosso povo."[29] O que ainda o contraria em 1957 é o arrependimento de não ter levado a missão até o fim: "Eu poderia ter feito mais, deveria ter feito mais."[30] Como não acreditar em Eichmann quando esse declara: "Eu era um burocrata consciencioso, é verdade [...]. Mas esse burocrata consciencioso era inseparável de um combatente fanático pela liberdade do meu sangue e da minha raça"?[31]

Soldado, portanto, e soldado "fanático", como ele mesmo diz, usando um adjetivo caro aos nazistas e de conotação positiva aos olhos deles, pois designa uma convicção ideológica particularmente firme, uma adesão incandescente aos princípios e fins de um Reich que a partir de 1941 pretende empreender a última das guerras, uma guerra de extermínio que livrará para sempre a raça nórdico-germânica das ameaças que há milênios o inimigo judeu volta contra ela. Eichmann participa plenamente da cultura obsessiva, angustiada que os nazistas promovem para conferir sentido à sua ação genocida: a guerra de extermínio empreendida pelos nazistas é uma guerra escatológica que porá fim a "seis mil anos de guerra racial", como afirmam fascículos de formação ideológica da SS.[32]

---

27 Richard Korherr, estatístico da SS.
28 Entrevistas com Sassen, novembro de 1957, fita 67.
29 *Ibid.*
30 *Ibid.*
31 *Ibid.*
32 *Dieser Krieg ist ein weltanschaulicher Krieg*, "Schulungsgrundlagen für die Reichsthemen der NSDAP für das Jahr 1941/42, Der Beauftragte des *Führers* für die Überwachung der gesamten geistigen und weltanschaulichen Schulung und Erziehung der NSDAP", Berlim, 1942, BABL / RD/ NSD 16/29. Cf. o capítulo "Sechstausend Jahre Rassenkampf", pp. 39-46.

No discurso nazista, a guerra em curso, como a anterior, é obra dos judeus, raça inconciliável, nômade, destruidora, que pretende destruir a Alemanha e aniquilar a raça nórdica. Em discurso pronunciado no Reichstag em 30 de janeiro de 1939, pelo aniversário de sua chegada ao poder, Hitler revela publicamente a interpretação que deve ser dada aos acontecimentos que estão por vir:

> Se a judiaria internacional do mundo inteiro conseguisse mais uma vez mergulhar nossos povos em uma guerra mundial, o resultado não seria a bolchevização da Terra e a vitória dos judeus, mas o extermínio da raça judia na Europa.

Em 1956-1957, Eichmann não se desvincula dessa convicção nem se liberta dessa cultura: ele é um soldado que combateu pela salvação da Alemanha. Foi quando declararam guerra à Alemanha que ele se convenceu da necessidade da total eliminação física dos judeus. Prova disso, diz a Sassen, é que antes da guerra ele só cuidava da emigração dos judeus para fora da Europa: "Em 1937, nosso povo e nosso Estado ainda não estavam em situação aflitiva",[33] em situação de ameaça vital causada pela guerra declarada. Depois, a coisa mudou, era a guerra, e essa guerra era obra dos judeus.

Ante certas perguntas sobre a legitimidade de um extermínio total, Eichmann se exalta: "Seu cretino, você por acaso combateu na frente?",[34] como se ele próprio fosse um veterano de carteirinha — a menos que sua própria atividade, qualquer que fosse, representasse um ato de guerra. E quando perguntam o que os judeus da Grécia, por exemplo, meticulosamente deportados e assassinados, tinham a ver com tudo isso, Eichmann persiste:

> Ele [o judeu] nos declarou guerra. Era uma guerra total que nos haviam declarado [...]. Todo inimigo que me declarou guerra, a mim, a meu povo, tinha de ser exterminado. Pergunte

---

33 Entrevistas com Sassen, setembro de 1957, fita 36.
34 *Ibid.*

só a um germano antigo, pergunte só a Frederico, o Grande. Foi assim que a Alemanha pôde se tornar grande.[35]

Parece que estamos lendo os materiais de educação ideológica (*Weltanschauliche Schulung*) da SS: desde o início dos tempos, a Alemanha sustenta um combate mortal contra um inimigo racial, que não mudou desde a pré-história germânica até Hitler, passando pela Prússia de Frederico II. Já está mais do que na hora de pôr fim a essa ameaça que pesa sobre a vida da raça, pois a esta altura, como prova a Primeira Guerra Mundial, os judeus empreenderam uma "guerra total", uma guerra de extermínio contra o povo alemão. Prova disso, diz Eichmann, são os bombardeios de civis inocentes impostos às cidades alemãs por aliados instrumentalizados pelos judeus:

> Depois dos bombardeios de Berlim, eu pensei: "Ele tinha razão, o *Führer*, de mandar abater todos esses cães." Se você tivesse visto aquele horror! É nosso próprio sangue, são nossos próprios filhos, sou eu [que estão assassinando]![36]

Caberia supor que tais declarações constituíam uma justificação *a posteriori*, mas não: a cultura nazista é uma cultura de guerra racial, e os bombardeios aliados das cidades alemãs, nessas coordenadas nazistas, servem para confirmar os pressupostos ideológicos que determinam a leitura da história no longo prazo e a retórica das atualidades sobre a "guerra judaica". Eichmann está em perfeita sintonia com um de seus colegas da SS, o comandante de Auschwitz-Birkenau, Rudolf Höss.

Em um texto escrito na prisão, onde se afirma plenamente fiel ao nacional-socialismo,[37] Höss relata a mesma experiência traumatizante do refúgio antiaéreo, do amontoado de corpos e rostos deformados pelo medo, da angústia de uma humanidade escondida para se proteger, temendo a morte, tremendo enquanto as paredes vibram, ao ritmo das

---

35 *Ibid.*
36 *Ibid.*
37 Rudolf Höss, *Kommandant in Auschwitz. Autobiographische Auzeichnungen von Rudolf Höss*, Stuttgart, Deutsche Verlangs-Anstalt, 1958, p. 147.

bombas: Höss "observou os rostos, as atitudes nos abrigos, nos porões", viu como aqueles infelizes "se agarravam uns aos outros, buscando proteção no seio dos homens quando o prédio inteiro era abalado"[38] pelas bombas. Aqueles corpos aglutinados, aquela entrega à angústia lembram outra coisa: o que o Lagerkommandant Höss e o próprio Eichmann puderam observar pelo visor das câmaras de gás de Birkenau.

É evidente a equiparação de uma experiência traumatizante a outra, do medo dos civis alemães à angústia das vítimas do assassinato por gás. Nos dois casos, convence-se Höss, é a guerra: não, a SS não é uma simples "milícia partidária", mas um exército de "soldados, assim como os três outros ramos da Wehrmacht".[39] A equiparação entre o aviador que lança bombas sobre populações civis da Alemanha e o SS que comanda o assassinato em massa é total: um "comandante de esquadrilha" incumbido de bombardear uma cidade poderia se esquivar das ordens argumentando que "suas bombas iam matar principalmente mulheres e crianças? Não: teria sido enviado à corte marcial [...]. Estou convencido [...] de que as duas situações são comparáveis. Eu era um soldado, um oficial, exatamente como ele".[40] Ambos são combatentes de uma guerra total.

O processo de Jerusalém, em 1961, trouxe ao mundo uma categoria da qual Eichmann parecia rematada encarnação: o *Schreibtischtäter*, o criminoso de escritório, isolado das consequências de suas decisões e, portanto, inconsciente do crime que comete. É o que nos permite ver e acreditar o próprio Eichmann, que por um momento julgou ser capaz de escapar da pena de morte. Acontece que o exame de outras fontes além das reunidas no processo revela um Eichmann plenamente *Weltanschauungstäter* ou *Überzeugungstäter*, criminoso por convicção ideológica, combatente de uma guerra de raças da qual a Alemanha deve sair vitoriosa. O que ele diz em liberdade em Buenos Aires é mais digno de fé que o que alega, prisioneiro, em Jerusalém: o "burocrata meticuloso" de fato era, como ele próprio diz, um "combatente fanático", "combatente pela liberdade do [seu] sangue e da [sua] raça".

---

38 *Ibid.*, p. 138.
39 *Ibid.*
40 *Ibid.*

10
A terra e a guerra: conquista do "espaço vital" e colonização

Vimos que a concepção etnoracista (*völkisch*) do povo (*Volk*) como organismo biológico dotado de coerência e integridade próprias permitia legitimar a política nazista e sua violência em nome da necessidade biológica e medicinal dos princípios que a sustentam. Se o *Volkskörper* é um corpo, esse corpo tem seus médicos — os clínicos da política e da polícia nazistas.

A árvore também é um organismo biológico, e não faltam equiparações entre floresta e raça, árvore e povo, como no filme *Ewiger Wald, ewiges Volk*, de 1936, que estabelece explicitamente uma equivalência entre "povo" e "floresta" "germânicos". Esse outro registro metafórico permite a intervenção de uma nova figura, a figura do jardineiro: o homem que corta, poda, cuida do solo, renova o terreno, transplanta se for o caso.

A raça é uma árvore que mergulha as raízes no solo. A palavra *Boden* é um dos temas fundamentais da língua nazista. Pela antiga tradição do *Heimatschutz*[41], o *Boden* é não só o solo enquanto realidade geológica, mas

---

41 "Proteção da pátria", movimento de defesa da natureza e do patrimônio paisagístico, arquitetônico e cultural surgido no fim do século XIX em resposta à Revolução Industrial. [N. T.]

também terreno como realidade geográfica — ou seja, cultural, antropizada. A invocação encantatória da *Deutschland*, reiterada, quase ganida nos discursos, evoca a paisagem alemã, a paisagem dos pôlderes da Pomerânia e das colinas da Turíngia. O solo é a raça e o espírito da raça, transformados em país. A associação entre sangue e solo é sistemática e orgânica, no *slogan Blut und Boden* (sangue e solo) incansavelmente repetido no III Reich.

Lema da corporação dos camponeses do Reich, *Blut und Boden* foi tomado de empréstimo aos movimentos *völkisch*, que se preocupavam com a agricultura, a saúde da raça e a pureza dos solos desde o fim do século XIX. Não deixa de impressionar a presença considerável de engenheiros e técnicos em agronomia nas fileiras nazistas, seja no partido ainda nascente, desde o início da década de 1920, ou mais tarde, na alta hierarquia de Estado: saídas de movimentos de agronomia ou próximas deles, figuras como Heinrich Himmler e Richard Darré — pedagogos, teóricos e praticantes do racismo — ocupam posições de destaque a partir de 1933, à frente da polícia e dos serviços de segurança no caso do primeiro, e dos camponeses do Reich e do Ministério da Agricultura no caso do segundo.

Esses aduladores da gleba ancestral e do campesinato tradicional se mostram extremamente preocupados com as dinâmicas próprias da revolução industrial, marcada por forte êxodo rural e uma urbanização galopante. O sangue está ligado ao solo, mas foi arrancado do solo: antes um ser natural, vivendo no ritmo do cosmo (dia, noite, estações…), o homem desenraizado se transformou num ser artificial; privado da terra que o fazia existir há milênios, o homem germânico se tornou uma "flor do asfalto", um ser desnaturado.

Na cabeça desses racistas partidários da teoria nordicista (toda humanidade superior e toda cultura vêm do Norte), é do solo que nasce o sangue. As metáforas da fonte, do manancial e da nascente são frequentes no discurso nazista: se "o campesinato [é] fonte de vida da raça nórdica", para retomar o título de um livro de Darré, se "o sangue brota das fazendas", é porque o sangue literalmente jorra do solo. Segundo os raciólogos *völkisch* e nazistas, a raça nórdica é uma raça autóctone, ou seja, saída de sua própria terra. Ela não veio de nenhuma outra parte senão da sua origem, da sua terra escandinava e germânica. Ideia delirante? Afinal, de algum lugar teria de vir: os antigos consideravam os atenienses como autóctones, mas também os germanos, sobre os quais afirma Tácito, na *Germania*, que são *indigenae* — literalmente "saídos de lá". Não imigrada, a raça nórdica pode em compensação migrar para conquistar e colonizar espaços indispensáveis à sua vida biológica.

É nesse ponto que convergem os três significados do sintagma *Blut und Boden*: é necessário enraizar de novo a raça para devolver o sangue ao solo, para voltar a uma era de harmonia pré-industrial entre os germanos e a natureza e para que o solo possa nutrir plenamente o sangue.

Segundo os nazistas, que nisso se limitam a seguir os passos dos *völkisch* e dos expansionistas e pangermanistas do fim do século XIX, a espécie carece de espaço: o *Volk ohne Raum*, o povo sem espaço, é uma obsessão dos nacionalistas racistas desde o início de uma transição demográfica explosiva que, entre 1871 e 1914, aumentou em vinte e sete milhões de habitantes a população da Alemanha, fazendo-a passar de quarenta milhões a sessenta e sete milhões, num crescimento impressionante de 67% em menos de quarenta e cinco anos. Essa preocupação se agrava ainda mais depois de 1919: o Tratado de Versalhes rouba da Alemanha 15% do seu território continental e a priva de suas colônias. Os *völkisch* da década de 1920, entre eles os nazistas, aproveitam para insistir nesse roubo de terras e transformar a palavra *Lebensraum* (espaço vital) no alfa e no ômega de toda geopolítica atrelada à biologia.

Para nós, *Lebensraum* é indubitavelmente uma palavra nazista que resume as ambições territoriais do NSDAP e mais tarde do Reich. Acontece que o termo não é nem nazista nem geopolítico. Originalmente, ele provém das ciências naturais, especialmente a zoologia: *Lebensraum* é literalmente o espaço indispensável para a vida de um indivíduo ou de um grupo de seres vivos, vegetais ou animais, aquele de onde eles extraem sua subsistência e sua nutrição. Em 1908, o zoólogo alemão Friedrich Dahl confere à palavra toda a dignidade científica da taxonomia grega, forjando com base nela o termo "*Biotop*", tradução palavra por palavra de *Lebens* (bios)-*Raum* (topos).

O fascínio pelas ciências da natureza era de tal ordem desde a segunda metade do século XIX, graças aos progressos do darwinismo, que o termo foi trasladado das ciências naturais para as ciências humanas, sobretudo a geografia e a geopolítica, mas também a economia e a história. Por outro lado, se antes ele era descritivo, passou a ser prescritivo:

se um zoólogo se limita a designar o biótopo do musaranho, o geógrafo e o geopolítico afirmam que esta ou aquela nação precisa adquirir espaço vital na África, nos Bálcãs ou na Ásia.

Nem todos os geógrafos e geopolíticos em questão são pangermanistas detestáveis: no fim do século XIX, todos os países europeus colonialistas raciocinam em termos do que se costuma chamar de *Lebensraum* na Alemanha ou de hinterlândia colonial em outros países. De qualquer maneira, trata-se de garantir o abastecimento em alimentos, matérias-primas e mão-de-obra necessários à prosperidade da nação. Mas no fim das contas é de fato a geopolítica alemã, jovem ciência alarmada com a expansão demográfica e o suposto bloqueio da Alemanha, potência central, que teorizou com mais firmeza o uso político do conceito biológico de *Lebensraum*. O trabalho a ele dedicado pelo geógrafo Friedrich Ratzel já no subtítulo se pretende um "estudo biogeográfico", com o mal disfarçado objetivo de fazer coincidirem os contornos da geografia e da vida.

A especificidade alemã, inegável, também decorre dos territórios visados. Se os países colonizadores foram capazes de partilhar entre eles a África e a Ásia, a Alemanha ficou à parte da colonização e da partilha do mundo. Os motivos são uma construção tardia do Estado (1871) e o desinteresse de Bismarck, chanceler até 1890, pelos territórios ultramarinos. Ele esperava que servissem de distração aos inimigos da Alemanha, permitindo-lhe se concentrar na manutenção do *status quo* europeu — de uma paz continental indispensável à sobrevivência do jovem Estado — e se interessar por espaços europeus.

Economistas, militares, geógrafos, capitães da indústria, jornalistas e publicitários favoráveis às teses expansionistas não puderam deixar de constatar de modo geral o fim da corrida pelas conquistas coloniais de além-mar. Restavam para eles os objetivos de um Sudeste ou de um Leste alemão. Afinal, o que legitima a colonização, a apropriação de territórios e sua exploração por colonos sempre foi a ausência de herdeiros naturais, suposta e proclamada, dos referidos territórios: mal *cultivadas* por eslavos manifestamente inferiores, as terras do Leste podiam legitimamente ser consideradas *terrae nullius*, terras que não pertenciam a ninguém, como prevê o direito internacional desde os trabalhos de Emerich de Vattel no século XVIII.

Vattel retomara do direito romano a velha expressão *terra nullius*, designando, com base no modelo da *res nullius*, uma terra sem proprietário. O direito internacional nascente transformou o conceito, desde o Renascimento, no argumento jurídico da anexação territorial: um Estado constituído que aborde uma terra não possuída por um Estado reconhecido pode reivindicá-la como sua. Em seu *Direito das gentes* (1758), que rapidamente se tornou uma referência, Vattel desloca o objeto da reflexão para os "povos primitivos", que, não tendo criado nem cultura nem civilização dignas do nome em suas terras, não podem ser reconhecidos como proprietários. Vattel é duplamente um homem do Iluminismo: seu conceito é ao mesmo tempo uma arma contra o argumento da patrimonialidade monárquica (o proprietário é aquele que cultiva a terra e não aquele que se limita a herdá-la) e uma ferramenta para a expansão de uma Europa branca e esclarecida, chamada a cultivar o mundo e seus povos.

Ninguém especifica que a expressão *terra nullius* se refere apenas aos territórios dos aborígines ou dos namas. Uma terra sem herdeiros naturais no continente europeu pode perfeitamente tornar-se objeto legítimo de anexação, exatamente como se estivesse na América do Sul ou na África. Assim, foi com a mais perfeita consciência do seu pleno direito de homens brancos, europeus ou germânicos, que os expansionistas alemães designaram as vastidões incultas do Leste como alvo natural da colonização alemã. É o que determina o direito natural, seja o de um Vattel ou o da biologia, assim como a história, que ensina que a partir do século XIII os cavaleiros teutônicos colonizaram a Polônia e o Báltico. Para os apreciadores de uma pré-história definida em 1912 pelo grande cientista Gustav Kossina como "ciência eminentemente nacional", é pertinente recuar até as expedições dos godos e dos varegues na distante Crimeia, que se assemelhavam a grandes invasões do Norte em direção ao Leste, ocorridas desde o terceiro milênio antes da nossa era, segundo certas fontes.

O dossiê então é solidamente montado, com argumentos tão legítimos que em 1918 parece imperdível a oportunidade de aproveitar o desaparecimento do czarismo e a pressa bolchevique de concluir a paz para anexar imensos territórios, quando da assinatura do Tratado de Brest-Litovsk, em 3 de março de 1918. A demora das negociações (quatro meses, de dezembro de 1917 a março de 1918) não ajuda propriamente os partidários alemães de uma paz sem excesso de anexações: no fim das contas, Guilherme II e o estado-maior geral do exército levam a melhor — e o troféu — a Polônia, o Báltico e uma parte da Bielorrússia e da Ucrânia são incorporados ao Reich, enquanto o resto dos territórios bielorrussos e ucranianos vêm a formar Estados satélites do Império Alemão.

É verdade que os bolcheviques teriam assinado qualquer coisa para acabar rapidamente, ao mesmo tempo em que não deixavam de pensar e prever, em sigilo, a retomada desses territórios quando chegasse o momento. Mas, de qualquer maneira, o efeito da paz de Brest-Litovsk seria enorme na Alemanha: a vitória a Leste é total, os ganhos territoriais, consideráveis, e, para os "biogeógrafos" e outros geopolíticos do *Lebensraum*, a subsistência e o crescimento do *Volk* alemão, exaurido pelos efeitos do bloqueio aliado, estão garantidos para sempre. O choque de Versalhes, em 1919, não está ligado apenas à frente Oeste: esse acerto geral de paz também anula as conquistas fabulosas da vitória a Leste e acentua ainda mais o sentimento de perda e frustração ligado às outras disposições do *Diktat* de Versalhes, que, por sinal, embora se costume esquecer, anula *de facto* e *de jure* a paz de Brest-Litovsk.

Mas Versalhes não se limita a riscar com uma penada a vitória a Leste. Com o renascimento da Polônia, a criação dos Estados bálticos e as concessões territoriais aos novos Estados tchecoslovaco e húngaro, vários territórios germanófonos anteriormente vinculados à Alemanha se transformam num Leste estrangeiro. O tema de uma germanidade perdida e ameaçada se torna onipresente à direita nesse fim da década de 1910. É o principal argumento de mobilização de soldados alemães que, em vez de voltarem à vida civil, se integram a tropas paramilitares, contingentes ilegais mas tolerados e financiados que vão combater na Silésia e no Báltico para defender o *deutscher Osten*, o Leste alemão, frente ao perigo eslavo e comunista. Em seu livro *Les Réprouvés*, Ernst von Salomon faz um relato ao mesmo tempo épico e horripilante das tribulações desses combatentes, herdeiros distantes das tropas errantes da Guerra dos Trinta Anos.

O Leste se transforma também na área de ameaça bolchevique e da sua disseminação: o perigo vem das estepes russas, mas avança até as portas de Varsóvia em 1921, para não falar da Hungria de Bela Kun, da Baviera — por um breve período transformada em "república soviética" (*Räterepublik*), em 1919 — ou da Viena social-democrata. Os combates das estepes ameaçam tomar conta de todo o Leste: tropas paramilitares se enfrentam no Báltico e na Silésia até 1921, para conter o perigo e preservar territórios e populações para a germanidade.

Para os analistas mais ansiosos, nem todos necessariamente de extrema direita, o caso é claro: Versalhes e a nova ordem internacional querem destruir o *Deutschtum*, a germanidade. O que não conseguiram pelas armas e o bloqueio, os Aliados tentam pelo direito: as comunidades alemãs perdidas em terras estrangeiras estão condenadas à asfixia biológica e cultural, enquanto o novo território alemão e o da Áustria, privados da *Anschluss*, não são viáveis economicamente, logo, demograficamente, o que equivale a dizer biologicamente.

Temos então uma nova ladainha do discurso *völkisch*, e mais adiante nazista: a Primeira Guerra Mundial de fato visava o extermínio (*Vernichtung*) do povo alemão por meio do bloqueio, e a paz não passa de uma continuação da guerra por outros meios.

Nesse contexto de apreensão, e mesmo de pânico biológico, o tema do *Lebensraum* se enraíza com força ainda maior que antes de 1914. O espaço vital se torna literalmente um espaço sem o qual a vida, e mesmo a simples sobrevivência, é impossível. Que esse espaço vital esteja no Leste parece evidente a Hitler, que em 1924 redige e dita na prisão um livro autobiográfico e programático: *Mein Kampf*.

O partido nazista leva muito a sério o tema. Já na década de 1920 são oferecidos cursos de formação ideológica aos filiados das diferentes organizações do NSDAP, e, mais adiante, quando se delineia a perspectiva de uma chegada ao poder, isso se manifesta na forma de um organismo da SS fundado no fim de 1931. Denominado RuSHA (Escritório Principal da Raça e da Colonização) e dirigido pelo agrônomo racista Richard Darré, que é uma das principais referências intelectuais de Himmler, ao lado de Hans Günther, esse órgão tem dupla missão. Guardião da raça e de sua pureza, ele é incumbido da expertise genealógica e antropométrica a que devem ser submetidos os candidatos à admissão na SS, mas também suas noivas: um membro da SS só pode casar com autorização do Reichsführer-SS, depois de submetida a pretendente a todos os necessários procedimentos de um exame racial.

Significativamente, e de acordo com o lema da corporação dos camponeses do Reich dirigida por Darré, o *Blut* da raça é indissociável do *Boden* da colonização agrícola. O projeto consiste claramente em regenerar o sangue mediante novo enraizamento racial numa terra vasta e generosa. As orientações do RuSHA são então retomadas — muitas vezes com o mesmo pessoal proveniente da Universidade e da polícia — pelo Comissariado do Reich para o Reforço da Raça Alemã, ou RKF (Reichskommissariat für die Festigung deutschen Volkstums), criado por Hitler a 7 de outubro de 1939 e submetido ao controle de Himmler.

É essa instituição, dirigida pelo professor de geografia Konrad Meyer, que estabelece as diferentes versões do "plano geral para o Leste" (*Generalplan Ost*), plano de conquista, colonização e gestão do território de proporções evolutivas, mas gigantescas. Com o RKF e a elaboração do *Generalplan Ost*, a SS reúne enormes responsabilidades no Leste: "asseguração" dos territórios, instalação de colonos, "deslocamento" de populações. Com a SS, é a ala dura e mais convicta dos racistas nazistas que se impõe na construção de um império colonial e racial.

Em discurso pronunciado no fim de novembro de 1942, Heinrich Himmler se entusiasma com a instalação de populações germânicas a Leste, esboçando as etapas desse enraizamento progressivo e definitivo: para ele, o Leste é "hoje uma colônia (*Kolonie*), amanhã um território de povoamento (*Siedlungsgebiet*) e depois de amanhã, será o Reich".[42] Vemos no emprego desses três termos uma gradação clara do grau de apropriação e incorporação ao Reich. No caso, a palavra *Kolonie* é das mais pejorativas. Remete não tanto à experiência colonial alemã, por sinal tardia e incompleta, mas às políticas francesa e britânica, consideradas superficiais, fracas e, segundo os nazistas, fadadas ao fracasso: os franceses e os ingleses não foram longe o suficiente na submissão das populações locais à escravidão, nem instalaram um número suficiente dos seus nas possessões ultramarinas para nelas se estabelecerem de

---

42 Heinrich Himmler, *Rede des Reichsführers-SS am 23.11.1942, SS Junkerschule Bad Tölz*, BABL, NS 19 4009, fº 186.

maneira duradoura. O que, no fundo, não surpreende: o clima influi no corpo e na psique, e instalar um branco nos trópicos o faz degenerar. Por isso os nazistas querem colonizar em latitudes próximas, em pleno Leste, em ambientes que não resultem numa mutação do homem germânico.

A verdadeira ambição do RKF é que centenas de milhares de alemães tomem posse das terras fecundas do Leste, a começar pelas da antiga Polônia, incorporadas ao Reich no outono de 1939, e depois as da Ucrânia. O Leste deve se tornar *Siedlungsgebiet*, território de povoamento, no duplo sentido da expressão: instalação de colonos e crescimento demográfico de um tronco biológico agora dotado dos meios necessários para a própria subsistência.

Os juristas que trabalham num direito fundiário colonial para o Leste tomam como base uma família típica de quatro filhos para fazer projeções demográficas de conjunto — variáveis, é verdade, mas sempre enfáticas — de várias centenas de milhões de alemães num prazo de apenas poucos séculos. Uma vez enraizado o campesinato nórdico, os territórios do Leste afinal serão plenamente incorporados ao Reich como resultado de uma dupla *Flurbereinigung*: este termo, que designa a junção e reorganização das parcelas de terra, também é usado, especialmente no discurso pronunciado por Hitler em 6 de outubro de 1939, depois das operações militares vitoriosas na Polônia, para designar a redistribuição geográfica das populações de acordo com os interesses vitais da raça germânica.

Esses territórios serão o lugar em que os germanos, finalmente dotados das terras férteis e abundantes dos quais a história até então os havia privado, poderão cultivar a vocação natural de sua raça: fazer filhos e produzir alimentos. Puericultura e agricultura, portanto, numa zona "pacificada" pela atividade de "asseguração" da polícia e da SS e também protegida. Protegida por uma larga zona fronteiriça, uma operação de camponeses-soldados e veteranos da SS encarregados, na altura dos Urais, de barrar o caminho de qualquer possível invasor proveniente da Ásia. Pacificada porque os alógenos do Império terão sido reduzidos à escravidão — destino da maioria dos eslavos —, estarão fadados à extinção pela fome — caso dos eslavos considerados excedentes — ou, por fim, destinados ao "deslocamento" — sina dos judeus condenados a desaparecer do território do Reich, de uma maneira ou de outra.

11
"Contaminação" e extermínio[43]

Um dos maiores sucessos do cinema alemão em 1938 é uma comédia musical e exótica muito divertida, cujas canções teriam enorme sucesso popular[44] e que foi reeditada e pode ser vista hoje na coleção dos clássicos da UFA e dos *Deutsche Filmklassiker*.

La Habanera[45] leva o público muito longe das realidades de uma situação europeia tornada tensa pela questão da Áustria (março de 1938) e a dos sudetos (setembro de 1938), numa viagem a Porto Rico,[46] onde se desenrola a seguinte história: era uma vez uma jovem que visitava a ilha em companhia de sua velha tia — acompanhante rigorosa e rabugenta — e que se apaixonou, não só pelo lugar como pelo "ídolo", o "senhor" dos locais, don Pedro, grande proprietário feudal, chefe quase mafioso, mas sedutor, desse paraíso tropical — tão sedutor que Astrée, a Sueca, consegue escapar da vigilância da tia e se joga em terra firme no momento

---

43 Versão remanejada de um estudo publicado com o título "Éradiquer le typhus : imaginaire médical et discours sanitaire nazi dans le Gouvernement général de Pologne (1939-1944)", *Revue historique*, nº 669, 2014-1, janeiro de 2014, pp. 87-108.
44 Como "Der Wind hat mir ein Lied erzählt", interpretada pela atriz Zarah Leander também em francês ("Le vent m'a dit une chanson").
45 Detlef Sierck, *La Habanera*, com Zarah Leander, Ferdinand Marian e Karl Hermann Martell, UFA, 1937, 98 minutos. A estreia se deu a 18 de dezembro de 1937 no Gloria-Palast de Berlim.
46 As cenas externas foram filmadas em 1937 em Santa Cruz de Tenerife, na Espanha, e os interiores, nos estúdios de Babelsberg, entre Berlim e Potsdam.

em que seu navio levanta âncora. O filme nos convida a acompanhar o destino dessa mulher do Norte, isolada — é esta a palavra — dos seus, de sua terra (Suécia) e depois, aos poucos, do marido e de si mesma.

A atriz Zarah Leander encarna na tela o destino trágico da emigrada que se perdeu atraída pelo exotismo, para em seguida se arrepender desse desenraizamento que é ao mesmo tempo aculturação e alienação: embora ela sofra com o calor e sonhe com a neve, don Pedro[47] não lhe permite visitar a pátria. Pior ainda, proíbe que o filho de ambos — louro nórdico em quem manifestamente o bom sangue da mãe se impôs e não o deixa mentir — seja educado como um "pequeno sueco", preparando-se para transformá-lo em toureiro. Para cúmulo da infelicidade, Porto Rico é atingida por uma febre lânguida e mortal, contra a qual as autoridades se revelam impotentes e da qual, pior ainda, se mostram cúmplices: para não arruinar a imagem da ilha, don Pedro e seus seguidores simplesmente negam a existência da doença e recusam qualquer ajuda do exterior.

A salvação vem do Norte: o dr. Sven Nagel, amigo de infância de Astrée, desembarca nos trópicos infectados, identifica o bacilo responsável pela doença, prepara o tratamento salvador e volta para a Suécia com a mãe e o filho. Final feliz para uma comédia alegre que lança mão de todos os estereótipos de um exotismo de segunda: rinhas de touros, policiais desmazelados, ventiladores que mal se aguentam, cavalheiros gordos secando o rosto e o pescoço com um lenço entre dois interlúdios cantados e dançados... *La Habanera* assume plenamente o tom dos filmes encorajados por Goebbels: desde o fracasso dos filmes políticos de 1933 e 1934, cuja mensagem excessivamente explícita não agradou aos espectadores, o Ministério da Propaganda optou pelo escapismo, o divertimento leve.

As telas da Alemanha são então tomadas pelo rosto enamorado de Kristina Söderbaum, as pernas firmes e bem torneadas de Marika Rökk, em historinhas de amor que encantam o público e nos chamados *Revuefilme*, nos quais lindas jovens de pouca roupa se sucedem em números de sapateado e outras piruetas, para enorme prazer de um público em busca dos únicos *frissons* eróticos concedidos pela indústria cultural de Estado.

---

47 Interpretado pelo ator Ferdinand Marian, que três anos mais tarde desempenharia o papel título do *Juif Süss* de Veit Harlan (1940).

Goebbels não quer que esses filmes sejam acompanhados de uma mensagem política. Seu aparente apolitismo já é suficientemente político, pois ao divertir e alegrar, eles regeneraram a *Volksgemeinschaft,* cansada de trabalhar e passar por provações, e a convidam a olhar em outra direção.

De qualquer maneira, aqui e ali os *Revuefilme* lembram que é bom praticar esportes e ter filhos, que o vício sempre é punido e que nunca se deve passar a perna numa tutora. Poderia ser esta a mensagem de *La Habanera*: Porto Rico pareceu à jovem sueca um paraíso, para depois se revelar um inferno. Separar o sangue (*Blut*) do solo (*Boden*) leva à negligência moral e à degradação física: Astrée e seu filho só são salvos por causa da iniciativa do jovem médico sueco que os leva de volta à pátria nórdica, longe de uma ilha onde acabariam morrendo.

La Habanera seria então a história edificante de uma *Heimweh* (saudade da terra natal), ao mesmo tempo psicológica e fisiológica, mas também uma crítica política de um mau *führer:* don Pedro, o tirano, oprime sua população e a deixa morrer para atender aos próprios interesses econômicos e financeiros, negando a realidade de uma epidemia à qual também acaba sucumbindo.

E há por fim uma terceira dimensão, biológico-patológica: o dr. Sven Nagel, membro do Tropeninstitut de Estocolmo, se define como um *Bazillenjäger*, um caçador de bacilos, que desembarca na ilha com tubos e microscópios para encontrar o agente responsável pela epidemia. Lembrando enfaticamente que "é no sangue que se encontram os bacilos", ele sai em busca de amostras hematológicas, que, examinadas, o deixam maravilhado com a "virulência colossal" dos germes descobertos. O dr. Nagel fala como um policial, ou simplesmente como um nazista: "Que sorte ter podido seguir de perto e capturar essa espécie e impedir que esse animal assassino continue causando danos!". *Mörderisches Biest*: parece que estamos ouvindo o mafioso Schränke, encarnação do nazista em *M, o vampiro de Düsseldorf*... Sven Nagel é, portanto, médico e policial, da mesma maneira como, no III Reich, os policiais são médicos e a lei positiva, a lei do Estado, deve ser a transcrição das leis da natureza.[48]

---

48 Werner Best, "Die Geheime Staatspolizei", *Deutsches Recht*, abril de 1936, pp. 125-128.

Examinando melhor, a analogia que estrutura *La Habanera* parece evidente: Sven Nagel é sueco, homem do Norte, da raça nórdico-germânica, e exerce sua profissão de pesquisador e médico como um investigador da polícia criminal. Ele não é alemão, como tampouco Astrée: no momento em que o III Reich busca aliados na América Latina, a nacionalidade da heroína exilada em terras tropicais talvez fosse uma questão por demais sensível.

Último elemento da analogia, o lugar: Porto Rico parece muito com a Polônia, com o bônus do sol e do calor tropical. O filme mostra uma sociedade atrasada, governada por uma elite mafiosa e com serviços públicos inqualificáveis — seja no hospital, insuficientemente equipado, ou nas forças da ordem, relaxadas, bagunceiras e incompetentes. O único policial visto no filme é uma espécie de sargento Garcia[49] que fuma em serviço e é incapaz de orientar o tráfego (apenas um automóvel e uma carroça) na única rua sob seus cuidados.

Incompetência, prevaricação, desorganização... tudo aquilo que é resumido na expressão alemã *polnische Wirtschaft*, "gestão polonesa", o equivalente germânico do "trabalho de árabe" dos colonos franceses.

A mensagem do filme, portanto, é tripla: uma população miserável entregue a maus *führer* é salva por um caçador de bacilos nórdico, um médico-policial que combate o inimigo com amostras de sangue e soros curativos. Uma vez vencido o combate biológico contra a patologia tropical, o dr. Nagel leva de volta Astrée e seu filho à terra natal, para que o sangue reencontre o solo sueco.

La Habanera é, no fim das contas, uma comédia musical e tropical singularmente política. Num III Reich cujo discurso político é medicalizado ao extremo, o filme contribui para aclimatar — é verdade que num diapasão agradável e divertido, com muitos risos e canções — um imaginário e mesmo uma psicose da infecção e de contaminações que só os médicos-policiais nórdicos podem vencer.

Parece um pouco menos estranho, assim, esse longo prólogo insular e tropical que nos conduziu a Porto Rico antes de chegarmos à Polônia. Tanto menos estranho por sabermos que os médicos incumbidos das

---

49 Personagem já consagrado pelo cinema americano na década de 1920.

ações sanitárias alemãs no Leste provêm em geral dos diversos institutos de medicina tropical da Alemanha,[50] os Tropeninstitute fundados no país na mesma época que os Institutos Pasteur na França, no fim do século XIX, para enfrentar as novas patologias encontradas durante as explorações coloniais.

O Leste, terra contaminada

A guerra no Leste, que começa em 1º de setembro de 1939 com a invasão da Polônia, é acompanhada de pesada artilharia discursiva visando apresentar os países do Leste (a Polônia e depois, em 1941, a URSS) como territórios maculados por perigos biológicos: o Leste é uma terra suja povoada por eslavos atrasados e judeus contaminantes, uma terra biologicamente virulenta. Região sujeita a patologias desconhecidas na Alemanha, que por sua vez é uma terra limpa governada por médicos, pátria de Robert Koch[51] e das vacinas. Os progressos da higiene e da ciência transformaram a Alemanha na nação da saúde, o que é essencialmente positivo, mas também perigoso, pois os organismos alemães não estão mais imunizados contra enfermidades que foram esquecidas.

As populações do Leste, pelo contrário, sobrevivem a suas doenças, pois desenvolveram uma imunidade de que os alemães não (mais) se beneficiam. As populações eslavas e judias do Leste vivem numa tal imersão microbiana que seus corpos se adaptaram. Os alemães, tão limpos e sadios,

---

50 Particularmente do Tropeninstitut de Hamburgo. Cf. Norbert Frei, *Medizin und Gesundheitspolitik im Dritten Reich*, Munique, Oldenburgo, 1991, e Thomas Werther, "Fleckfieberforschung im deutschen Reich 1914-1945. Untersuchungen zur Beziehung zwischen Wissenschaft, Industrie und Politik", tese de doutorado, Philipps-Universität, Marburgo, 2004.

51 E, por sinal, foi realizado um filme biográfico de grande orçamento sobre o grande cientista no ano em que a Alemanha entrou em guerra contra a Polônia: *Robert Koch, Bekämpfer des Todes*, 1939 (BA-FA, 187456). O filme conta a história do médico, soldado obstinado da ciência, verdadeiro *führer* heroico lutando não só contra a doença, mas também contra o atraso religioso, os preconceitos, a administração e a autossuficiência arrogante dos mandarins berlinenses que zombam do medicozinho de província.

certamente morreriam nesse contexto pandêmico se não fossem tomadas as medidas higiênicas mais radicais. Acontece que com a invasão e depois a colonização da Polônia, no outono de 1939, centenas de milhares de alemães (Wehrmacht, SS, polícia) se defrontaram com esse perigo biológico, para não falar dos funcionários civis e depois os colonos que se seguiriam: os planos do recém-criado RKF[52] preveem a implantação de milhões de camponeses-colonos, funcionários e soldados nas *Gaue*[53] de Wartheland e Danzig-Westpreussen (no norte da Polônia, anexado ao Reich).

As tropas alemãs são prevenidas do perigo. Em uma série de ordens expedidas de dezembro de 1940 a junho de 1941, a Wehrmacht, as Waffen-SS e a polícia alemã são informadas de que, no Leste, tudo pode ser causa de morte: os alimentos, a água, os poços... mas também as "maçanetas de porta" ou, em caso de sede muito forte, as "alavancas de bomba",[54] objetos manipulados pelos inimigos e possivelmente contaminados ou envenenados, e que não devem ser tocados.

Esse discurso de psicose patológica é acompanhado de práticas muito concretas: o emprego maciço, nas frentes de combate do Leste, do lança-chamas, que permite a destruição à distância de habitações e refúgios (o alcance do jato é de 25 a 30 metros) e evita portanto que se toque nas

---

52 "Comissariado do Reich para o Fortalecimento da Germanidade", criado por decreto de Hitler em 7 de outubro de 1939. O *Reichskommissariat für die Festigung Deutschen Volkstums* (RKF), entregue ao controle de Heinrich Himmler, Reichsführer-SS e ministro do Interior do Reich, tinha como missão a colonização do Leste e a reconfiguração geoétnica dos espaços poloneses. Com vistas, naturalmente, às terras da União Soviética. Cf. Götz Aly, Susanne Heim, *Vordenker der Vernichtung. Auschwitz und die deutschen Pläne für eine neue europäische Ordnung*, Frankfurt, Fischer, 1993; em francês, *Les Architectes de l'extermination. Auschwitz et la logique de l'anéantissement*, traduzido para o francês por Cl. Darmon, Calmann-Lévy, 2006, e Isabel Heinemann, *Rasse, Siedlung, deutsches Blut — Das Rasse und Siedlungshauptamt der SS und die rassenpolitische Neuordnung Europas*, Göttingen, Wallstein, 2003.

53 As *Gaue* — plural de *Gau*, palavra de conotação medieval próxima de "distrito" — foram as subdivisões administrativas criadas em áreas ocupadas pela Alemanha nos países vizinhos, inspiradas nas divisões adotadas na própria Alemanha a partir da chegada dos nazistas ao poder em 1933. [N. T.]

54 "Warnung vor heimtückischer Sowjetkriegsführung", 1941, citado em Gerd Überschär, Wolfram Wette, *"Unternehmen Barbarossa". Der deutsche Überfall auf die Sowjetunion 1941*, Paderborn, Schöningh, 1984, p. 316, ponto I-A-2-6.

famosas maçanetas; a erradicação biológica das elites polonesas por unidades especiais do SD (Einsatzgruppen), seguida do genocídio sistemático das populações judias da URSS a partir de junho de 1941; a guetoização, a partir do outono de 1939, e depois o assassinato industrial da população judia da Polônia e mais adiante da Europa Ocidental, a partir da primavera de 1942.

No Governo Geral da Polônia (a Polônia ocupada não anexada ao Reich), as práticas de marcação e estacionamento[55] da população judaica se inscrevem num imaginário medicinal que lhes confere sentido e justificação: o soldado, o oficial da SS e o policial da Alemanha agem como médicos contra um perigo de natureza patológica. É o que afirma um trabalho coletivo de 1941, publicado pela administração sanitária do Governo Geral e intitulado *Guerra às epidemias! A missão sanitária alemã no Leste*.[56] Em uma contribuição intitulada "O foco epidêmico polonês: medicina geral sob direção alemã",[57] o dr. Joseph Ruppert afirma que a experiência da Polônia "supera em muito nossas previsões mais desvairadas. Tentar expressar em palavras o que vimos é inútil [...]. Em uma palavra: sujeira, sujeira e mais sujeira".[58]

O pior seria constatado no *Judenmilieu*, verdadeira "bacia de incubação de pragas, sujeira, doenças", na qual só vivem insetos e criminosos e onde as crianças são descritas, num jogo de palavras intraduzível, como uma "criação de pústulas".[59] Não surpreende, assim, que a Polônia seja a pátria do tifo: "As grandes cidades eram as mais ameaçadas, pois nelas os guetos judeus constituíam verdadeiros focos de epidemias"[60], como se existissem guetos antes da chegada dos nazistas... Significativamente, a formação de guetos fechados é apresentada pelo médico alemão como uma medida sanitária de quarentena: "Ruas e quarteirões inteiros

---

55 Sobre a marcação e o estacionamento, cf. Christian Ingrao, *Les Chasseurs noirs. La brigade Dirlewanger*, Perrin, 2006.
56 Jost Walbaum (dir.), *Kampf den Seuchen! Deutscher Ärzte-Einsatz im Osten Die Aufbauarbeit im Gesundheitswesen des Generalgouvernements*, Cracóvia, Deutscher Osten Verlag, 1941.
57 Joseph Ruppert, "Die Seucheninsel Polen: Allgemeine Gesundheitspflege unter deutscher Ärzteführung", em J. Walbaum (dir.), *Kampf den Seuchen!*, op. cit., pp. 23-37.
58 *Ibid.*, p. 23.
59 *Ibid.*, p. 24.
60 *Ibid.*

tiveram de ser temporariamente fechados, sabendo-se que, naturalmente,⁶¹ o abastecimento dos habitantes foi assegurado."⁶²

A quarentena imposta à população judia assume sentido estritamente médico. Sua necessidade é determinada pela virulência da doença: os alemães fazem o melhor possível frente a um fato mórbido de que podem apenas constatar a existência, para em seguida deduzir suas consequências. E, de fato, como

> o judeu é quase o único vetor da epidemia, e em casos de contaminação de um não judeu quase sempre se pode remontar a uma fonte de infecção judia, pareceu urgente, a bem da proteção da população, restringir a liberdade de circulação dos habitantes judeus, sujeitar sua utilização do trem a uma autorização médica e administrativa específica, encaminhá-los para parques designados exclusivamente para o seu uso (já que, por exemplo, a transmissão de pulgas infecciosas é facilitada pelo uso comum de bancos), proibir-lhes a utilização de ônibus e lhes reservar compartimentos particulares nos bondes.⁶³

Outro texto incluído na publicação explica que "é necessário um controle severo da população judia, que deve ser acompanhado de isolamento físico e mesmo, se necessário, fechamento dos bairros residenciais judeus". Ilustrando o artigo, uma fotografia de um muro de gueto (Varsóvia, Cracóvia ou Lodz) traz a seguinte legenda: "Por decreto da autoridade alemã, um foco de epidemia deve ser isolado por um muro circundante."⁶⁴ A placa afixada no muro diz: "Atenção! Risco de epidemia! Entrada proibida!"⁶⁵

É possível, lamenta nosso médico, que essas "medidas severas que nos foram impostas pelo estado de necessidade" tenham sido

---

61 "Naturalmente" porque a publicação faz o elogio da *deutsche Ritterlichkeit* ("ética cavalheiresca alemã") do corpo médico alemão que foi salvar a Polônia de suas endemias (*ibid.*, p. 66).
62 *Ibid.*, p. 28.
63 *Ibid.*
64 *Ibid.*, p. 87.
65 *Ibid.*, p. 88.

exploradas por uma propaganda judeófila empenhada em prejudicar a Alemanha, mas qualquer um que tenha constatado as condições que prevalecem na Polônia terá se convencido da "imperiosa necessidade dessas medidas de proteção".[66]

A imprensa de grande circulação se encarrega de popularizar esses temas e anátemas, que não ficam limitados a publicações de propaganda médica. Um artigo do diário da SS, significativamente intitulado "Excrementos do gueto" e publicado logo no início da ocupação, em maio de 1940, lembra "o nojo e o horror" que os soldados e policiais alemães sentiram diante da "sujeira, sujeira por toda parte" das residências. Ele também acusa a "peste" judia de ser uma "ameaça constante para o trabalho alemão de reconstrução no Leste", uma ameaça biológica: "Em seus ninhos insalubres, eram encontrados os vetores e propagadores de todas as epidemias possíveis, frente aos quais o judeu parecia ter-se tornado quase imune, em consequência da longa e secular convivência".[67]

Semanário popular de grande circulação, o *Berliner Illustrierte Zeitung* insiste particularmente nessa questão no artigo de 24 de julho de 1941 intitulado "Os judeus entre eles": o "gueto de Varsóvia é há décadas um foco de epidemia", afirma a legenda de uma fotografia particularmente hábil. Ela mostra um rosto cansado e vagamente hostil olhando pela vigia de uma porta pela qual, graças à vigilância das autoridades alemãs, já não é possível passar: "Tifo. Entrada e saída estritamente proibidas", avisa uma tabuleta presa à porta de um prédio, que só numa segunda olhadela podemos identificar como uma simples e banal porta de entrada.

A vigia, perfeitamente redonda, e a presença de um rosto que podemos ver sugerem a entrada de uma câmara especial numa zona de alta segurança biológica, ou seja, aquilo em que o bairro inteiro foi transformado, graças à diligência sanitária das autoridades alemãs. O texto que acompanha a imagem não deixa margem a dúvida:

> O tifo, que é uma epidemia indígena, nunca desapareceu dos bairros judeus de Varsóvia, sarnentos e imundos. De todos os

---

66 *Ibid.*, p. 28.
67 "Auswurf der Ghettos", *Das Schwarze Korps*, 2 de maio de 1940, p. 8.

> doentes de tifo do Governo Geral, 92% são judeus, mas sua taxa de mortalidade não passa de 10%, pois os judeus estão imunizados contra essa febre pelo longo convívio que têm com a doença — que na mesma medida causa terríveis estragos entre os alemães e os poloneses, com um índice de mortalidade de 40%. As autoridades do Governo Geral empreenderam uma guerra contra a epidemia, interditando as casas contaminadas, que são vigiadas pela polícia judaica.[68]

Da mesma forma, em termos mais genéricos, o gueto inteiro é apresentado pelo artigo como uma zona de quarentena, um bairro de isolamento sanitário "totalmente fechado ao exterior", um "reservatório de judeus" (*Juden-reservoir*) do qual a partir de agora felizmente é impossível "fugir".[69]

Isolar o judeu, fator patogênico

O trabalho escrito pelos médicos que mencionamos foi publicado em 1941, no momento em que tem início a eliminação física dos judeus do Leste, no verão, antes de ser contemplada, no outono, a eliminação da totalidade dos judeus do continente europeu. Causa espanto que, até na imprensa, a política antijudaica do Reich seja qualificada de "medidas de proteção", justificadas pela "necessidade médica". Mas o fato é que, meses antes de Hitler e Himmler tomarem a decisão de assassinar industrialmente os judeus da Polônia e da Europa Ocidental, mas num momento em que o genocídio sistemático das populações judias da URSS está no auge, Goebbels registra em seu diário:

> No gueto de Varsóvia, notou-se um certo aumento do tifo. Mas foram tomadas medidas para que eles não tenham de sair do

---

68 "Juden unter sich", *Berliner Illustrierte Zeitung*, 24 de julho de 1941, p. 790.
69 *Ibid*. Para um estudo de caso específico, envolvendo a cidade e o gueto de Lodz, cf. o excelente trabalho de Gordon J. Horwitz, *Ghettostadt. Lodz et la formation d'une ville nazie* (2008), Calmann-Lévy / Mémorial de la Shoah, 2012, especialmente pp. 45-55.

gueto. Afinal, os judeus sempre foram vetores de doenças contagiosas. É necessário amontoá-los num gueto e entregá-los à própria sorte, ou então liquidá-los; caso contrário, sempre contaminarão a população sadia dos Estados civilizados.[70]

Esse trecho do diário de Goebbels e o livro de 1941 nos fornecem algumas referências para mapear esse universo mental nazista biomédico, comandado por um ideal de assepsia. O nazismo, que se apresenta como uma transcrição política das leis da natureza, entende o inimigo em termos biológico-patológicos e pretende desenvolver práticas cuja finalidade é aberta e literalmente axênica: o objetivo é livrar o povo alemão e os territórios do Reich (o espaço vital, o espaço em que se desdobra a vida da raça) de qualquer elemento estrangeiro (*xenos*) e hostil capaz de contaminá-lo e enfraquecê-lo, senão de destruí-lo.

Esses ideais e categorias são objeto de ampla publicidade: o discurso nazista está saturado de termos biológicos e médicos e abusa das palavras *Seuche* (epidemia) e *Pest* para se referir ao inimigo.

Por outro lado, as ordens transmitidas à tropa visam difundir e aclimatar uma psicose de contaminação. Essas ordens são exemplificadas em filmes didáticos destinados aos soldados e policiais da Wehrmacht e da SS. É o caso de um filme de 1942 intitulado *Combatamos o tifo!*,[71] que ensina que o tifo — assim como a peste, os ratos, os judeus e a homossexualidade — é uma patologia oriental que "se difundiu do leste para o oeste a partir do seu foco na Ásia Menor": "Na Polônia, são afetadas particularmente as províncias vizinhas da Rússia", ao passo que "o território do Corredor [de Danzig], assim como a Silésia", territórios alemães, "praticamente foram poupados".

Sobre imagens de guetos, um comentário solene alerta o soldado alemão contra o "perigo invisível" da doença:

> Um dos mais antigos focos de tifo se encontra na Volínia, onde existe uma população judia, como nas outras partes da Polônia.

---

70 Joseph Goebbels, *Tagebücher*, 7 de agosto de 1941.
71 *Kampf dem Fleckfieber!*, Heeres-Filmstelle, Forschungsgruppe der Militärärztlichen Akademie — Lehrfilm Nr. 347 über Verbreitung und Übertragung des Fleckfiebers und seiner Bekämpfung, 1942, 23 minutos (Yad Vashem Film Center, 92026).

> Uma inacreditável sujeira e o eterno comércio de roupas usadas infestadas de pulgas são as causas da propagação incontrolável da epidemia [...]. Tudo isso também põe em risco o soldado alemão quando ele entra em contato com essa população contaminada [...]. Uma simples olhadela no interior dessas habitações miseráveis deve servir de advertência para o soldado alemão: ele precisa se precaver do perigo invisível que o ameaça nesses bairros judeus, em meio a um ambiente de extrema sujeira.

As imagens mostradas pela câmera no momento dessa fala são assustadoras. Rostos devorados por barbas horríveis, crianças cadavéricas, baratas correndo pelas paredes, águas de evacuação estagnadas bem no meio dos pátios residenciais, sujeira pesada... Os serviços nazistas de propaganda fazem grande consumo dessas imagens de gueto, como no filme *O eterno judeu* (*Der ewige Jude*, 1941), que pretende desmascarar, tornar visível, o judeu que se esconde e se traveste quando usa *smoking* e fuma charutos nos salões de Berlim: o verdadeiro judeu é o judeu do Leste, radicalmente diferente por sua língua, seus trajes, seus rituais e sua higiene, sendo o "eterno judeu" associado às imagens de sujeira de um gueto qualificado de "foco de peste" (*Pestherd*).

O filme se compraz nessas imagens de uma humanidade judia degradada por iniciativa da própria política nazista, esgotada pela fome, obrigada a se amontoar em famílias inteiras em apartamentos de dois cômodos e de fato acometida de doenças. Em outras palavras: o filme adverte o soldado alemão de um perigo que os próprios nazistas provocaram com sua política de guetoização. O caráter performático do discurso nazista e a circularidade da relação entre imaginário e real são exemplares: os nazistas constroem o inimigo não só pelo discurso e a imagem, mas também mediante práticas que produzem uma biologia degradada, em seguida exibida como prova da legitimidade do discurso nazista.

Além disso, o comentário das imagens também é muito hábil: ele fala do que é verossímil, conhecido, do estereótipo sobre os judeus (o judeu que comercia "roupas usadas") para melhor arrastar o espectador a uma requalificação da população judia. Os judeus não são apenas os miseráveis vendedores cheios de lábia já bem conhecidos, mas também um "perigo invisível" que o discurso nazista pretende desmascarar. O filme de 1942 entra em ressonância com *O eterno judeu* de 1941: às imagens dos *Salonjuden* de Berlim, civilizadamente encostados numa lareira, uma taça de champanhe na mão, sucedem imagens de guetos poloneses, as imagens dos verdadeiros judeus. Pouco depois, temos a conhecida sequência dos mapas e ratos: de onde vêm os judeus? Da Ásia Menor! Eles se espalharam pelo mundo na época alexandrina, de leste para oeste, assim como os ratos, vetores da Peste Negra, maldição da Europa. E, "como os ratos", insiste o filme, os judeus destroem, mordem e matam pela doença que transmitem.

A analogia de uma propaganda grosseira se transforma em pura e simples equiparação, trazendo subentendida a seguinte mensagem: o alemão ou o soldado alemão se vê tanto mais em situação de perigo por esse ser invisível, e porque durante muito tempo os alemães não tiveram consciência do caráter nocivo do judeu. Só a ciência da raça, politicamente promovida pelo nacional-socialismo, revelou plenamente esse perigo, assim como Robert Koch, no fim do século XIX, identificou o bacilo da tuberculose: a ciência e a política lançaram luz ("Alemanha, desperta!"[72]) sobre perigos eternos, mas até então invisíveis. Tudo é feito para tornar o judeu visível: uma raciologia ardilosa se desdobra em índices morfológicos, uma legislação implacável impõe a estrela amarela (Polônia, 1939; Europa Oriental, 1941) e prenomes obrigatórios para os filhos de judeus (Israel e Sara, decreto de 1938); um discurso permanente revela o complô bimilenar destinado a vingar a derrota de Jerusalém ante as legiões romanas; e o jurista Carl Schmitt propõe que os escritores judeus sejam isolados em seções especiais das bibliotecas, mencionando-se o qualificativo *Jude* sempre que algum deles for citado.[73]

Os nazistas se consideram os Robert Koch da política: é preciso revelar e isolar o judeu como vetor da doença ou agente patogênico e agir como médicos, em modo profilático (proibição dos casamentos "mistos" e de qualquer relação sexual "inter-racial" pelas leis de setembro de 1935) e

---

72 *Deutschland erwache!* é um dos *slogans* mais conhecidos do NSDAP. No fim do filme sobre Robert Koch (1939), Emil Jannings faz um discurso exortando os jovens médicos a levarem adiante a "tocha" da ciência.
73 Carl Schmitt, "Schusswort des Reichsgruppenwalters Staatsrat Prof. Dr Carl Schmitt", *em* ID. (dir.), *Das Judentum in der Rechtswissenschaft, op. cit.*, p. 29.

curativo (tratamento asséptico). Essa medicalização do antissemitismo é uma tendência estrutural do nazismo, que se apresenta como transcrição política e jurídica das leis da natureza. Ela também revela a apropriação da "questão judaica" por uma tendência do nazismo que aos poucos se impõe, a tendência da SS: ultrarracista, elitista e sem concessões, mas preocupada em promover uma abordagem desapaixonada dos "problemas" da Alemanha, abordagem ao mesmo tempo "fanática [na convicção] e fria [na prática]", muito distante do antissemitismo vulgar, turbulento e, por fim, contraproducente da SA e de demagogos como Julius Streicher.

A SS e a polícia alemã se consideram o corpo médico da nova Alemanha, agindo sempre pela salvação biológica da comunidade que protegem. Uma vez tomada a decisão de matar e não mais apenas expulsar o alógeno, a SS difunde maciçamente esse discurso sanitário e médico que fundamenta as práticas de assassinato e as torna aceitáveis, justificando-as por um imperativo sanitário e salutar.

Behandlung, "o tratamento da questão judaica"

O discurso medicinal, que assusta, pois denuncia um perigo virulento, também tranquiliza, não apenas porque afirma investir contra o mal assim identificado, mas também porque propõe protocolos de ação, modos de tratamento curativo. A Alemanha como comunidade biológica não está sujeita à infeliz fatalidade das pragas, dispondo de meios de controlá-las e erradicá-las, graças à sua ciência e à sua engenharia médica e sanitária.

Falar e pensar em termos de procedimentos, métodos e *modus operandi* também permite focalizar a atenção e concentrar as mentes no cálculo dos meios e distanciar os fins, ocultando que não se trata de combater e mesmo erradicar pulgas, mas seres humanos. Muito além do caso específico em exame aqui, é esta uma das grandes virtudes das metáforas no discurso nazista: onipresentes, elas são tomadas e devem ser tomadas no sentido mais literal. Abolindo toda distância entre o real descrito e a imagem proposta, permitem uma apreensão do real, oferecendo modos de ação sobre a imagem, modos de ação justificados pelo caráter incontornável dessa.

As pulgas infecciosas são tratadas num processo de desinfecção, as urtigas são arrancadas, os campos, amanhados. As árvores por sua vez foram feitas para serem cortadas, e as verrugas, para serem queimadas etc. Todas essas metáforas remetendo aos universos agrícola, hortícola e médico visam mostrar ao destinatário que ele não tem escolha: a urtiga, urticante e nefasta, deve ser arrancada e queimada. Não se trata aqui de ideologia nem de política, mas de necessidade natural, o que Heinrich Himmler explica frequentemente, acostumado que está com torneios metafóricos:

> Nós somos os primeiros a ter resolvido a questão do sangue por meio de nossos atos [...]. O antissemitismo é uma questão de desinfecção. Erradicar as pulgas infecciosas não é uma questão de ideologia, mas de higiene. Da mesma forma, o antissemitismo nunca foi para nós uma questão de ideologia, mas de higiene, questão que logo será resolvida, diga-se de passagem. Logo estaremos livres dos nossos piolhos. Ainda temos vinte mil. Depois, estará acabado em toda a Alemanha.[74]

Afirmações e imagens como estas são habituais no discurso dos altos dirigentes do partido e do Estado nazistas. São tributárias de uma medicalização do discurso político que, desde o fim do século XIX, é acompanhada de uma naturalização da cultura e da história, na esteira do darwinismo social, mas também dos avanços das ciências naturais e da medicina, que tendem a fazer dessas ciências a ciência por excelência, cujos conceitos, métodos e princípios poderiam ser aplicados a toda realidade.

No caso nazista, falar de "bacilo", "triquina" ou vírus ultrapassa em muito o simples insulto ou invectiva. Os termos e raciocínios são por

---

74 Heinrich Himmler, "Kommandeurbesprechung SS-Panzerkorps", Charkow, 24 de abril de 1943, em ID., *Geheimreden 1933 bis 1945 und andere Ansprachen*, ed. Bradley Smith e Agnes Peterson, Frankfurt, Propyläen, 1974, pp. 200-201.

demais habituais e reiterados para não serem realmente levados a sério. Ao anotar em seu *Diário*, pouco depois de visitar o gueto de Vilnius, que "os judeus são os piolhos da humanidade civilizada", Goebbels acrescenta: "Se forem poupados, mais tarde seremos vítimas deles."[75]

O recurso à imagem pejorativa e ofensiva não tem valor apenas demonstrativo: tem também uma vocação prática, na medida em que convoca à ação para enfrentar um perigo grave. Dias depois dessa anotação em seu *Diário*, Goebbels assina um famoso editorial no diário *Das Reich*, no qual afirma mais uma vez que "os judeus são culpados", não apenas da guerra, mas do rumo que essa tomou, que deixa extremamente nervosa a hierarquia nazista, pois se revela pouco favorável à Alemanha: a Inglaterra, nas mãos dos judeus, resiste, e a guerra-relâmpago no Leste, na URSS, é um fracasso, ante a obstinada e inesperada resistência do Exército Vermelho.

Depois da decisão de assassinar todos os judeus do continente, provavelmente em dezembro de 1941, Hitler se desdobra em comentários biológicos e médicos. Preocupado em obedecer às leis da natureza, o *Führer* afirma que "um povo que não tenha judeus é devolvido à ordem natural",[76] a um benéfico estado de saúde de acordo com os decretos eternos da natureza. Dias depois, se equipara aos grandes gênios da medicina que, ao descobrirem as modalidades de desenvolvimento e transmissão das doenças mais temíveis, se mostraram à altura da humanidade:

> Hoje devemos levar adiante o mesmo combate que Pasteur e Koch. Inúmeras doenças têm como causa um único bacilo: o judeu! [...] Restabeleceremos a saúde quando tivermos eliminado o judeu.[77]

As modalidades dessa "eliminação" não deixam mais margem para dúvida desde dezembro de 1941. Também aqui, pela força das imagens e representações, encontramos o paradigma do piolho, da pulga infecciosa

---

75 Joseph Goebbels, *Tagebücher*, 2 de novembro de 1941.
76 Adolf Hitler, declarações privadas, 17 de fevereiro de 1942, Führerhauptquartier, em Werner Jochmann (ed.), *Monologe im Führerhauptquartier, 1941-1944. Die Aufzeichnungen Heinrich Heims*, Hamburgo, Knaus, 1980, p. 280.
77 *Ibid.*, 22 de fevereiro de 1942, p. 293.

e patogênica que sugere o tipo de "tratamento" (*Behandlung*).[78] Robert Ley, chefe do DAF, falando a uma plateia de funcionários civis e militares alemães em maio de 1942, explica:

> O judeu é o maior perigo da humanidade. Se não conseguirmos exterminá-lo, perderemos a guerra. Não basta levá-lo para algum lugar. Seria como se quiséssemos prender um piolho numa jaula em algum lugar: ele encontraria uma saída e, surgindo por baixo, nos daria de novo vontade de nos coçar. Temos de aniquilá-los, exterminá-los, pelo que fizeram à humanidade.[79]

Num tom supostamente divertido, para conquistar a adesão do auditório fazendo-o sorrir, a força coercitiva da imagem leva necessariamente a uma conclusão pelo absurdo: é um fato que ninguém realmente desloca piolhos para tentar restringi-los a um lugar distante. Os piolhos também não podem ser trancafiados atrás das barras.

Essas considerações não são genéricas nem infundadas. Não são divulgadas com finalidade meramente propagandística por oradores carentes de metáforas, mas constituem questões de política sanitária concreta, no nível das administrações regionais e locais. No dia 16 de dezembro de 1941, em reunião de autoridades policiais, sanitárias e de diferentes administrações do Governo Geral, Hans Frank solicita um relatório completo sobre a situação de sua região. Ante relatos alarmantes sobre o avanço do tifo, o governador Frank considera que "é necessário reprimir com a maior brutalidade os judeus que saem do gueto. A pena de morte prevista nesses casos deve ser aplicada o mais rapidamente possível a partir de agora".

O jurista Hans Frank esclarece que, "se necessário, pode ser adotada uma simplificação do procedimento no tribunal especial". O governador

---

78 O assassinato dos judeus era designado pelo termo, ao mesmo tempo eufemístico e medicinal, de *Sonderbehandlung* (tratamento especial).
79 Discurso de Robert Ley, Amsterdã, 10 de maio de 1942, citado em Jeffrey Herf, *L'Ennemi juif. La propagande nazie, 1939-1945* (2006), traduzido para o francês por P.-E. Dauzat, Calmann-Lévy, 2011, p. 145.

do distrito de Radom, Ernst Kundt, toma então a palavra para se congratular pela contenção da epidemia no seu distrito, graças às severas medidas de retenção dos judeus em seus guetos e às pesadas sanções contra qualquer alemão que "estivesse em comércio" com eles. Como seu superior Frank, Ernst Kundt também deseja que "o respeito das formas hierárquicas" deixe de impedir a rápida aplicação das penas de morte sentenciadas. A discussão é encerrada pelo general da SS Karl Schöngarth, doutor em direito e "BdS GG"[80] (comandante da polícia de segurança do Governo Geral), que "saúda com gratidão" a iniciativa do colega BdO,[81] que baixou uma "ordem de atirar, com base na qual é possível abrir fogo contra os judeus encontrados nas ruas".[82]

Da profilaxia à cura: desinfecção e erradicação

Eliminar a doença significa, portanto, eliminar o judeu. Aquilo que é dito sem rodeios nem precauções pelos mais altos dirigentes do III Reich, no segredo de seu círculo íntimo ou diante de oficiais e funcionários obrigados a respeitar a confidencialidade, é mostrado de maneira quase explícita por filmes destinados à população eslava da Polônia ou aos colonos alemães, além dos membros das forças militares e policiais do Reich.

É o caso do filme intitulado *Judeus, piolhos e tifo* em polonês e *Judeus, pulgas e baratas* em alemão.[83] Encomendado e divulgado em 1942 pelo serviço sanitário do Governo Geral e destinado à população da Polônia

---

80 "Befehlshaber der Sicherheitspolizei im Generalgouvernement". A Sicherheitspolizei (Sipo-SD) é a polícia de segurança, impropriamente conhecida como Gestapo, pois essa só existe dentro do Reich e só atua em seu interior.
81 "Befehlshaber der Ordnungspolizei". A Ordnungspolizei (Orpo) é a polícia comum de manutenção da ordem.
82 Werner Präg (ed.), *Das Diensttagebuch des deutschen Generalgouverneurs in Polen, 1939-1945*, Stuttgart, Deutsche Verlags-Anstalt, 1975, entrada de 16 de dezembro de 1941, *Regierungssitzung*.
83 *Zydzi, Wszi, Tyfus / Juden, Läuse und Wanzen*, Film- und Propagandamittel-Vertriebsgesellschaft, mbH., Cracóvia, Varsóvia, 1942, Bundesarchiv-Filmarchiv (BA-FA, Berlim, BSP 21006 e Yad Vashem Film Center, Nr. 47768).

ocupada e ao pessoal civil e militar alemão, esse filme de pouco mais de nove minutos começa, de maneira perfeitamente clássica, com imagens de um gueto onde prevalecem a promiscuidade, a sujeira e a escuridão. As imagens de alguns judeus visivelmente sem forças são seguidas de desenhos e esquemas da pulga infecciosa responsável pela contaminação do tifo. Frente a essa situação mórbida, intervém a engenharia sanitária alemã: sob o comando de um suboficial, um grupo de judeus encamisados entra em cena para retirar colchões, tecidos, estrados, que são levados para um compartimento hermeticamente fechado para serem fumigados. A desinfecção dos objetos é seguida pela dos seres — alguns pobres coitados cadavéricos e exaustos se despem molemente, com o olhar vazio diante da câmera, que não perde o menor detalhe do que se segue: tosa dos cabelos, dos pelos pubianos, ducha. Uma sequência intercalada mostra as roupas sendo retiradas da tina: submetidas a intensa vaporização, estão purificadas e novamente limpas para uso.

O mesmo não se pode dizer dos judeus: não menos abatidos e exaustos ao saírem da ducha, os seres não parecem tão imaculados quanto os objetos. Significativamente, o filme termina numa longa sequência hospitalar: outros pobres coitados, visivelmente em estado de profunda desnutrição, são manipulados sem cerimônia diante da câmera, segundo um protocolo cinematográfico corrente nos filmes sanitários e medicinais nazistas.[84] Os documentaristas se detêm nos sintomas e cicatrizes da doença, especialmente as petéquias visíveis no peito nu de uma jovem manipulada por um médico como se fosse uma égua, exorbitando seus olhos, abrindo violentamente sua boca para exibir as gengivas inchadas pela doença.

A conclusão implícita — mas tão claramente expressa — dessa sequência é que o tifo só pode ser vencido pela erradicação dos agentes patogênicos, como nas câmaras de fumigação e nas tinas de desinfecção. Em 1942, quando o filme é difundido, o tratamento químico de seres humanos seguido de

---

84 Esses filmes, como o insuportável *Dasein ohne Leben*, 1941 (BA-FA, 20555, 54 minutos), filme sobre os doentes mentais que nunca foi difundido, pois segundo a própria censura nazista era impróprio para exibição, consagram a blusa branca em toda a sua majestade: o auxiliar médico ou o médico manipula, puxa, força os membros de um ser reduzido ao estado de marionete sendo desarticulada pela intervenção soberana, imperiosa e brutal do cientista, que mostra e demonstra sua incapacidade para a vida.

cremação já é uma prática nazista confirmada: entre setenta mil e oitenta mil doentes mentais alemães foram mortos a gás e queimados pela SS no contexto da operação T4 entre outubro de 1939 e agosto de 1941, e testes de envenenamento com monóxido de carbono e zyklon B foram realizados em vários centros experimentais no outono de 1941 (Auschwitz, Chelmno).

O horror sentido pelo espectador do filme *Juden, Läuse und Wanzen* vem do fato de que o que é descrito na tela corresponde exatamente ao protocolo testado no outono de 1941 e seguido nos centros de extermínio que entram em ação maciçamente na primavera de 1942: as roupas são tiradas e desinfetadas em tinas destinadas a essa finalidade (depois despachadas para o Reich), enquanto seus donos são conduzidos a salas de ducha onde o processo de desinfecção não faz uso de água nem sabão, mas da fumigação — com monóxido de carbono e depois um produto até então usado contra insetos, parasitas e ratos, o zyklon B, ácido prússico concentrado fabricado pela Degesch (Deutsche Gesellschaft für Schädlingsbekämfung), a "Sociedade Alemã de Luta contra Pragas" — termo que, nesse contexto mental e prático, se reveste de todo o seu sentido.

Estoques de zyklon B são acumulados em Auschwitz, para a desinfecção das instalações, até que o comandante Rudolf Höss passa a testá-los em seres humanos, prisioneiros russos, convencendo-se de sua notável eficácia: a morte é menos onerosa e mais rápida do que por envenenamento com monóxido de carbono, que requer a imobilização de motores de tanques ou caminhões e um grande consumo de diesel.

O filme de 1942 de combate ao tifo parece mostrar tudo, revelar tudo sobre o procedimento de assassinato industrial praticado nos centros de extermínio poloneses que entram em funcionamento nesse mesmo ano: tosquia, ducha, fumigação. Talvez se destinasse antes de tudo ao pessoal do "tratamento especial", aqueles que sabem e que precisam se convencer da natureza sanitária de suas práticas. De qualquer maneira, ele evidencia um imaginário da erradicação de germes que só pode levar à destruição dos agentes patogênicos — as pulgas nas tinas e salas herméticas, mas também os portadores mais ou menos sadios que o filme mostra no início (imagens do gueto) e no fim (imagens do hospital).

O mesmo no caso do manual sanitário editado pelo Instituto de Higiene da Waffen-SS e publicado em 1943 com o título *Germicídio, desinfecção e assepsia*.⁸⁵ Redigido por um médico e capitão da reserva da SS, esse manual, destinado às tropas em combate e não ao pessoal dos centros de extermínio, pretende responder às questões sanitárias com que se defronta a tropa em campanha: um manual neutro, técnico, mas que se torna significativo muito além do seu objetivo declarado por se inscrever na economia geral da cultura nazista.

O manual do dr. Doetzer informa já no prefácio que

> as más condições sanitárias que prevalecem nos antigos territórios poloneses e soviéticos e o surgimento de epidemias desconhecidas ou raras no espaço alemão obrigam cada responsável pela saúde do povo alemão a estudar os meios de combate aos agentes ou vetores de doenças.

Depois de prestar homenagem ao dr. Koch, ele lembra que "o ponto de partida de uma epidemia é sempre um indivíduo ou animal doente" e que, para "prevenir a difusão dos germes mórbidos" é recomendável "pô-los à parte, afastá-los temporária ou definitivamente da comunidade (*Gemeinschaft*)" e mesmo "exterminá-los por uma ação letal", particularmente quando se trata de "animais sem particular valor". No caso dos portadores sãos, "devem ser tratados e isolados como doentes":⁸⁶ cabe lembrar que, para os nazistas, os judeus são portadores sãos, ou seja, vetores patológicos que não estão doentes, pois imunizados, porém ainda capazes de contaminar. Em suma, resume o autor, a "propagação de uma doença infecciosa é evitada pelo isolamento ou a destruição do indivíduo doente".⁸⁷

Para uma assepsia total, o autor recomenda o emprego de fogo e cremação, um fogo que "deve ser mantido em temperatura tal que nenhum resto seja poupado da destruição". Com esta finalidade, é recomendado o uso de "fornos crematórios [...] alimentados com combustíveis complementares (coque, carvão, gás, gasolina, óleos de aquecimento etc.)", pois

---

85 Walter Dötzer, *Entkeimung, Entseuchung und Entwesung*, Berlim, Urban und Schwarzenberg, 1943.
86 *Ibid.*, p. 4.
87 *Ibid.*, p. 5.

"só instalações fechadas permitem alcançar com certeza temperaturas que possibilitem uma cremação total".[88]

Além da destruição pelo fogo, é possível um tratamento químico: mas essa "desinfecção química" tem — o que é ao mesmo tempo sua virtude e seu risco — "a capacidade de destruir todos os seres vivos",[89] inclusive "os seres vivos evoluídos, para os quais é nociva".[90] O autor sugere o emprego do zyklon B, recomendando seu "efeito mortal muito forte, imediato", o que requer precauções rigorosas: os espaços visados devem ser previamente "esvaziados de toda presença humana",[91] e os encarregados da desinfecção devem usar luvas e máscaras. Em uma série de fotografias[92], o autor ainda faz a gentileza de explicar como abrir e manipular sem correr risco as caixas herméticas contendo os discos de ácido prússico, para posterior vaporização. Essa pedagogia pela imagem também descreve os autoclaves, dos quais é apresentado um gráfico[93], e as saunas de campanha[94], além de numerosos esquemas e desenhos representando pulgas, piolhos e diferentes insetos que o manual aponta como inimigos e convida a reconhecer, para destruí-los.

A leitura desse manual prático de desinfecção para uso da infantaria SS pode deixar o leitor no mesmo estado de estupefação que o filme *Judeus, piolhos e baratas* mencionado acima. Também aqui, é grande a tentação de ver um *modus operandi* do assassinato industrial, e é provável que o capitão da reserva Doetzer tenha sido informado do que estava em andamento ou concluído em Treblinka, Sobibór, Bełżec ou Birkenau. Mas devemos nos precaver de conclusões apressadas da teoria à prática e de ver, nesses textos e filmes, lembretes destinados a produzir uma realidade genocida de maneira mecânica. Eles não são (ou não são necessariamente ou unicamente) manuais indicando como efetuar um assassinato em massa que era executado nesse mesmo momento e dessa mesma maneira.

---

88 *Ibid.*, p. 23.
89 *Ibid.*, p. 35.
90 *Ibid.*, p. 36.
91 *Ibid.*, pp. 92-93.
92 *Ibid.*, pp. 120-121.
93 *Ibid.*, p. 25.
94 *Ibid.*, pp. 162-163.

O importante e incontestável é que esses textos e filmes apontam o mal usando um vocabulário desde então popularizado pelo discurso nazista para qualificar os judeus ("vírus", "bactérias", "germes", "nocivos"); que descrevem procedimentos de desinfecção (raspagem de pelos, ducha, desinfecção das roupas por fumigação ou vaporização, destruição com fogo dos portadores e vetores) equivalentes ao protocolo do assassinato industrial; e que recomendam instrumentos e materiais (zyklon B, compartimentos herméticos, fornos crematórios) utilizados para assassinar vários milhões de pessoas entre 1942 e 1944.

O historiador Paul Weindling mostrou magistralmente, em *Epidemics and Genocide*,[95] que esses procedimentos não se limitam a tranquilizar o carrasco, convencendo-o da legitimidade e pertinência do seu trabalho. Weindling mostra que as vítimas também são tranquilizadas, acalmadas graças a protocolos de que ouviram falar e que haviam feito parte da experiência de membros de suas famílias nas décadas anteriores. Frente a uma radical transformação de suas fronteiras a Leste, consequência do Tratado de Versalhes, a Alemanha da República de Weimar tinha construído, para enfrentar um possível afluxo de imigrantes vindos do Leste, estações sanitárias que, uma vez realizado um tratamento, forneciam atestados de saúde e higiene médica indispensáveis à obtenção do visto de entrada na Alemanha e, portanto, na Europa Ocidental.

Esses *Entlausungsanstalten* (centros de retirada de piolhos) e a prática dos *Entlausungsscheine* (certificados sanitários) não são uma odiosa especificidade alemã. Desde as descobertas de Pasteur e Koch, toda a comunidade médica da Europa Ocidental se preocupa com a desinfecção de imigrantes, importadores de pulgas, micróbios e vírus pouco conhecidos ou desconhecidos e, portanto, potencialmente devastadores para as populações que os acolhem. E não só a Europa Ocidental, mas todo o Ocidente se preocupa com a questão: as estações de extração de piolhos da República de Weimar equivalem à quarentena e aos tratamentos impostos pelos Estados Unidos da América, em Ellis Island, aos imigrantes que

---

95 Paul Weindling, *Epidemics and Genocide in Eastern Europe, 1890-1945*, Oxford, Nova York, Oxford University Press, 2003.

chegam da Europa, especialmente da Europa Oriental, objeto de cotas particularmente restritivas depois da Primeira Guerra Mundial.

Havia, portanto, uma familiaridade tranquilizadora com esses protocolos sanitários de desinfecção, nos quais, de fato, as pessoas eram obrigadas a se despir e se submetiam à fumigação. Mas pelo menos na República de Weimar era possível sair vivo do processo.

No Leste, os judeus são considerados vetores de doença. De portadores, eles se transformam, por assimilação, em agentes patogênicos, tanto a Leste como a Oeste, pois existe uma unidade racial. Em 1944, no momento em que, para a Polônia (Warthegau, Danzig-Westpreussen e Governo Geral), a Solução Final é considerada um fato consumado, onde o genocídio foi perpetrado, o diretor do Instituto de Higiene de Varsóvia, o dr. Robert Kudicke, publica um estudo intitulado "Propagação e luta contra o tifo: Um balanço para o Governo Geral".[96]

O médico lembra no documento a história recente da doença na Polônia e sua dramática disseminação nos territórios ocupados pela Alemanha desde 1939, até que a decisiva intervenção sanitária das autoridades médicas, militares e policiais alemãs invertesse a tendência, com um sucesso pelo qual ele se congratula. Para ele, embora ainda não tenha sido totalmente erradicada, a doença já não representa uma ameaça em 1944. Para ilustrar isso, ele apresenta no artigo uma curva traçando a evolução da doença. O auge quantitativo foi atingido em dezembro de 1941, até que a regressão se tornasse manifesta e logo adiante inelutável, a partir de janeiro e mais nitidamente ainda na primavera de 1942.[97] O mérito é das medidas sanitárias de desinfecção e da sistemática eliminação de piolhos, nas quais o autor se detém longamente.

Mas nada é dito, no fim do artigo, sobre o "proletariado judeu"[98] que, com sua higiene lamentável e a mania do nomadismo, era

---

96 Robert Kudicke, "Ausbreitung und Bekämpfung des Fleckfiebers. Nach Erfahrungen im Generalgouvernement", em ID., *Schriftenreihe für Seuchenbekämpfung*, Stuttgart, Hippokrates, 1944, t. I, pp. 5-21.
97 "Fleckfieber im GG. Erkrankungsfälle für je 4 Wochen der Jahre 1941, 1942, 1943 ohne Galizien", em R. Kudicke, "Ausbreitung und Bekämpfung des Fleckfiebers", art. citado, p. 21.
98 *Ibid.*, pp. 6 e 8.

responsável pela disseminação da doença, nem sobre os "judeus do Leste", tão "negligentes" com suas "roupas infestadas de pulgas"[99] que dormiam com elas e nunca as tiravam. A intervenção decidida das autoridades alemãs pôs fim aos deslocamentos populacionais, às migrações que transportavam a infecção, determinando a prisão domiciliar dos nômades. E talvez também tenha simplesmente posto fim à sua existência, pois o autor nem volta mais a mencioná-los a partir da página 10. Eles estão presentes sem serem mencionados nas palavras conclusivas do texto: "A partir do fim de janeiro de 1942, a curva volta a baixar."[100]

O resultado mais notável sobrevém no verão do mesmo ano: "A inversão da tendência — como demonstra a curva — deu resultado num período do ano em que geralmente os números do tifo aumentam."[101] O resto do ano de 1942 confirmou a reviravolta favorável: "A diminuição constante da curva foi alcançada."[102] Essa estatística é tão propícia que uma curva semelhante mereceria uma encenação cinematográfica num filme intitulado *Gueto*,[103] produzido pelas autoridades alemãs, mas que não chegou a ser concluído nem exibido.

Privada de consagração cinematográfica, a curva retraçando a evolução do tifo no Governo Geral completa a informação de que dispomos sobre o universo biomédico no qual evoluem, do topo à base, os responsáveis pela perseguição e o assassinato dos judeus do Leste, e depois de toda a Europa. Claro que nem tudo é apenas imaginário: é provável que as curvas da epidemia de tifo tenham cedido em 1942, quando os nazistas esvaziam os guetos para transportar sua população para os centros de extermínio. Ainda assim, na curva apresentada pelo dr. Kudicke, a mudança de direção de dezembro de 1941 parece prematura.

Acontece que foi provavelmente em dezembro de 1941 que Hitler e Himmler tomaram a decisão de assassinar todos os judeus do continente europeu,[104] não só os da União Soviética, vítimas da ação genocida dos

---

99 *Ibid.*, p. 7.
100 *Ibid.*, p. 19.
101 *Ibid.*
102 *Ibid.*
103 *Ghetto*, 1942, 61 minutos (BA-FA, 112445).
104 Christian Gerlach, *Sur la conférence de Wannsee. De la décision d'exterminer les Juifs d'Europe* (1997), traduzido para o francês por J. Schmidt, Liana Levi, 1999.

Einsatzgruppen desde junho de 1941, como também os da Polônia e do Oeste. É na primavera de 1942 que os centros de extermínio da Polônia começam a assassinar os judeus europeus às centenas de milhares, e depois aos milhões, permitindo, na lógica nazista, controlar a epidemia de tifo.

CONCLUSÃO

Os nazistas infligiram às populações europeias sofrimentos de proporções inéditas na história, tanto em intensidade quanto em alcance. As catástrofes que suas violências e guerras imprimiram nos corpos, nas culturas, nos povos e nos territórios estruturaram por décadas o continente europeu e continuam visíveis — e não apenas em forma de memórias dolorosas. Basta caminhar em Varsóvia, Coventry ou Caen, mas também em Dresden, Mannheim e Berlim para constatar ainda hoje que cataclisma de violências, e com quais consequências desastrosas, foi provocado por políticos, policiais, militares que queriam conquistar e dominar, é verdade, mas também certamente se libertar de alguma coisa.

A guerra nazista se inscreve numa concepção da história que expõe um longo martirológio da raça. Tanta autocomiseração pode irritar ou escandalizar, parecer demasiado cínica para merecer atenção, mas é tão recorrente e argumentada que o historiador não pode se eximir de reconhecer algum tipo de sinceridade da parte daqueles que, nas fileiras nazistas, apresentam a história da germanidade como um sofrimento milenar. Dos discursos de Himmler aos manuais escolares, dos filmes exibidos para a Juventude Hitlerista aos fascículos de formação ideológica das diversas organizações do partido, passando pela imprensa, é sempre a mesma ladainha: o homem germânico é vítima de agressões odiosas fomentadas por inimigos irredutíveis que querem destruí-lo. E ele, por sua vez, é pura "paz e serenidade".

O homem germânico tem como vocação natural gerar substância biológica: fazer filhos, produzir o necessário para alimentá-los. O excedente de tempo e energia do trabalho agrícola diligente permite o livre desabrochar do gênio da raça, aquele que leva a criar, além da agricultura, a cultura que evidencia sua superioridade: literatura, filosofia, matemática, arquitetura e escultura... o milagre grego na verdade é o advento nórdico, a liberação, sob o sol do Mediterrâneo, de um potencial criativo até então preso nas geleiras do norte.

O tempo todo nos é contada essa fábula da serenidade e da genialidade germânicas, da confusão entre o eu e o outro, entre a raça e o mundo. Excessivamente bom e confiante, o homem germânico não soube ver e reconhecer a malignidade do alógeno. É curioso que os nazistas tenham se apropriado do filme de Fritz Lang sobre os *Nibelungos*. É verdade que o filme trata de uma importante epopeia germânica, mas Siegfried, o herói louro da saga, parece um perfeito idiota diante da câmera de Lang: jovem forte e orgulhoso de sua força, ele desfruta do seu ser como uma criança e mesmo um infante que nunca tivesse realmente crescido — é uma força bruta e viva que só está plenamente feliz quando livre na floresta, perseguindo a caça e atirando sua lança.

A imagem do herói germânico pintada por Lang parece risível de tal maneira que muitos críticos viram em seu filme uma retomada parcialmente irônica do ciclo mitológico tratado por Wagner. Por que então içar os *Nibelungen* na bandeira da propaganda cinematográfica? Um indivíduo perspicaz como Goebbels não se teria dado conta da carga quase cômica do herói Siegfried, entusiasta e traído, berrando de alegria, musculoso e abatido? Consideramos, pelo contrário, que Goebbels e seus seguidores entenderam perfeitamente que tipo de germano estava sendo levado às telas, e que esse germano servia admiravelmente ao discurso nazista. Um discurso que martela incansavelmente que desde sempre o homem germânico foi vítima não apenas dos outros, mas também, e sobretudo, de si mesmo e de sua ingênua bondade. O eterno Siegfried sofreu por não reconhecer nem entender a que ponto o outro o enganava e o odiava. É um dos pontos essenciais da visão nazista da história: depois de milênios de ignorância e falta de rumo, depois de uma longa noite de equívocos, a raça germânica finalmente é esclarecida pelas conquistas da ciência no século XIX.

Antes dos avanços decisivos da biologia, os germanos, segundo os nazistas, nada tinham entendido do que se passava e do que lhes acontecia. A Grécia e Roma, magníficos produtos do gênio racial, desapareceram sem que os gregos nem os romanos soubessem por quê, sem que entendessem que o seu sangue, esgotado por guerras fratricidas e conquistas distantes, era culpado de se ter misturado a outros, com isso irremediavelmente se degenerando. O resto da história se mantém nesse mesmo diapasão. A evangelização impõe aos germanos das florestas valores, preceitos e leis dos judeus dos desertos: o germano deve renunciar à natureza e à sua natureza, aceitar fazer menos filhos, não mais deixar que o fraco, o doente e o inimigo morram.

A recepção do direito romano agrava essa aculturação, que é uma desnaturação, no sentido mais próprio da palavra. A germanidade enfrenta em estado de grande fraqueza moral e física a Guerra dos Trinta Anos, provocada por disputas cristãs das quais a raça germânica, panteísta e animista, devia ter-se mantido distante. O resultado dessa longa guerra — na qual a Alemanha, potência central aberta a todos os ventos do exterior, se revela uma terra do meio mal protegida por fronteiras naturais inexistentes — é uma hecatombe demográfica, cuja réplica contemporânea os nazistas julgam identificar na mudança de tendência demográfica constatada na Alemanha desde 1914. A Guerra dos Trinta Anos projeta na Alemanha uma sombra memorial de longa duração, pelo que revela das fraquezas do território. Os nazistas não hesitaram em ler a história moderna e contemporânea como uma recorrência de ciclos guerreiros de trinta anos: 1618-1648, claro, mas também 1792-1815 e, por fim, uma nova Guerra de Trinta Anos inaugurada pela Primeira Guerra Mundial em 1914. Todos esses ciclos se devem às ideias nefastas e antigermânicas promovidas pelos inimigos da raça: humanidade, liberdade, igualdade e fraternidade, depois democracia, direito internacional, igualdade dos povos...

O grande medo nazista, cristalizado na década de 1920 e derivado diretamente da Primeira Guerra Mundial, é que as tramoias dos inimigos da raça agora chegaram ao auge: a força destruidora proporcionada pelos avanços técnicos torna plausível e mesmo possível uma destruição total da Alemanha enquanto entidade política, mas também como organismo biológico. Para muitos observadores da Primeira Guerra Mundial, nem sempre esses *völkisch* ou nazistas, o bloqueio imposto à Alemanha pelos aliados tinha por objetivo nada mais nada menos que a extinção biológica do povo alemão, seu "extermínio" (*Vernichtung*), como lemos frequentemente nas fontes.

O que fazer diante do perigo? Para começar, se apropriar das conquistas da ciência, especialmente a biologia, a medicina e as ciências naturais do século XIX, e entender enfim que tudo é questão de raças e luta racial. Na retórica e na imagística nazistas, o constante jogo de oposição entre o dia e a noite significa que é necessário sair da noite da ignorância para celebrar o casamento da política com a ciência. Se o "partido" é representado no patamar da chancelaria por uma estátua de Breker[1] carregando uma tocha, se um dos *slogans* do NSDAP é *Deutschland erwache!* (Desperta, Alemanha!), é porque há urgência: que o homem finalmente seja esclarecido pela ciência. Ela ensina e ordena cuidar da preservação e da prosperidade do próprio organismo biológico, sem se preocupar com os outros, neste mundo finito e de recursos limitados que é teatro da luta entre as raças.

Ao contrário de tudo o que foi ensinado pelo cristianismo, o humanismo e a Revolução Francesa, é preciso se dedicar a si mesmo e unicamente a si mesmo — não ao indivíduo, átomo em si quase insignificante, mas ao grande todo da comunidade racial. Um dos trunfos e uma das forças do nazismo é ter sabido fazer convergir heroísmo e egoísmo, ciência e bom senso. A verdade está ao alcance da mão, mas não é uma construção vaga, abstrata e complexa de cérebros desencarnados, mas o instinto que manda lutar pela própria raça. Longe de promover ou apoiar doutrinas estrangeiras ou distantes, a ciência mora no lar racial. Ela valida e legitima tudo que é ditado pelo movimento mais primário, o reflexo mais primal: combater pelos seus, cuidar da saúde, eliminar o inimigo.

Em um pequeno ensaio escrito em 1940, significativamente intitulado *Reforma do nosso entendimento*, Richard Darré alardeia os ensinamentos que segundo ele devem ser extraídos da ciência contemporânea. Só o NSDAP foi capaz de entender as consequências da "doutrina da hereditariedade" e das "radicais mudanças intelectuais que ela provoca", sobretudo que "a raça é o princípio determinante em história". Os dois heróis dessa revolução intelectual são Mendel, no caso das ciências da

---

[1] Arno Breker (1900-1991), arquiteto e escultor alemão que se notabilizou pela prestação de serviços artísticos à Alemanha nazista. [N. T.]

natureza, e Houston Stewart Chamberlain, no das ciências humanas: eles "sacudiram nosso povo" e puseram de novo

> no lugar nossa visão do mundo e nosso pensamento, de alto a baixo. O que melhor mostra a rapidez com que essa evolução intelectual prossegue é a nossa legislação aqui na Alemanha [...]: dispomos agora de leis que excluem o sangue judeu do corpo do nosso povo e pretendem prevenir toda hereditariedade doente.

Agrônomo e teórico do racismo, Darré não poderia deixar de se congratular por esse "processo de redefinição intelectual", que em sua opinião permite resolver as duas grandes questões deixadas aos contemporâneos pela época liberal: a "questão judaica, que não é uma questão religiosa, mas de sangue", e a "questão da criminalidade", pois agora sabemos que "o criminoso é hereditariamente determinado".[2]

A reforma do entendimento, ou a reorganização do pensamento, é essa volta a si mesmo, ao eu germânico, determinada e validada pela ciência. Efetuar a volta à germanidade equivale a lançar ao fogo tudo que possa parecer estranho à raça — ou seja, tudo que for universalista, pacifista, humanista — e afirmar que a verdadeira inteligência é o instinto da raça validado pela ciência contemporânea. A verdadeira reflexão, no fundo, é um simples reflexo proveniente do início das eras e das profundezas da biologia.

Se prestarmos atenção nas palavras pronunciadas ritualisticamente nos autos de fé de 1933, especialmente o do dia 10 de maio em Berlim, ouviremos expressões de execração ("Atiro ao fogo as obras de... contra..."), mas também palavras de consagração ("por..."). Em outras palavras, e por mais chocante ou escandaloso nos pareça, o nazismo é oposição — uma impressionante coleção de "anti" isto e aquilo — mas também posição e proposição. Sem esse caráter positivo, o *corpus* de palavras, imagens e *slogans* nazistas jamais teria sido capaz de capturar o consentimento e mesmo a convicção e a adesão de milhões de indivíduos.

---

[2] Richard Walther Darré, *Neuordnung unseres Denkens*, Goslar, Verlag Blut und Boden, 1940, pp. 6-9.

O nazismo foi para começar um projeto, o projeto de uma revolução cultural. Nossa concepção dessa expressão, "revolução cultural", é matizada na França pela experiência maoísta e as reverberações que ela teve no Ocidente. Embora desde então o maoísmo tenha sido amplamente revisto, não é o caso aqui de equipará-lo ao nazismo, mas voltar à definição da palavra "revolução" que os próprios nazistas empregavam: uma revolução no sentido pré-revolucionário do termo. "Revolução", aqui, não significa "projeção em outro lugar ou no futuro", mas "retorno circular à origem" — o que de fato era o sentido da palavra antes que os revolucionários franceses, sobretudo, se apropriassem dela em 1780-1790. Os nazistas gostavam da palavra "revolução", não só para se apropriar do seu prestígio e da sua carga mobilizadora e desvirtuá-los, mas também para passar com força e violência a mensagem de sua ruptura irremediável em relação a 1789: "apagar 1789 da história" significava apagar até o sentido revolucionário da palavra "revolução".

Por outro lado, se também falamos de revolução *cultural*, é porque os nazistas retomaram uma velha oposição entre *Kultur* e *Zivilisation* já desenvolvida antes deles: são características da civilização o supérfluo, a superficialidade e o universalismo nocivo; já a *Kultur* mergulha nas profundezas da *Innerlichkeit*, da interioridade, mas também da anterioridade da raça.

A revolução cultural nazista é uma operação arqueológica: livrar a raça germânica dos sedimentos culturais que se depositaram sobre ela ao longo de sucessivas alienações. Voltar à verdade do ser germânico, tal como se expressa nas tribos descritas por Tácito, mas também na Grécia e em Roma — antes das alienações e misturas. O objetivo da arqueologia é desencavar o que é antigo: o nazismo não visa um hipotético homem novo — toda a arte nazista mostra claramente que, no III Reich, ninguém quer saber de inovação nem de novidade. O arquétipo nazista é de fato o arcaico: o homem antigo cuja beleza será resgatada graças à estatuária grega, cujo corpo será refeito graças ao esporte e à medicina e cujo instinto será recuperado graças à ciência.

Seria um projeto gratuito, um simples empreendimento estético? Trata-se simplesmente de recriar corpos belos e fiéis ao antigo cânone?

Para os médicos, dirigentes políticos, biólogos, historiadores, policiais e raciólogos que lemos, trata-se, antes de tudo, de uma questão de vida ou morte: na etapa a que chegou a história, a raça germânica deve se reencontrar dando esse salto atrás, ou então morrer.

O projeto de revolução cultural, portanto, também é uma promessa: uma promessa de libertação. Só pelo abandono das ideias do velho homem judeo-cristão, humanista, universalista e liberal é que poderá se concretizar a missão de reconfiguração da Europa — e especialmente da Europa do Leste — em proveito da raça germânica. Em outras palavras: a saída da história virá pela libertação de uma herança nefasta, para voltar à primazia das origens.

É de fato do que se trata: se o passado da raça germânica é apenas sofrimento, aflição e dor, é preciso sair dessa história de infelicidade. Nesse sentido, o nazismo não é nem projeção para a utopia de um homem novo nem reação desejando o retorno a um estágio anterior da história. Graças ao conhecimento científico que passou a iluminar a ação política, mas também graças às conquistas da técnica contemporânea, consiste em nada mais nada menos do que colocar a raça numa órbita temporal, num lugar escatológico — o Império Racial a Leste — livre de uma vez por todas dos perigos e dores da história. Esse lugar já é mapeado e esquadrinhado pelas instituições e agentes da ocupação civil, policial e militar no momento em que se desenrola, passo a passo, a conquista do *Grossraum Ost*, do "grande espaço a Leste". Também é imaginado e planejado, em escala maior e a prazo muito mais longo, por todos aqueles que, na órbita da SS (do RuSHA ao RKF), vão construindo com a ajuda de mapas, quadros estatísticos e sinalizações coloridas o que os próprios nazistas chamam de "Reich de mil anos". Mero *slogan* vazio? Exagero retórico? Sem dúvida. Os nazistas são especialistas em fanfarronadas estilísticas, empregando constantemente os adjetivos mais pomposos ("histórico", "único", "gigantesco") para marcar o lançamento de uma pedra fundamental ou a inauguração de uma rodovia. Mas por trás do *slogan* há um projeto e uma vontade muito claros: o futuro Reich não será o primeiro, o segundo nem o terceiro — a expressão "III Reich" é abandonada já em 1938, substituída por *Grossdeutsches Reich*. Não pode haver ordinal para um projeto cardinal, nem número relativo para um desígnio absoluto: o "Reich de mil anos", jogando habilmente com a cultura milenarista cristã tão presente na Alemanha, designa um Reich para sempre e eterno — pois em escala humana um milênio significa eternidade.

O emprego do termo "Reich" já em si tem muita força. Desde a Idade Média acumulou uma longa e venerável história, e assim se impõe em 1871, mas também em 1919, quando a Constituição votada em Weimar dispõe, em seu artigo I, que "o Reich é uma República". "Reich" é um termo polissêmico rico de denotações associando o temporal, o espacial e o político. "Reich" traduzia para o alemão o que significavam na Idade Média as palavras *imperium*, *regnum* e *aetas*. "Reich" designa, portanto, o poder de dominação num território (o império sobre esse território) e o território sobre o qual se exerce esse poder (o Império). A esse sentido jurídico-territorial se soma um sentido temporal: o Reich não é apenas a área, mas também a era — no sentido de "período" (*aetas*) ou de "nova era" (*regnum*). Por sua polissemia e sua força conotativa, a palavra "Reich", tal como utilizada pelos nazistas, continha assim vastas e profundas promessas, além de qualquer qualificativo temporal, ainda que de mil anos.

Promessa escatológica, o termo "Reich" sugeria fortemente que, pela volta a si mesmo, por essa revolução cultural que reativaria a origem, a raça germânica poderia sair da história, ocupando uma área próspera para viver uma era de paz e segurança. Tendo sido sempre ameaçada pelos ataques da Ásia, ela passaria a dominar as multidões de escravos asiáticos e eslavos. Depois de viver sob a ameaça do "perigo judeu", poderia se libertar dele.

A complexidade, para o historiador, está em que essa visão essencialmente a-histórica do devir (sair da história, pôr fim à dialética das raças...) tem ela própria uma história. Os nazistas fizeram de tudo para se convencer, convencer os contemporâneos e a posteridade, de que tudo que faziam estava traçado num plano, numa intenção por sua vez derivada das intuições geniais de um homem, o *Führer*, que fora capaz de entender antes de todo mundo as leis da natureza, ou seja, da história.

Na verdade, tudo foi evolutivo, sobretudo nesse *Far East* aberto a todo tipo de violências, ataques e iniciativas. As autoridades centrais e os dirigentes locais — os representantes do exército, da polícia, das autoridades civis etc. — tiveram de lidar com o caos gerado pela própria violência nazista, com deslocamentos de populações, operações de assassinato e guetoização, surtos de fome e reassentamentos — em amplas escalas, em muito pouco tempo.[3]

---

[3] Christian Ingrao, *La Promesse de l'Est. Espérance nazie et génocide*, Éd. du Seuil, 2016.

CONCLUSÃO

Expressões supostamente emancipadas de história como *Endlösung der Judenfrage* ("Solução final da questão judaica") estão elas próprias carregadas de história.[4] Hoje sabemos muito bem que a política antijudaica dos nazistas evoluiu no tempo:[5] os judeus deveriam desaparecer da Alemanha e das zonas dominadas pela Alemanha, mas até 1941 o que domina é o afastamento geográfico, tendo como consequência considerável número de mortos se for preciso, o que não chega a abalar os dirigentes nazistas. No exato momento em que, em 31 de julho de 1941, Hermann Göring pede a Heydrich que pense nas possíveis modalidades de uma "solução final", a alta hierarquia nazista ainda não sabe realmente de que "fim" se trata: se no Leste "ex-soviético" os judeus já são sistematicamente assassinados, a medida ainda não está em questão em relação ao Oeste — não antes de dezembro de 1941.[6]

As diferentes versões do *Generalplan Ost* partem do princípio de que o *Grossraum Ost*, o Reich colonial, será "livre de judeus" (*judenfrei*) e de que a população eslava, uma parte da qual teria morrido de fome, estaria disponível como mão-de-obra servil, como escravos dos novos senhores da terra. O *Lebensraum*, o espaço vital, seria um espaço de liberdade e vida para os germanos e de escravidão e morte para os alógenos. É o que determina a lei do sangue — a lei que comanda a proteção e a prosperidade do bom sangue germânico e o desaparecimento ou a estrita contenção dos outros.

Como teria sido possível mobilizar centenas de milhares, senão milhões de homens e mulheres para projetos tão monstruosamente criminosos? Nada é unívoco em história, e as explicações monocausais raramente são satisfatórias. E, de resto, não pretendemos explicar nada aqui, mas sim oferecer uma contribuição à compreensão de um fenômeno histórico e humano *a priori* propriamente incompreensível. Muitas motivações entraram em jogo: ambição, oportunismo, solidariedade de grupo, fatores psicológicos tanto pessoais como variados — mas também o fato de que a violência e o assassinato puderam ser apresentados como possíveis, legais e legítimos. Apesar do pouco tempo de que dispôs, a

---

4 Götz Aly, *Endlösung. Völkerverschiebung und der Mord an den europaïschen Juden*, Frankfurt, Fischer, 1995.
5 Christopher Browning, *Les Origines de la Solution finale. L'évolution de la politique antijuive des nazis*, setembro de 1939-março de 1942, Éd. du Seuil, "Points", 2009.
6 C. Gerlach, *Sur la conférence de Wannsee*, op. cit.

revolução cultural nazista teria realizado parcialmente sua obra convencendo homens e mulheres de que, num contexto de ameaças excepcionais contra a Alemanha e a raça nórdica, era permitido se inspirar num repertório de ideias e atos cuja soma de fato era excepcional, mas que, tomados um a um, pertenciam a um *corpus* perfeitamente banal da cultura ocidental: a exploração do alógeno, a colonização, o racismo, o antissemitismo, o imperialismo, o recurso à violência militar, a asseguração de um território centralizado no continente ou de um espaço vital do qual se extrai os nutrientes e matérias-primas necessários ao desenvolvimento e à sobrevivência da espécie...

O nazismo pôde se alastrar em lugares e contextos diferentes, ao longo de sequências que, justamente, são distinguidas pelos historiadores (1933-1934, 1938-1940, 1940-1942, 1943-1945...): os contextos desempenham seu papel, é verdade, mas o texto do discurso nazista também, e esse texto era constituído de elementos que não necessariamente chocavam sempre ou a todos.

Foi se escorando na relativa banalidade dessas ideias que uma quantidade impressionante de juristas, médicos, cientistas, policiais, altos funcionários, militares, ideólogos e outros sonharam, imaginaram e planejaram futuros possíveis para a raça germânica — e, mais que futuros, uma salvação. Essa salvação estava na estrita congruência da política com a natureza: em vez de negar os desígnios da natureza e ir de encontro a eles, como faziam tantos governos na Europa desde 1789, tratava-se agora de aplicar a lei do sangue.[7] O homem germânico, assim, não viveria mais numa natureza aterrorizante, a natureza do combate entre as raças e da extinção das espécies, mas numa natureza com a qual, finalmente, estaria em harmonia, em nome da lei do mais forte.[8]

Era essa escatologia biológica, essa grande paz do espaço vital, que se pretendia construir com uma guerra horrenda. Foi esse espaço infinito de felicidade e prosperidade racial, esse futuro radioso da biologia, que ficou para trás em 1945, para o bem da humanidade.

---

7 Johann Chapoutot, *La Loi du sang. Penser et agir en nazi*, Gallimard, 2014.
8 Timothy Snyder, *Terre noire. L'Holocauste, et pourquoi il peut se répéter* (2015), traduzido para o francês por P.-E. Dauzat, Gallimard, 2016.

Este livro foi composto com as fontes Baskerville e Minion Pro.
O papel do miolo é o Pólen Natural 80g/m².

A Gráfica Viena concluiu esta impressão para a
Da Vinci Livros em agosto de 2024.

A primeira tiragem deste livro saiu em setembro de 2022,
mês em que a Livraria Leonardo da Vinci completou 70 anos.